梁啓超 著

飲冰室合集

專集

第十二册

中華書局

飲冰室專集之四十三

太古及三代載記

中國史宜託始於何時耶。宋司馬光作資治通鑑起周烈王二十三年。孔子作春秋起魯隱公元年。而左丘明爲之傳所記事往往追遡前數十年。尚書獨載堯以來史記及竹書紀年皆始黃帝世本則上及伏羲。蜀譙周古史考晉皇甫謐帝王世紀皆言三皇。宋羅泌路史更說盤古夫史也者。人類發展之記錄也。以嚴格繩之。必有其正確之年代粲然箸之竹帛乃得謂之史。則我國有史。最古不過遡及虞夏之交。前乎此者實無史時代。無史時代。非作史者所當擬議也。雖然。欲察進化軌蹟。必探其原若於初民羣聚之情狀不加孯求則後此世運變遷之由來末從考見故吾作載記。雖託始三代。而太古亦未敢盡從蓋闕。考證推稽。期弗近誣而已。

編史最以史材闕逸爲病。古代尤甚。孔子於夏商二代已歎文獻無徵。況立乎今日以指唐虞以上者哉。近世西方有所謂歷史哲學之一派。推求進化之源往往遡及各國神話。謂其言雖什九荒誕。然各民族最初之心理。恒於此表徵焉。其宗教思想文學思想多自茲導發。故不可廢也。我國爲文化最古之國。故神話傳說。必極豐富。其中若言華胥言崑崙等。殊不能謂其於史蹟絕無繫屬。若楚辭之離騷天問等篇其半史的事實尤多然神話與史實。界限不明。此各國言古史者所同病匪獨我國也一切含旃。既自湮文明之跡。稍涉博采。又動貽蕪穢之譏。此一難也。有史以還。取材宜富。然聿稽先典奇厄實多。考商周之間。史官。持重。大史小史內史外史左史右史瞽史諸職。粲見經記。上自王朝。下偪侯國。咸設專司。其所紀載。諒堪徵信。然東遷以降。諸侯去籍。典章所寄。强半散遺。及秦燔禍起。凡非秦記。悉付摧燒。夫史籍與諸書百家語不同。祕府孤藏。別無口授及傳鈔副本。一經蕩盡。無復孑遺。此二難也。考古之業。載籍法物。兩皆可珍。我國古代。器銘璧刻。不乏鴻製。其著見於經記者。若夏之九鼎。周之天球河圖。鄭之刑書。晉之刑鼎。（二者皆刻法律條文若羅馬之十二銅表矣）皆金鑄也。楚廟則有古事畫壁。（見楚辭天問）秦宮則具六國之形。（見史記秦本紀）皆石華也。倘其獲存。資證甯少。（近出土之鐘鼎款識小品及山東嘉祥漢畫像六朝諸造象存於今日者多足爲考史及研究美術之助若先秦鉅製古刻猶存所裨更當何若）乃秦項虔劉。累代摧壞。（項羽焚咸陽火三月不絕爲古代宮室一大厄自後每經喪亂古建築無一能存焉秦始皇盡取天下之兵器鑄爲金人此銅器一厄董卓悉取洛陽長安內府所藏古器鑄小錢此銅器二厄隋開皇九年十一年兩次毀平陳所得三代秦漢古器此銅器三厄周顯德二年勅除朝廷法物外凡各地官私所藏銅器限五十日內毀廢送官此銅器四厄金海陵正隆三年詔廢平遼宋所得古器此銅器五厄宋紹興六年斂民間銅器二十八年出御府銅器千五百斤付泉司大索民間銅器得銅二百餘萬斤此銅器六厄靖康北徙器亦并還金汴季年鐘鼎爲崇宮殿之玩毀棄無遺此銅器七厄故今玆所遺存皆小品其裨益史料甚微也）先民手澤。千不一存。欲求如埃及巴比倫籍古刻以考遺制。且不可得。此三難也。戰國之際。學術勃興。而皆好依附古聖以爲重。故老莊言黃帝。許行稱神農。墨翟宗大禹。醫家說岐伯。兵家道太公。方士侈述九皇。儒生聚訟五帝。或寓言之迹。顯而易明。或託事之文。殽而難辨。後史雜采。遂以亂眞。此四難也。太史公稱載籍極博。考信六藝。壹宗經紀。宜若謹嚴。不知經訓本與史籍殊科。經以明義。非以記事。（近儒或倡六經皆史之說實偏見也）故史實足藉以明義者采之。否則置之。此孔子删定詩書筆削春秋所以爲大業也。若以記事爲職志也。則書千篇何以僅存百篇。（或有以今文尙書二十八篇卽孔子删定原本別無所謂逸篇者其言亦近眞）詩三千何以僅存三百。春秋曷爲不紀周而紀魯。曷爲必始元而終麟。湮滅史蹟。孔子不且爲萬世罪人耶。惟其本非記事之書。故去取可別具權衡。殊弗以武斷爲病。不甯惟是。義之所寄。雖附益文辭可也。尙書皋陶謨有蠻夷猾夏一語夏爲大禹有天下之號後世稱我民族爲諸夏猶劉漢以後稱漢人李唐以後稱唐人也舜時安得有此稱改變事實可也。尙書記堯益伊尹等事有與他書絕異者孰爲事實殊難斷言春秋二百四十二年中魯三弑其君春秋皆諱之其他爲尊諱爲親諱爲賢諱者不下數十事此自經義應爾若作史讀豈不成曲筆耶故羣經中記載涉及史事者。誠不失爲較確之史材。然必欲混經史以同其範圍。則其道反爲兩失。此五難也。

求先秦史料。周柱下史及列國史記若晉乘楚檮杌之類既不可見。其純以記事爲職志完書傳於今者。惟左傳與國語。次則戰國策已爲縱橫家言非絕紀事次近古者。則史遷之史記。今述古代史。則尙書春秋以外。惟當信據此三書。夫人而知之矣。顧尤有數書最當商榷者。其一。逸周書。俗或稱汲冢周書蓋據隋唐藝文志而言然晉代汲冢所得書目具載束晳傳並無此書而漢書藝文志有周書七十一篇與今本篇數正合兩漢人所引周書文亦多見今本故知今所傳者即漢志舊本也後人以其所記有文王受命稱王武王周公私計東伐俘馘殷遺彝殄原獸輦括寶玉等事謂聖人所必無指爲戰國後人所依託其二。竹書紀年。晉書束晳傳晉太康二年汲縣人發魏襄王冢得古書七十五篇中有竹書紀年十三篇今所傳本篇數正同其書起黃帝元年歷唐虞夏商周皆有年次入春秋則特詳晉事入戰國則特詳魏事訖於魏安釐王二十年蓋魏史官所記也晉衞恆束晳王接荀勗續成皆有校釋見各本傳宋沈約有註見隋書經籍志淸乾隆間編四庫書目提要舉六朝唐宋人所引與今本不同者二十餘事斷定今本爲元明人所僞託其最爲世詬病者則所記有益干啓位啓殺益文丁殺季歷太甲殺伊尹等事然此諸事今本所載亦多有異同其三。穆天子傳。與竹書紀年同出汲冢束晳傳云五篇今所傳者六卷前五卷皆紀穆王西巡事後一卷紀美人盛姬事束晳傳稱同時尙得雜書十九篇此殆其一而後人合之也晉郭璞有注並傳於今其中言穆王西巡事皆有日月並詳紀所行里數舊史以列起居注四庫書目以其多夸誕不經語改列小說類其四。山海經。見漢書藝文志有劉秀校上奏稱爲伯益所作史記大宛傳亦云山海經所有怪物余不敢言是此書確爲先秦舊籍無疑列子稱大禹行而見之伯益知而名之夷堅聞而志之劉秀謂伯益作殆本於是其書所紀人名有夏后啓周文王等所紀地名有秦漢郡縣可證其決非禹益時書殆戰國人所紀秦漢人復有附益也前代著錄者多以爲地理書之冠四庫總目亦歸諸小說類其五。世本。司馬遷作史記其世家年表多采世本劉向云世本古史官明于古事者所記錄黃帝以來至春秋時王侯諸國世卿大夫系諡名號漢書藝文志著錄十五篇隋書經籍志新舊唐藝文志皆著錄四卷唐以後佚據羣書所引則其書有作篇記創作諸器物之人有居篇記歷代王侯世卿所宅都有姓氏篇有帝繫篇有王侯大夫譜有諡法篇近人有蒐輯成書

略還舊觀者

正經正史以外。此五書者其最古之記錄矣。世本史家共推無異辭。顧既殘佚。餘四書具存。而稽古者不甚樂道之。憚其與正經正史相迕也。夫吾豈敢謂諸書所紀。悉爲實錄。雖然。以後世人記並世事。其失實者且多矣。矧於古代。至若經記所述古代聖君賢相。成一理想的神聖人格。更無疵纇。其社會則郅治之極。全率由最高道德之軌範。此自聖賢垂世立教。懸一至善之鵠以示方來。揆以進化軌階。恐反有非其眞者耳。若因其與經記間有出入。遽指爲僞托。則彼僞托者生漢晉以後。全國思想界久爲經說所支配。何敢故作畔經之言以攖衆怒。故吾以爲正以其有駭人之記載。不足以明其僞。反足以明其眞也。故吾於逸周書竹書紀年。不敢采其異說以入史文。然終謂其書之不容廢也。穆天子傳山海經。其最滋疑議者。謂所載地名於今無徵也。然最近績學之士。以今圖證穆傳地名。其可指者蓋得八九。（仁和丁謙著穆天子傳地理考證以西圖案其地望言甚博辯略可徵信）以水經注證山經域內地名。亦什得其六。（鎭洋畢沅山海經校注考證最翔實力言山經實古地理書）其非鑿空志怪之作。較然甚明。其間涉夸誕。則古代神話之常。殆無足怪。而既認此諸書有幾分歷史上之價值。則古代與西方交通之跡。遂漸成一大公案。此似治史者所宜毋忽也。吾故於載筆之先。略發其凡如右。

古代傳疑章第一

中國者。華夏民族所創建也。中國史者。華夏民族發展之記錄也。然此民族非一旦所成。歷萬數千年摶捖磨鍊。乃漸凝爲顚撲不破之一體。此民族又非孤根特達。實苞羅無數種姓。次第同化混合。始龐然確立其中堅。此民族是否即爲此國最初之土著。抑徙自他方。雖不可確考。第自既宅此國以來。與異族之鬥爭。未始或息。恆賴民族之公共業力與夫大哲奇英箇性之發揮。故不惟能抵抗敵患。不失舊物。且常能吸納外來之力以自光大。此數千年國史所由成立也。邃古邈矣。百家所述古皇名號雜多。不可殫紀。其稍足徵信者。則上古穴居野處。既乃有教民結巢而居者。號曰大巢氏。（亦稱有巢氏） 上古未有火化。食草木之實。鳥獸之肉。飲其血。茹其毛。既乃有教民以火食者。號曰燧人氏。（祝融氏亦古代所尊祀爲司火之神皇其與燧人是一是二不可考） 上古不知蓄聚。飢則求食。飽則棄餘。既乃有教民以馴畜禽獸而蓄息之者。號曰庖犧氏。（亦作包犧亦作伏羲虙犧等） 上古不解粒食。既乃有嘗百草而辨其性。教民以樹藝五穀者。號曰神農氏。上古未有工藝。既乃有教民範金合土。剡木弦木者。號曰共工氏。此諸氏者。皆起於黃帝之先。其種族蓋非同一。其世次相距久暫。不可深考。不稱帝皇而以氏名。本未成爲國家。以是識別其種姓云爾。故古代之氏。見於百家者名稱至夥。固非必盡信。亦必非盡誕。其人蓋散處各方。山居谷汲。爲一團焦帳落之小酋。未可以後世之帝王儕擬也。

三皇五帝之稱。始見於周官外史掌三皇五帝之書。列子楊朱篇。亦言三皇之事若存若亡。五帝之事若覺若夢。然帝與皇之名未列舉也。呂覽（十二月紀）以黃帝炎帝太皞少昊顓頊爲五帝。蓋本之左傳。而月令因之。（左傳昭十七年郯子述紀官列次黃帝炎帝共工太皞少昊顓頊呂覽删共工而以餘五帝分配五行禮記月令則采呂覽之文也） 大戴記。（五帝德帝繫姓兩篇） 以黃帝顓頊帝嚳堯舜爲五帝。蓋本之國語。而史記因之。（國語魯語臧文仲論祀典以黃顓嚳堯舜五帝相連並舉與大戴記合史記五帝本紀則明言采宰我問五帝德帝繫姓之文也然國語于黃帝前尙舉烈山共工二氏於舜後尙舉鯀禹契冥稷諸人亦並非謂帝必限以五也） 世本及竹書紀年於黃帝之後顓頊之前皆有少昊。而史記無之。劉歆三統曆則以包羲神農黃帝堯舜爲五帝。宋以後述古史者多從之。此五帝異說之大概也。史記秦本紀有天皇地皇泰皇之名。鄭康成據春秋緯以女媧配羲農爲三皇。皇甫謐採之作帝王世紀。司馬貞採之作補三皇本紀。而譙周古史考易女媧以燧人。宋均世本注又易以祝融。徐整三五曆則本秦本紀爲說。而易泰皇爲人皇。晚出之僞三墳又糅合之。而以伏羲卽天皇。黃帝卽地皇。神農卽人皇。此三皇異說之大概也。左傳楚左史倚相能讀三墳五典八索九邱杜預注云古書名而晚出古文尚書僞孔序附會之云伏羲神農黃帝之書謂之三墳少昊顓頊高辛唐虞之書謂之五典故其後遂有僞造三墳書者而文子稱九皇之制。管子亦稱九皇六十四民。漢舊儀稱聖王祭三皇五帝九皇六十四氏蓋本于管子民字或氏字之訛也又言古封泰山者七十二家。春秋緯命曆序則謂自開闢至獲麟凡三百二十七萬六千歲。分爲十紀。一九頭紀二五龍紀三攝提紀四合雒紀五連通紀六序命紀七修飛紀八回提紀九禪通紀十流訖紀而流訖實當黃帝時云羅泌路史復於十紀之前冠以盤古氏焉。其古皇氏名見於周秦諸子各種緯書及世本山海經者不下百數。孔子所不道。太史公所不採。而魏晉以後作史者。乃纍纍羅列以爲博。而不知其自陷於蕪穢也。降及近世。歐洲學者盛倡中國人種西來之論。好奇之士。詫爲新異。從而和之。乃徧索百家所記名號。刺取其與巴比倫迦勒底古史所述彼中王名譯音相近者數四。輒附會爲彼我同祖之徵。斯益鑿矣。然必以孔子所未道史公所未採之故。而遙指爲臆造虛構。則亦失之武斷。蓋有史以前先以神話。實各國之所同。我國古代種族夥繁。十口相傳。各侈其祖。春秋戰國以還。好事者最而錄之。其名稱複雜。固宜然也。然必欲强排次其年代。且以後世帝王盛德大業擬議之。則大不可。蓋其人僅一團瓢之主。稍進亦一游牧族之酋耳。曰皇曰帝。則皆史以後崇報之名。非固有也。若夫三五之數。則全由春秋戰國以下哲學家喜言三才五行。凡百事物。動相比附。實則古代非有帝皇之名。後人皇之帝之。數雖百十可也。謂皇必三而帝必五。夫既拘墟。更聚訟於其名氏世繫。益無謂也。

前列諸氏。固皆爲華夏民族之祖。然其時民族之體系猶未成也。其成之則自黃帝以後。夫無論若何文明之民族。必由野蠻階級進化而來。此公例也。然非謂舉凡一切民族。皆可由野蠻而進於文明。今全世界見存民族不下數百。其有文明史可紀者十數而已。或自始未有。或昔有之而今已中斷也。我國自肇闢以來。各民族之土著於是間及自外侵入者不知凡幾。而惟華夏民族能始終爲之宗主。其在古代。種族部落。星羅棊布。殆以千計。參觀本卷附錄古代國名表 或淘汰。或混化。至今惟有華夏民族者存。不見其他也。亦有其族雖存。而遂不能以文明自見。歷四五千年仍爲無史民族者。若苗族是也。是故進化雖爲恆規。能進化實在自力。大抵凡無史民族。恆爲其所遭值之境遇所宰制。對於外界而爲被動者。凡有史民族。恆以自我宰制所遭值之境遇。對於外界爲能動者。此其機鍵也。今弗汎論。請舉黃帝迄堯舜史蹟見於故書雅記略可徵信者。分別論次之。其伏羲神農事。以類追述焉、

一世系及年代。 伏羲或謂卽太皞。因風而生。風姓。蛇身人首。興於燧人氏之季。據皇甫謐帝王世紀 以龍紀官。據左傳 繼其後者或有女媧氏。亦風姓。蛇身人首。據世紀 時有洪水。女媧氏止之。據淮南子及列子 伏羲女媧後。傳數十世乃至神農云。宋均世本注言女媧至神農七十二姓。譙周古史考言女媧後五十姓至神農 神農或謂卽炎帝。姜姓。據世本 母曰任姒。有蟜氏女。感神龍生帝。人面龍顏。據春秋元命苞及命歷序 或云傳八世五百二十歲。據春秋命歷序 或云傳七十世。據尸子 黃帝者。少典之子。姓公孫。名曰軒轅。興於神農氏世衰之時。代炎帝爲天子。據史記 在位百年。據竹書紀年 有子二十五人。其得姓者十四。據國語及史記 或云帝崩後其孫立。是爲帝顓頊。據史記 或云嗣黃帝者爲少昊。據竹書紀年 或曰黃帝傳十世千五百二十歲。據春秋命歷序 其裔有帝鴻帝魁等名。據山海經及鄭玄所引尙書緯 少昊氏名摯。據左傳 或云黃帝之臣。據逸周書 或云黃帝之孫。據漢書律歷志 或不以列諸帝皇。據史記 或云繼少昊者卽帝顓頊。據竹書紀年 或云少昊傳八世五百歲。據春秋命歷序 帝顓頊高陽氏。或云黃帝之孫

而昌意之子也。（據史記）母蜀山氏之女。（據山海經）感瑤光之星而生帝。（據宋書符瑞志）有子曰窮蟬。或云卽虞舜所自出。（據史記）或云伯鯀實顓頊子。爲夏禹所自出。（據大戴記及山海經）或云顓頊有子曰老童。爲春秋世楚國所自出。（據世本）帝嚳高辛氏黃帝之曾孫也。（據大戴記及史記）生摯及堯。摯立九年而廢。或云其元妃有邰氏之女曰姜嫄。感大人足跡而生稷。實周所自出。其次妃有娀氏之女曰簡狄。吞鳥卵而生契。實商所自出。（據詩經大戴記世本及史記）帝堯陶唐氏。帝嚳之子。（據史記）黃帝之玄孫。（據世本）母娵訾氏之女。（據世本）曰慶都。感赤龍而生帝。（據漢堯廟碑）在位七十年。舉舜攝政。百年而崩。（據尚書孟子竹書紀年及史記）帝舜有虞氏。黃帝八世孫。（據大戴記世本及史記）母曰握登。感大虹而生帝。（據宋本符瑞志）受堯禪卽天子位。攝政二十八年。在位五十年。禪於禹。崩。（據尚書孟子及竹書紀年）

此百家言古帝王世系年代諸說之大概也。其當疏證者數事。第一。諸帝年代相距之久近。異說實繁。惟伏羲神農與唐虞之世相距極遠。蓋可推見。伏羲事見於正經者。惟畫卦及以龍紀官二事。緯書稱其人首蛇身。亦與龍有連。易卦亦首取龍象。（易乾爲龍其象皆取諸龍說文易蜥易也象形是易之本義爲蜥蜴龍古文作巳與易字相類或言易字卽龍字說雖稍鑿亦足備一解）我國人以龍爲神聖。其思想蓋傳自伏羲以來。然據地質學家言。則龍之爲物。絕跡於新石器時代。約距今五六萬年前。伏羲時龍族尚繁。則其邃遠可想。又女媧洪水傳說。必有所承。考各國古史。皆有洪水神話。當爲古代一大事實。（詳下文）而其年代之極遠。亦可比推也。第二。近世學者考社會進化之跡。皆言父系之前。先有母系。蓋古代婚姻之禮不備。男女之別未嚴。人皆知有母不知有父也。故諸帝系姓。皆詳紀母氏。而於父反多傳疑。又好說聖人無父。感天而生。（許愼五經異義引詩齊魯韓春秋公羊說皆云然）此雖爲宗敎家言。（各國宗敎家皆以此立義耶敎其最著明也孔敎言孔子禱尼丘而生亦同此義凡以明敎主爲超人之神聖而已）亦母系先於父系之一左證也。故姓字從女生。言女所生也。最古之姓。姚姒子姬姜嬉姞嬛嫣嬴字率從女。以女辨糸也。第三據。大戴記及史記。則黃帝顓頊帝嚳堯舜。一脈相承。而後世帝王之家。悉黃帝所自出。然卽證羣籍。牴牾實多。少昊確爲一名。王安容剏其位號。據昭十七年左傳。則炎帝太皡皆在黃帝之後。其與羲農宜非一人。而黃帝與少昊顓頊之間。相去數代。各有制作。不相沿襲。則謂顓頊爲黃帝孫。帝嚳爲黃帝曾孫。實可滋疑。左傳又稱高陽高辛才子。世濟其美。以至於堯。則顓嚳之與堯世次。亦似非銜接。又謂堯爲黃帝玄孫。舜爲黃帝八世孫。則釐降二女。舜乃以姪曾孫而娶曾祖姑。毋乃可駭。鯀爲顓頊子。據竹書紀其生年。則逮堯憂洪水時。鯀壽應及二百。而自顓至禹。祖孫相距。垂四百年。寧有是理。舜於堯爲四世從孫。禹於舜爲四世從祖。懸隔相嗣。事太不經。周詩但頌姜嫄。（詩大雅厥初生民時維姜嫄但言姜嫄生后稷不言姜嫄爲帝嚳元妃）商詩惟歌玄鳥。（詩商頌天命玄鳥降而生商並未言簡狄更未言簡狄爲帝嚳次妃）稷契爲帝嚳子。於經無徵。若其然也。則堯有聖兄而不之知。待舜乃舉。已爲異聞。且稷契旣堯諸昆。則舜受禪時。當逾百歲。耄期登仕。情理實乖。又由契至成湯。四百餘年而十四傳。由稷至文王。九百餘年而十五傳。譜系相印。何其懸絕。凡此諸端。二千年來學者紛紜聚訟。書可汗牛。遷就附緣。終無是處。原其受蔽。皆由以後世之大一統政象。推諸古而强求其合。故帝皇號次之爭辯興焉。實則古代羣落並立。地醜德齊。率土一王。絕無其事。太皡少昊高陽高辛之輩。與彼祝融共工蚩尤烈山之儔。文言之可俱稱諸后。質言之可俱稱諸酋。正統閏位之辨。在後世猶爲詞費。況乃遠古。誠能熟察部落政治之狀態。則觀載籍中所傳古酋種姓之繁多。推見初民萬芽齊茁之象。觀其遞興迭仆。可想見諸落交通競爭之蹟。因其異說之紛挐。益知其年代之縣遠。如是則古史之印象。旣已略具矣。欲更進於此而有所考證。則愈考證而愈失其實也。至於唐虞三代同祖黃帝之說。或出於人種一元之理想。或由後代帝王喜自託於華胄。（如漢高祖自稱出於豢龍氏因遠祖唐堯王莽自稱出於黃帝漢昭烈自稱中山靖王後劉淵自稱漢甥）而其譜系之齟齬不可通。既已若是。則宜儕諸神話。不能視同史實。其理甚明。竊意有熊高陽高辛陶唐有虞有夏有商有邰。皆古來固有種姓之名。黃顓嚳堯舜禹契稷。皆其種中大長之俊英。威德獨盛。後世從而宗之。此數大種姓者。有無血統之聯屬。尚不可深考。必取千數百年之聖哲。強指為父子兄弟祖孫。非惟鑿。抑隘矣。

二。宅都及經歷地。

伏羲或云生於成紀。（據帝王世紀○今甘肅秦州）或云生於雷澤。（據詩緯○今山東定陶）都於陳。（據世紀○今河南陳州）曾封泰山。（據管子）冢在山陽。（據世紀○今山東金鄉）其後嗣在春秋時。有任宿須句顓臾等國。（據史記○國皆在今山東）神農生於華陽。（今陝西華縣）長於姜水。（據國語）都於陳。徙於魯。（並據世紀）曾封泰山。（據管子）夙沙氏之民。自攻其君來歸。（據逸周書呂氏春秋及說文○夙沙蓋海濱之國）冢在長沙。（據世紀）黃帝生於壽丘。（據世紀○地失考）長於姬水。（據國語○地失考）初居有熊。（據紀年○今河南新鄭）與炎帝戰於阪泉。（據史記○今直隸懷來）與蚩尤戰於涿鹿。（據史記○直隸今縣）遂邑於涿鹿之阿。遷徙往來無常處。東至於海。登丸山及岱宗。（即泰山）西至於空同。登雞頭。（今甘肅平涼西北或云岷縣西北）南至於江。登熊湘。（當在今湖南）北逐葷粥。合符釜山。（當在今直隸京兆北○並據史記）濟積石。（今青海之噶達蘇齊老山）涉流沙。（今大戈壁）登於崑崙。（今和闐南之喀喇崑崙山脈○並據賈誼新書）崑崙之丘有帝宮焉。（據陸賈新語及竹書紀年）或曰曾與西王母會於王屋。（據抱朴子引內經）曾使伶倫至大夏西崑崙之陰。取嶰谷之竹。（據漢書律歷志○大夏古國名在今喀什噶爾地）其子玄囂降居江水。（或云即今嘉陵江）昌意降居若水。（今四川犍為宜賓間）陵在橋山。（今山西北境○並據史記）少昊國於窮桑。（杜預云在魯北）遷於曲阜。（山東今縣○據左傳）顓頊生於若水。（見前○據竹書紀年）都於帝丘。（據左傳○今直隸滑縣）徙於高陽。（據史記○或云今河南杞縣或云今直隸任邱或云今直隸清苑）北至於幽陵。（當指今口北等地）南至於交阯。（今安南）西至於流沙。（今戈壁）北至於蟠木。（當指今吉林省內之大森林○據史記）陵在頓丘。（據世紀○今直隸清豐）帝嚳初封於辛。（據竹書紀年○今河南省城）都於亳。（據紀年○今河南商丘）堯生于丹陵。（今直隸完縣）初封陶。（今山東定陶）改封唐。（今直隸唐縣○並據竹書紀年）都冀之平陽。（今山西臨汾○據竹書紀年）涉流沙。

今戈壁封獨山。或云即穆天子傳所謂舂玉之山亦山海經所謂峚山也今稱密爾岱山在葉爾羌西西見王母。訓及大夏渠搜。並見賈誼新書崩於陶。據紀年陵在濟陰。今山東定陶○據帝王世紀舜之先出于虞。今山西平陸生於諸馮。或云今山東諸城○據孟子或云生於姚虛。今山東濮縣○據紀年耕於歷山。漁於雷澤。陶於河濱。作什器於壽丘。就時於負夏。據史記○注家言諸地皆在今山東境堯妻以二女。釐降於嬀汭。據尚書○水經注謂河東郡南嬀汭汭水出焉則地在今山西受禪都蒲坂。今山西永濟崩於鳴條。據孟子○今山西安邑或云崩於蒼梧。據史記○今湖南衡陽

吾今將據此諸地以考我華夏民族發育光大之跡。惟有二事宜注意者。其一。古代本末脫游牧之習。黃帝以前特甚。史記稱黃帝遷徙往來無常處是也所謂宅都某處者。不過如後世諸胡部落之幕庭。非必確有定居。尤不能與後世之帝京同視。其二。所記諸地。未必可信。有時出於夸張。如顓頊之幽陵交阯流沙蟠木當是夸大頌禱之詞觀史記原文尙有日月所照莫不砥屬等語可見有時雜以神話。其三。所釋今地。不過據前賢考證。求其近是。良不敢盡謂正確。今以此三義爲範圍。詳慎擘索。則第一。知中國文明發軔。實在黃河下游。今河南之開封河北兩道。山東之東臨濟南兩道。直隸之大名保定兩道。實爲文物誕育之區。伏羲神農少昊顓頊帝嚳之都。不出沿河上下數百里間。蓋我國之有黃河。猶埃及之有尼羅。中亞古國之有幼發拉底也。而三省之中。又似山東發育最早。伏羲雖無都山東之傳說。然其裔之傳於後者。任宿須句顓臾。皆依泰山而居。金鄉魚臺。傳有伏羲陵。當有所自。神農少昊。則皆都魯焉。魯公伯禽受封于少昊之墟見左傳最可信夙沙氏之歸。聲教益東漸於海矣。夙沙氏來歸當爲古代一大事故古書言之者極多說文稱夙沙始煮海爲鹽則其地濱海而極富饒可知應爲泰山以東之大部落與吾華夏民族並雄者近人務申民族西來說乃至附會夙沙爲迦勒底都城之蘇薩欲將我古代史跡悉移贈中亞細亞甚無取也惟黃帝邑於涿鹿。距河殊遠。或爲控制獯鬻計不得不爾耶。要之自太行山脈以東。桐柏山脈以北。泰山以西。長城以南。實吾國最大之平原。大河貫注滋沃乎其間。於文化之孕育最適焉。民族發育斯域。固其宜矣。第二。炎黃以來。既宅此平原。唐虞之際。忽踰太行

趨西北。作都於山西之高原。在歷史上實爲一奇象。蓋去難就易。初民恆情。舍沃趨瘠。於性殊拂。河岸平原地力未盡。曷爲舍旃以崎嶇於山谷。或疑堯舜所屬之部落本在其地。如春秋之晉。發祥攸自。斯亦不然。堯之封國曰陶曰唐。實在燕齊。舜東夷之人。見於孟子。早年歷跡。咸在山東。謂二帝興於北陲。左證乃適得其反。然則西遷之由。不得不歸諸洪水。蓋洪水之禍。殆地球與他界之關係使然。（說詳下）全地之水。吸而上浮。時非高原。莫可棲止。（山西高原拔海自千邁當至二千邁當黃河下游平原拔海皆在二百五十邁當以下）堯舜禹所爲遷宅冀域。殆必由是。而前此文明之破壞於茲役者。亦可推見矣。第三則湖南一地。在古代似與中原極有系屬。黃帝南渡江登熊湘。見於遷史。神農葬長沙。舜崩蒼梧。雖涉荒唐。然傳說諒非無自。夫以春秋之盛。沅湘猶未內屬。（顧棟高春秋大事表有楚地不及湖湘論）而謂數千年前。反爲哲王聖蹟之所被。宜若近誣。惟考當時吾族勍敵。厥惟三苗。而湖湘之間。實苗窟宅。（說詳下）諸帝徂征。當爲事實。苗既遠竄。遂成荒徼。此如兩漢西域之道。通塞不常。正不必以後之莽梗。疑古之溝通也。第四則古代西北諸地與中原交涉之跡。詳愼鉤稽。與趣良富。彼持極端華族西來之論者。吾雖不敢附和。而西域通道。由來甚古。事略足徵。崑崙縣圃。楚辭盛稱。其他故記。雜見非一。昔人以爲文家冥想。事等寓言。然汲冢穆傳。地名里數。一一具詳。按今圖記。脗合什九。（穆天子傳卷四有里西土之數一段最爲翔實說詳本卷第三章）其非虛造。已可斷言。則崑崙流沙王母之往來。豈得指爲悠謬。（西王母國名非人名尤非神仙並詳第三章）又古代以玉爲寶。祀典瘞埋。朝聘贄執。燕居垂佩。用之極繁。種類名稱。博見載籍。古玉之富。略堪懸想。然產玉之域。必推于闐。（今新疆之喀什噶爾道和闐于闐一帶）雍州之貢璆琳。崑岡之出玉石。實皆其地。假非交通夙密。曷由輸運滋繁。又伏羲之生成紀。黃帝之登雞頭。渠搜大夏。受訓來賓。玄囂青陽。降居二水。稽其地望。皆在西荒。然則鑿空非始張騫。定羌甯侯充國。今萬有餘里之新疆。實五千年前之舊屬。

參稽故實。似非誕辭。第五。我族既發跡於黃河下游沿岸。炎黃之際。締造方始。曷爲能遂勤遠略。西涉萬里以外之荒磧。則我族文化。其毋乃非由東西漸。而實由西東徂。此人種西來論所由起也。輓近西士盛倡此說。其尤著者二家。拉克伯里謂巴比倫爲我宗邦。里德和芬謂和闐爲我舊壤。拉氏之說。傅會音譯。謂黃帝卽奈亨臺。謂百姓之名。本於巴克。牽强媒合。殊類滑稽。巴比倫古有名王庫達奈亨臺 KudurNakhunte 其年代與我古籍所記黃帝時略相當拉氏謂黃帝稱有熊氏熊古音讀奈 Nai 黃帝之音爲 Huang-ti 因將熊黃帝三字連讀之造一名曰 Nak-Huang-ti 謂卽巴比倫王奈亨臺其實有熊國名末筆四點字自音雄與鯀化黃熊之熊字末筆三點讀如奈之平聲者形音俱別安得合而爲一且去有留熊以熊黃帝三字連屬成名古來安有此稱帝爲爵號豈容名譯凡此矯誣不值一笑拉氏又將百姓之百字以粵音讀之譯爲巴克 Pak 謂姓爲種族百姓者巴克種族也因今小亞細亞有地名巴克遂指爲古代中國與巴比倫種族之公稱實則百姓二字不能作如此解五尺之童皆知之矣拉氏既立此爲論據乃益剌取兩國古史所紀文物有相類似者悉爲牽合如謂八卦出於楔形文字謂太陰曆傳自迦勒底諸如此類不一而足若如其說則吾國古代無一文明一切皆從幼發拉底河畔移植而來寧有是理拉氏歐洲人習見歐洲之民族及文明皆自他土移植因謂中國亦當爾爾不知歐洲自爲文明傳播化合之地中國巴比倫埃及印度自爲文明發源胎育之地地勢使然安可强附也此說本無深辨之價值惟拉氏學博而言辯亦著中國古代文明西來考 Western Origin of the Early Chinese Civilization 彪然巨帙風靡歐美日本學界我國學者亦得翕然信從甚至盤古卽巴克夙沙卽蘇薩等說推波助瀾不可究詰吾故略辨之如右

里氏之說。根據中國史傳。不如拉氏之武斷。然後起孤證。依憑亦薄。里氏據魏書于闐傳云自高昌以西諸國深目高鼻惟此一國貌不甚類胡頗類華夏以此爲中國與于闐同種之證其他若玉出于闐而中國古代多玉亦其一證實則魏收魏書成於隋唐之交安可據以論數千年前古事魏類華夏一語亦豈足爲同種之確證然于闐與內地古代實早交通游牧時代吾族或有遷宅斯土者亦意中事也

竊以爲欲論此事。則人種一元多元之辯。是所宜先。謂一元耶。則凡今含生之儔。宜皆同祖。甯獨中國與巴比倫。果爾。則葱嶺西帕米爾高原。實爲大地脊。或爲全界人類共同之祖國。其裔姓隨環嶺河流所嚮。或東宅我華。或南開印度。或西闢西亞。或西南趨埃及。果爾亦不過同源分布。斷無中國文明爲巴比倫再傳之理。況一元之說。自達爾文種源論既昌以後。蓋不復能自完。若宗信多元。則以我國山河兩戒之

奥區。自能有多數民族函奄卵育於其間。豈其必由外鑠。是故華族西來之說。求諸中外史乘。既無確證。揆諸羣象蕃變情形。亦非脗合。宜從蓋闕。無取鑿陳也。然則古代西通頻繁。其故安在。竊疑炎黃以前。今新疆中央之大戈壁白龍堆。白龍堆或本一湖泊亦未可知實爲多數文明都邑之所宅。今地志統稱爲塔木里河溢地其地不過拔海五百邁當至一千邁當與山西四川之高原略齊塔木里河兩岸。不減中原陳衞宋鄭之郊。自玉門西抵崑崙。井邑相屬。其開化或更先於中原。我華夏民族。或曾宅此間。以次轉徙而東。或本在東方。而與西土常相接觸。故西域故實。至今猶往往見古籍中也。至此道後來中梗之由。則因洪水以還。繡壤奥區。淪爲沙漠。洪水與沙漠之關係說詳下前刼文物。湮蕩無餘。此非惟中國史家之遺恨。抑亦全世界文明史一大厄運也。吾之此說。於載籍絕無稽驗。惟從地文學上試爲懸斷。然今沙漠中有已淪之古國。則中西學者。皆有先我言之者矣。漢西域圖考云漢時鄯善精絕等國今已淪入瀚海歐人黑丹士達因爲中亞細亞地學專家言漢和闐及其鄰近地今已埋於沙漠嘗試發掘得有西歷紀元前三百年間由印度輸入文物之跡云此皆沙漠已成之後賡續淪沒者則未有沙漠前更可想耳他日若科學益昌明。能撥沙漠中古蹟而出之。則中國古史。其或盡改舊觀也。

三。與苗族之競爭。　華夏民族。非一族所成。太古以來。諸族錯居。接觸交通。各去小異而大同。漸化合以成一族之形。後世所謂諸夏是也。就中有二族焉。不能與諸夏化合者。則從而攘逐之。勦絕之。一曰獯鬻。二曰三苗。獯鬻蓋歐人所謂芬種。Hun後世玁狁匈奴。皆其異名。此族當炎黃之世。曾肆擾東北。黃帝攘之。其燄遂衰。史稱帝北逐獯鬻。合符釜山是也。自此役以後唐虞夏商千餘年間史籍無獯鬻侵暴之跡其後戰國秦漢間。頗極猖獗。其遺種今有立國於歐洲者。茲不具論。別詳兩漢載記卷三苗亦稱九黎。其族蓋起於湖湘之間。寖以盛大。與諸夏爭雄。其酋之最强武者曰蚩尤。或曰共工氏亦其族也。蚩尤與黃帝爭爲帝。戰於涿鹿之野。帝禽蚩尤。斬之於中冀。苗族之不競於我。蓋自茲始。然餘衆猶倔强。少昊顓頊之時。屢煩征討。堯舜禹三聖。益膺懲之。分竄之於三邊。於是其族之馴良者。漸同化於我。其凶頑者則遠竄南服。歷數千年至今尚有存者。其一部分且滋殖於安南緬甸諸地及南洋羣島云。要之華苗二族之消長爲古代史第一大事。而我族自黃帝以降數百年間恆汲汲以對苗之舉重勞焦慮。則苗族在古代之勢力亦可推見矣。

附三苗九黎蚩尤考

三苗與九黎同族。其酋之最著者曰蚩尤。在古代與華夏民族勍敵。故古籍多言其事。惟年代湮遠。異說叢雜。非參稽會通之。莫能得其眞也。今先羅列經傳之說。次乃分別疏證之。

尚書堯典 竄三苗於三危。(馬融注三苗國名也縉雲氏之後爲諸侯蓋饕餮也)

尚書堯典 分北三苗。(鄭玄注三苗爲西裔諸侯猶爲惡乃復分背流之)

尚書皋陶謨 何遷乎有苗。又 苗頑弗卽功。帝其念哉。

尚書禹貢 三危既宅。三苗丕敍。(鄭玄注三危在鳥鼠西南)

尚書呂刑 蚩尤惟始作亂。延及于平民。(馬融注蚩尤少昊之末九黎君名 鄭玄注蚩尤霸天下黃帝所伐者) 苗民弗用靈。制以刑。惟作五虐之刑。曰法。殺戮無辜。(鄭玄注苗民謂九黎之君也九黎之君於少昊氏衰而棄善道上效蚩尤重刑必變九黎言苗民者有苗九黎之後顓頊代少昊誅九黎分流其子孫居於西裔者爲三苗至高辛之衰又復九黎之德堯興又誅之堯末又在朝舜臣堯又竄之禹攝位又在洞庭逆命禹又誅之穆王惡此族三生凶惡故著其氏而謂之民民者冥也言未見仁道) 爰始淫爲劓刵椓黥。(夏侯說苗民大爲此四刑) 皇帝哀矜庶戮之不辜。報虐以威。遏絕苗民。無世在下。乃命重黎。絕地天通。罔有降格。皇帝淸問下民。鰥寡有辭於苗。惟時苗民匪察於獄之麗。上帝不蠲。降咎於苗。苗民無辭於罰。乃絕厥世。

國語楚語　少皞之衰。九黎亂德。章昭注九黎黎氏九人蚩尤之徒也　民神雜糅。不可方物。夫人作享。章昭注夫人人人也享祀也　家爲巫史。烝享無度。民神同位。民瀆齊盟。無有嚴威。神狎民則。不蠲其爲。顓頊受之。乃命南正重司天以屬神。命火正黎司地以屬民。使復舊常。無相侵瀆。是謂絕地天通。其後三苗復九黎之德。章昭注三苗九黎之後又書疏引章昭別注三苗炎帝之後諸侯共工也　堯復育重黎之後使復典之。

左傳文十八年　縉雲氏有不才子。貪於飲食冒於貨賄。天下之人謂之饕餮。書疏引鄭玄云饕餮即三苗

逸周書嘗麥解　蚩尤乃逐帝。爭於涿鹿之阿。九隅無遺。赤帝大懾。乃說於黃帝。執蚩尤。殺之於中冀。

史記五帝本紀　神農氏世衰。諸侯相侵伐。而蚩尤最爲暴。應劭曰蚩尤古天子瓚曰孔子三朝記曰蚩尤庶人之貪者　蚩尤作亂。黃帝乃徵師諸侯。與蚩尤戰於涿鹿之野。遂禽殺蚩尤。正義引龍魚河圖云黃帝時有蚩尤兄弟八十一人並獸身人語銅頭鐵額食砂造立兵丈刀戟大弩威振天下黃帝不能禁

山海經　蚩尤作兵伐黃帝。黃帝乃令應龍攻之冀州之野。帝王世紀應龍殺蚩尤於凶黎之丘

戰國策秦策　黃帝伐涿鹿而禽蚩尤。高誘注蚩尤九黎民之君　舜伐三苗。禹伐共工。高誘注共工霸於水火之間

戰國策魏策　昔者三苗之居。左彭蠡之波。右洞庭之水。文山在其南。案文爲汶字之省古書岷山多作汶山　衡山在其北。恃此險也。而禹放逐之。

史記五帝本紀　三苗在江淮荊州數爲亂。於是舜遷三苗於三危以變西戎。正義今江州鄂州岳州皆古三苗地

韓詩外傳　當舜之時。有苗不服。其不服者。衡山在南。岐山在北。左洞庭之陂。右彭澤之水。禹請伐之。而舜不許。曰吾喩教猶未竭也。久喩教而苗民請服。韓非子淮南子說苑鹽鐵論略同

舜却有苗。更易其俗。（呂覽召數篇）

（淮南子修務訓）舜南征三苗。道死蒼梧。（禮記檀弓舜葬於蒼梧之野鄭注舜征有苗而死因葬焉）

（墨子兼愛篇下）禹誓曰。蠢茲有苗。用天之罰。若予既率爾羣對諸羣以征有苗。禹之征有苗也。以求興天下之利除天下之害。

（墨子尚同篇中）昔者先王制爲五刑以治天下。逮至有苗之制五刑以亂天下。

（管子乘馬篇）葛盧之山。發而出水。金從之。蚩尤受而制之以爲劍鎧矛戟。是歲諸侯相兼者九。

（拾遺記）軒轅去蚩尤之凶。遷其民善者於鄒屠之地。遷惡者於有北之鄉。

綜諸書所記。則其史實略可徵信者得十事。其一。三苗九黎。一族兩名。其部落最初之大酋爲縉雲氏。吾族因其貪殘。謂之饕餮。因其冥昧。亦謂之民。（民之本義爲奴虜吾別有考）其二。彼族根據地在江以南。最初起於湖湘之間。漸侵及江淮之間。既乃渡河而北。致與吾族接觸衝突。其三。彼族蓋爲多神教。迷信甚深。而所信仰者早下狎讀與吾族之一神教不相容。（參觀上引國語）其四。彼族已有刑法。可見其國家經制。亦既粗具。（參觀上引呂刑墨子）其五。冶金鑄兵之術。蓋爲彼族所先發明。其所以驍強者以此。（參觀上所引管子山海經及史記正義○近人夏曾佑謂史記正義言蚩尤銅頭鐵額指其甲冑亦足備一解）其六。彼族當全盛時。其傑出之酋曰蚩尤者。幾征服吾族。吾族有襲用彼族之傳說者。故或謂之古天子。以其當炎黃時自君一國。故或謂之古諸侯。以其爲諸侯也。故或謂之黃帝之臣。以其強也。故或謂之霸天下。以其爲賤族也。故或謂之庶人之貪者。其七。黃帝既禽殺蚩尤。我族以興。彼族以替。然彼族非遂一蹶不振。蓋賡續數百年與我對抗。故顓頊伐之。堯伐之。舜伐之。禹又伐之。而舜或且疑死於苗難焉。其八。吾族對待彼族之方略凡數變。

初極嚴峻。意雖勦絕其種。呂刑所云遏絕苗民無世在下又云乃絕厥世其法則俘其一部分以爲奴民。鄭玄注苗民弗用靈云著其惡而謂之民古民字與奴字通其餘則離隔而分竄之。堯典所謂分背此黃帝顓頊以來所用法也。然此法未能竟全功。故又欲懷柔之使之同化。韓詩外傳所謂喻教禹貢所謂丕敘此堯舜所用法也。然奏効亦有限。卒更窮討而膺懲之。此禹所用法也。皋陶謨述禹對舜之言謂苗頑弗即功帝其念哉禹蓋疑舜之懷柔策將招敗也舜旋以征苗野死故禹嗣位卽宣誓大舉致討也其九。經此諸帝數百年勦撫兼用。至舜禹時。苗勢已大衰。大約其時苗族略分三部。其一部在山東河北者。略已同化。所謂其善者遷之鄒屠之鄉其一部在陝西四川甘肅之間。卽竄於三危者也。鄭康成引地記云三危之山在鳥鼠之西南當岷山山海經云三危在敦煌南與岷山相接則其地當在長江發源處其裔與後代三氏羌及今川藏間之土司或有關係。其一部卽苗之本部在湖湘間者。卽舜所欲喻教而禹卒親征之者也。三苗之名所由興蓋原於是。其十。自禹大舉討伐之後。苗之受創必甚深。故三代以還。不復以苗爲患。然其人性極頑蔽。以我華夏同化力之强。終不能使之混化於我。而彼又無自發展之力。故雖數千年保延殘喘。遂不能進爲有史民族。今行將淘汰以盡矣。交阯日南之間及南洋羣島。皆有彼族孳育之跡。近人數學專家考巫來由人種之頭骨蓋與黔桂之苗族同系又苗族唯一法物曰銅鼓我國史上常見之巫來由族亦有之其體製花紋皆相近亦足爲同族之一證歐儒或名之爲銅鼓民族也然其不能自振。亦與內地之苗同。徒附蚩尤神話之末。供考古者之憑弔而已。

四。洪水。上古有一大事曰洪水。古籍所記。與洪水有繫屬者凡三。其一。在伏羲神農間。所謂女媧氏積蘆灰以止淫水是也。淮南子覽冥訓往古之時四極廢九州裂天不兼覆地不周載火爁炎而不滅水浩洋而不息猛獸食顓民鷙鳥攫老弱於是女媧鍊五色石以補蒼天斷鼇足以立四極殺黑龍以濟冀州積蘆灰以止淫水淫水涸冀州平狡蟲死顓民生其二。在少昊顓頊間。所謂共工氏觸不周之山是也。列子湯問篇共工氏與顓頊爭爲帝怒而觸不周之山折天柱絕地維淮南子本經訓共工振滔洪水以薄空桑楚辭天問康回馮怒地何故以東南傾王逸注康回共工名也國語周語共工壅防百川墮高堙庳以害天下皇天弗福共工用滅其三。在堯舜時。卽尚書史記所載而鯀禹所治也尚書堯典云帝曰咨四岳湯湯洪水方割蕩蕩懷山襄陵浩浩滔天下民其咨有能俾乂僉曰於鯀哉帝曰吁咈哉方命圮族岳曰異哉試可乃已帝曰往欽哉九載績用弗成尚書洪範曰我聞在昔鯀堙洪水汨陳其五行山海經云洪水滔天鯀竊帝之息壤以堙洪水國語周語曰崇伯鯀播其淫心稱遂共工之過堯用殛之於羽山孟子云當堯之時天下猶未平洪水橫流氾濫於中國草木暢茂禽獸繁殖五穀不登禽獸偪人獸蹄鳥迹之道交於中國淮南子本經訓云舜之時龍門未開呂梁未發江淮通流四海溟涬民皆上邱陵赴樹木舜乃使禹平通溝陸流注東海鴻水漏九州乾萬民皆甯其居據以上羣籍所記似洪水曾有三度相距各數百年每度禍皆甚烈實則只有堯舜時之一度前乎此者不過神話傳說之歧出此次水禍其歷年或甚長久逮舜禹登庸其禍始息禹之前治水者有鯀鯀之前有共工皆務堙塞之而効卒不覩至禹則以疏通之而獲成功焉洪水經過之情狀大略如是茲事雖出天變而影響於古代人民思想及社會組織者蓋至大實史家所最宜注意也

附洪水考

古代洪水非我國之偏災而世界之公患也其最著者爲猶太人之洪水神話見基督教所傳舊約全書之創世記中其大指謂人類罪惡貫盈上帝震怒降水以溺滅之惟挪亞夫婦爲帝所眷予筏使浮歷百五十日水退得活是爲開闢後第二次人類之初祖此神話爲歐美宗教家所信仰迄今未替而印度古典亦言洪水謂拯餘孑遺者惟摩奴一人希臘古史則言有兩度洪水其前度爲阿齊基亞洪水起原甚古且其歷時甚久云其次度曰託迦里安洪水則時短而禍烈其原因亦由人類罪惡所致得免者惟一男子託迦里安一女子比爾拉實由電神婆羅米特教之造船乘船九日得栖泊於巴諾梭山後此二人遂爲夫婦爲希臘人之祖云北歐日耳曼神話亦言洪水謂有巨人伊彌爾得罪於大神布耳布耳殺之所流血爲洪水盡淹覆其族姓獨卑

爾克彌爾夫婦獲免云。其他中亞美利加及南太平洋羣島。其口碑咸有洪水。而太平洋島夷。則言水患歷四十日云。惟埃及波斯巴比倫古傳記不見有洪水之跡 此諸地者。散在五洲。血統不同。交通無路。而異喙同聲。戰栗斯禍。其爲全地球共罹之災劫。殆無可疑。歐人猶有以爲傳說同出創世記各地互相襲者果爾則所傳發水之原因歷時之久暫劫後之人名等皆當同一而今不爾可見其神話實各自發生而水禍確有其事非宗教家虛構也 其發水原因。則西方所稱述。皆教宗寓言。與我國所傳康回觸山崇伯竊壤同一荒誕。不必深辯。以科學推論之。大抵當爲地球與他行星或彗星躔道偶爾偭錯。忽相接近。致全球之水見吸而漲也。初民蒙昧。不能明斯理。則以其原因歸諸神祕。固所當然。惟就其神話剖析比較之。亦可見彼我民族思想之淵源。從古卽有差別。彼中類皆言末俗墮落。嬰帝之怒。降罰以勦絕人類。我先民亦知畏天。然謂天威自有分際。一怒而盡殲含生之族。我國古來教宗。無此理想也。故不言干天怒而水發。乃言得天祐而水平。尚書洪範言帝震怒不畀鯀洪範九疇禹嗣興天乃錫之蓋以禹治水爲得天助也 彼中純視此等巨劫爲出於一種不可抗力。絕非人事所能挽救。獲全者惟歸諸天幸。我則反是。其在邃古。所謂鍊石補天積灰止水。言誠夸誕。然隱然示人類萬能之理想焉。唐虞之朝。君臣孶孶。以治水爲業。共工鯀禹。相繼從事。前蹶後起。務底厥成。蓋不甘屈服於自然。而常欲以人力抗制自然。我先民之特性。蓋如是也。比較神話學可以察各民族思想之源泉此類是也凡讀先秦古書今所見爲荒唐悠謬之言者皆不可忽視擧其例於此 洪水發生年代及歷時久暫。求諸外紀。無足以資參考。蓋猶太希臘諸族。其文化萌芽。遠在洪水以後。視洪水時代。等於開闢。所言百五十日四十日九日等。純屬懸擬。無復價值。我國則水消之時可以略推。而其水起之時。末由確指。據最可徵信之經傳者。則綜計鯀禹兩代。至少已應歷十七年。書堯典言鯀九載績用不成孟子言禹八年於外 據汲冢竹書。共工銜命治水。又在鯀前四十餘年。則堯時水工。前後歷歲。殆逾六十。竹書紀年於堯十九年記命共工治河於六十一年記命崇伯鯀治河於六十九年記黜崇伯鯀於七十五年記命司空禹治河於八十六年記司空入覲贊用玄圭前後相距凡六十六年要之斯役必稽時甚久故種種誕說緣會而生試參稽以求其近是大抵水禍初興負責救治者厥惟共工而數十年不惟無效災情反增於是人民咸怨以當時冥昧之心理或反疑水禍實治水者所招致此頭觸不周之說所由起也既已代遠年湮重以喪荒孑遺之後傳說益復龐雜故羣情集矢之共工事實愈傳而愈誕考共工兩見堯典其爲堯臣甚明而百家多載與顓頊爭帝之說甚則女媧所止之水其禍源亦蔽罪共工爲之說者謂共工乃古大族之名曾建號始於羲農顓堯之時襲號者乃其苗裔然夷考凡言共工史蹟者雖互有出入而大致相同無一不與洪水有繫屬管子言共工氏之王水處什之七陸處什之三亦與水有關係則爲同一傳說而譌歧年代甚明故知女媧時顓頊時原非有水實則皆堯時之水也共工既不能舉績次乃鯀鯀被四岳公薦則爲當時人望所集可知而復以無功致罹罪殛故後人往往寃之而彼身之神話亦多楚辭離騷云鯀婞直以亡身兮終然夭乎羽之野又天問云鴟龜曳銜鯀何聽焉順欲成功帝何刑焉永遏在羽山天河三年不化伯禹腹鯀夫何以變化當時共工及鯀之政策在修隄防故周語謂共工壅防百川墮高堙庳又謂鯀遂共工之過山海經謂鯀竊帝之息壤以堙洪水禹則反之務濬河道後人以爲成敗所攸判斯固然矣實則地球與他星之關係豈人所能爲力鯀禹父子易時則成敗亦當相若耳禹之功績別詳下章茲弗具論尤有數事可推尋者其一爲洪水與前此文明之關係吾竊疑炎黃時代之文物已頗可觀百家所紀非盡鋪張特經茲抝蕩然無遺致虞夏以還重勞締造其二以避水故四方諸族咸集高原其於華夏民族之完成社會組織之變化不無影響此二事亦於次節續論之其三則洪水與沙漠之關係及與後此河患之關係也今東半球有三大沙漠其一在蒙古其一在新疆其一在阿非利加洲之薩哈剌此等沙漠宜非與地球有生以俱來蓋沙漠爲積水沈澱所成此既地文學之公言然積水何由而來吾以爲必自唐虞時之洪水蓋洪水初興舉全球之水驟

吸以上騰。歷百數十年間。衝刷巖石。中含泥沙之量日多。及其消也則以漸。愈近末期。其流愈緩。流愈緩而其沈澱之量愈增。其在河流通海之地。則淤積下游河岸。歲歲與新流相盪。馴成沃原。其不通海之地。末濁所瀦。遂成沙漠。我國西北部形勢。自天山山系以南崑崙山系陰山山系以北。西界葱嶺。東障興安。略如橢形仰盂。而數千里之沙漠。蜿蜒東馳。若隨山勢。於全國地相。爲一大缺憾焉。而實自洪水以後始然。蓋當游慧出躔溢水歸壑之際。而天山一帶南流之河。崑崙陰山一帶北流之河。葱嶺東流與安西流之河。無海可洩。其濁屑瀦此仰盂。盂底之廣原。則沙漠所由起也。其在蒙古者且勿論。其在新疆者。今戈壁與白龍堆兩大漠。古代蓋爲多數之大湖泊。而湖泊四周。蓋有多數國土。湖泊爲初民發育最適之地近世學者已有定論　今載籍雖闕。然稽諸山經穆傳等。其故墟尚可想像一二也。山海經第六篇之西次山經及第八篇之北山經所記皆今新疆省內地理其中言湖澤者甚多曰泑澤則泚水邸時之水滏水杠水匠韓之水敦薨之水注焉曰稷澤則丹水桃水注焉曰蕃澤則濁浴之水注焉曰湯谷則英水注焉曰茈湖則彭水注焉曰櫟澤則邊水注焉曰䍃之澤不言所受水其中尤有稱勃海者海內西經謂河水入勃海又出海外西北入禹所導積石山也今新疆境內稍大之湖泊惟三皆在東偏與白龍堆相當曰巴格喇赤湖在堆之北曰咯喇布朗湖曰羅布泊在堆之南羅布泊即史記之鹽澤亦即漢書之蒲昌海而郭璞注山海經謂勃海即蒲昌海酈道元注水經謂泑澤即勃海亦即蒲昌海姑從其說則泑澤之所在略可指矣然山海經又言泑澤之水廣袤三百里（水經注引作廣輪四百里）今之綿布泊猶未能及其什之一二然則羅布泊在作山海經時必甚廣闊故能受多數之河而洪水前更不必論或今之白龍堆全部皆泑澤未可知也䍃澤蕃澤櫟澤等似不甚大或今之巴格喀喇兩湖有足以當之者惟稷澤實爲巨浸且地在西偏西次三經言丹水出峚山注於稷澤其下又云自峚山至於鍾山四百六十里其間盡澤也則稷澤之更大於泑澤可知或謂稷澤即穆天子傳之珠澤亦即今之伊斯庫里泊其地望固相近然大小懸絕恐不足以當之也若容我武斷竊欲謂即今之兩片大漠即萬數千年前之二澤之廢墟白龍堆即泑澤之遺大戈壁即稷澤之舊雖求諸載籍杳無左證然以理度之則今之天山南路所謂塔木里河溢地者廣袤萬里爲崑崙山下一大曠原而距海極遠四山之水所瀦其間自不容無大湖泊既有湖泊則洪水消息時水勢就下湖泊自然爲重濁泥屑所先淤積而更無他方尾閭以爲之宣洩則變成沙漠固其所也初成漠之時非遂若今之乾燥蓋水相與沙木並存猶常瀅性回環流注故古籍謂之流沙也禹貢云導弱水至於合黎餘波入於流沙注家謂弱水不可以乘舟楫曷爲不可以乘舟楫弱水者流沙之未成者也水多於沙故雖弱而名之爲水流沙者又沙漠之未成者也故雖沙而仍字之曰流及其爲今日之戈壁龍堆又數千歲變遷之所積矣使吾所擬議不大刺謬。則古代此地形勢。儼為東方之小地中海。稷澤為小地中海則泑澤可稱小紅海或遂為我國文化最初發榮之地。此古籍所以恆樂道西方。若有餘慕也。水經注言泑澤旁有龍城故姜賴之虛大國也城基尚存而至大晨發西門暮達東門此恐是太古故國蓋秦漢以來此地為游牧族所棲息不應有爾許大城也沙漠初成。面積猶不甚廣。故三代以來。西方交通未全斷。後此則磧日險艱而道日堙塞矣。我國當海通以前。與西方國交久梗。此亦其一原因也。又沙漠之與河患。亦有關係。古籍皆言河出崑崙。又言河有伏流。苟不明沙漠之由來。則此二事幾疑為夸誕。蓋河自崑崙至積石間。本有故道。沙漠既生。遂成湮沒。沙質疏鬆。故故道雖沒。猶得伏行於下。然坐是之故。河水含沙量益富。故其色深黃。其質重濁。出伏流後。其勢湍急。此數千年來河患所由不絕也。河源之說自漢迄今久成聚訟禹貢導河始於積石為今之巴顏喀喇山山非崇峻不足為此大川之發仍甚明故山海經爾雅穆天子傳史記禹本紀皆言河出崑崙必有所受矣漢武帝發使窮河源定為出於于闐即所謂崑崙之墟也然崑崙積石之間曷為不見有河道據山海經云河水出崑崙東北隅以行其北西南又入勃海又出海外入禹所導積石山故有逕以今之塔木里河為黃河塞外之上游者雖亦足備一解然塔木里河所受為喀什噶爾河葉爾羌河等非于闐河也于闐河即今之和闐河之實注入戈壁而止未嘗入蒲昌海也水經言河有二源其一源從葱嶺出入蒲昌海此則塔里木河足以當之其一源出于闐國南山北流與葱嶺所出河合又東注蒲昌海此當指于闐河然據今地圖則于闐河並未嘗與葱嶺河合也法顯西域記云阿耨達山西北有大水北流注牢蘭海即崑崙其大水即于闐河牢蘭即蒲昌海酈道元水經注引申之謂于闐河經扜彌精絕且末鄯善等國入蒲昌海然則當晉六朝時于闐河入蒲昌海之故道尚可歷見故漢使得循之以窮其源也今則此諸國者與河道同淪沙漠中矣益知沙漠之區古狹而今廣矣水經注又引高誘云河出崑山伏流地中萬三千里此自不免夸張然河有伏流且其伏流不自羅布泊之東南始蓋可信也以上為吾對於洪水所感想。雖嫌詞費。然於古代史實之蛻變。所關頗大。故著之如右。山海經所載地名其在禹貢九州內者證以今地雖名稱多殊然地望什得八九惟西北地理則荒誕不可究詰故後人疑焉若吾說稍有可采則因洪水沙漠之故陵谷變遷不知凡幾不能執今以疑古也

五。制作及發明。

古代文化濬發至若何程度。載籍所紀。頗相懸殊。或謂炎黃時代。文物既已爛然。夫以經傳所紀。夏殷猶多僿野之風。謂遠古反極絢華。殊與進化原則相戾。然凡一事物之發明。皆或為之先。或為之後。古今

相續。通力合作以竟厥功。苟無所創。安得有因。崇德報功。遠遡其朔。殆非爲過。考世本有作篇。（作篇居篇皆一宗爲篇名）以專記事物之起原。原書雖亡。羣籍徵引。尚見崖略。（世本作篇佚文見於各書者臚舉如下伏羲制儷皮嫁娶之禮（禮記月令疏引）伏羲作琴（山海經注引）伏羲作瑟（初學記通志引）神農作琴（風俗通初學記引）神農作瑟（山海經注引）女媧作笙簧（文選注太平御覽引）隨作笙作竽（風俗通文選注太平御覽引宋衷注隨女媧氏之臣）顓頊命飛龍氏鑄洪鐘聲振而遠（太平御覽引）祝融作市（初學記玉篇引）伏羲臣句芒作羅（玉海引）芒作網（御覽引）黃帝使羲和作占日常儀作占月臾區占星氣伶倫造律呂（史記索隱玉海引）大撓作甲子（春秋序正義史記索隱引）隸首作算數（文選注史記索隱引）容成作調歷（太平御覽史記索隱引）黃帝左右史沮誦倉頡作書（唐六典太平御覽廣韵引）史皇作圖（文選注藝文類聚引）黃帝作旃（爾雅釋文引）黃帝作冕旒（儀禮疏引）黃帝臣伯余作衣裳（太平御覽引）夷作鼓（通典藝文類聚引）伶倫作磬（廣韵引）黃帝見百物始穿井（初學記引）黃帝臣尹壽作鏡（事物原始引）於則作扉履（初學記御覽引）蚩尤以金作兵器（初學記御覽引）巫咸作筮（周禮疏引）巫彭作醫（山海經注初學記引）巫咸作銅鼓（通典引）共鼓貨狄作舟（御覽初學記廣韵引）垂作鐘（風俗通廣韵引）作規矩準繩（玉篇引）作銚（詩疏引）作耒耜（路史引）作耨（左傳疏引）黃帝臣揮作弓（初學記御覽引）黃帝臣牟夷作矢（山海經注藝文類聚引）雍父作杵臼（廣韵御覽引）胲作服牛（初學記御覽引）相土作乘馬（周禮注荀子注引）奚仲妨作車（山海經注後從出注引）宿沙作煮鹽（御覽北堂出鈔引）堯作圍棊（北堂出鈔引鮌作城郭（禮記疏水經注引）舞作簫（通典引）敤首作畫（御覽引）后益作占歲（御覽玉海引））自餘傳記。言器物創作之主名者尚多。不可悉舉。然兌之舞衣。兌之戈。和之弓。垂之竹矢。列在周廷。（見尚書顧命）垂之和鍾。叔之離磬。女媧之笙簧。陳於魯廟。（見禮記明堂位）此皆唐虞前法物。流傳有緒。而實藏逮西周春秋之世者。則起原甚古。殆不誣也。大抵古代發明之最有價値者。一曰文字。蓋起於伏羲之畫八卦。而黃帝時倉頡沮誦實創立義例。後此代有增益。遂成爲中國特有之一種象形指事會意諧聲之文字。華夏民族所以能團結光大。而其文明所以能賡續傳播者。實賴乎是。二曰圖畫。世本稱史皇作圖。卽倉頡也。蓋書畫共貫。實吾國美術之特徵。倉史作書。畫理隨闢。至虞舜垂誥。遂有作繪施采之文。（尚書臯陶謨吾欲觀古人之象日月星辰山龍華蟲作繪以五采章施于五色）繪畫之重。由來舊矣。三曰曆算。史記五帝本紀。於黃帝顓頊。皆首紀其推筴之功。堯之初政。命羲和歷象授時。舜之攝位。先正璿璣玉衡以齊七政。（見尚書堯典）蓋以此爲帝者第一大事焉。而歲差置閏之理。堯時已明。則其已能應歸納法發明原理以御對象。可推見矣。四曰音樂。律呂肇興。其旨微妙。伶倫作始。信否難徵。要之逮唐虞之世。樂學蓋已臻全盛。垂制其器。夔調其律。舜闡其理。典謨所紀。粲然竟備。而簫韶之奏。孔子猶及聞之。知其教之神。而其傳之遠也。五曰醫藥。今所傳本草。謂出神農。素問靈樞。謂出黃帝。斯誠依託。匪云足徵。而斯學之興。必由上古。岐伯俞拊。蓋有其人。故口碑相傳。引以爲重也。六曰蠶織。舊史謂黃帝娶於西陵。厥號嫘祖。實教蠶事。信否雖無確徵。然軒轅垂裳。實見易繫。至堯舜時。黼黻絺繡。絢爛明備。必利用頗久。而奏技乃精也。又古代西方之民。號我曰絲國。（古代波斯人稱我國名爲Silk羅馬人因之譯言絲國蓋彼中之有絲實傳自我因以絲名吾國猶今歐人號我爲China彼中之有陶瓷實傳自我因以陶瓷名吾國也）相傳甚古。斯亦旁證。七曰冶鑄。冶金之術。蓋起蚩尤。蚩尤雖戮。其藝轉昌。初則兵器所資。繼則祭器斯重。虞之宗彝。禹之九鼎。經傳所紀。鴻寶共聞。商周彝器。傳今尤夥。精紋良質。焜燿古今。而推原作始。宜在軒轅。得寶鼎以推筴。（見史記五帝本紀）鑄銅鼎於荊山。（見史記封禪書）雖涉傳疑。甯盡虛構。蓋絕藝雖出天才。進化要須歷紀也。以上數端。實古代發明之菁英。而智力之偉。可見其概。我族所以能獨秀於神州。蓋以此也。（其詳別見先秦文物制度志略篇）至於自餘庶物之制作。則與社會狀態之蛻變相緣。由漁獵以入游牧。由游牧以入耕稼。由耕稼以入工商。而制器前民。自能與之相應。此世界所大同。我國固亦宜爾。炎黃至唐虞。蓋在游牧耕稼兩期之間者也。（我國文字最能表示社會之狀態及理想試取說文之會意字一一加以鑿索可以察古代文明進化之跡也）

古籍記事物之創作。歸諸黃帝時者什而七八。雖或多出比附。要非絕無根據。考史記五帝本紀稱黃帝時播百穀草木。淳化鳥獸蟲蛾。旁羅日月星辰水波土石金玉。勤勞心力耳目。節用水火材物。（史記此語本大戴記五帝德篇）黃帝之大功德。蓋實在是。其道則發揮人類最高之良能。宰制自然界事物。使爲我利用。所謂能盡其性。則能盡人之性盡物之性也。黃帝之人格及事業必有大過人者。故能爲我民族數千年崇仰之所集。其無正確之遺蹟傳於後世者。恐亦罹洪水之蕩壇耳。

六。國家組織之進化。　我國政治上最高之理想。治國之上更有平天下。以今語言之。則我國所尊者。非國家主義而世界主義也。此理想蓋發自遠古。歷數千年進行不怠。而華夏民族所以大成而永存。則亦以此。黃帝以前。羣族並立。地醜德齊。部落戰爭。蓋甚慘烈。（史記本紀云軒轅之時諸侯相侵伐暴虐百姓軒轅乃習用干戈以征不享諸侯咸來賓從而蚩尤最爲暴莫能伐）黃帝以其威望與實力。能聯合諸部落以戰勝蚩尤。遂爲諸部落之盟主。（本紀云乃徵師諸侯與蚩尤戰於涿鹿之野遂禽殺蚩尤而諸侯咸尊軒轅爲天子）當時從黃帝之諸部落。即後世所謂諸夏也。華夏民族之相互團結。實始於是。其有不加入此團結者。則以兵力强制之。雖山谷僻遠之部落。務開闢之使從同於我。此黃帝畢生致力之大業也。（本紀云諸侯有不順者黃帝從而征之平者去之披山通道未嘗寧居）然當時無所謂中央政府之組織也。乃至首都亦無定所。（本紀云還徙往來無常處以師兵爲營衞）其純屬羣落之法。則由盟主選羣落中之雄强者指定二人使爲己副。以分領其附近之諸落。此後世方伯制度之濫觴也。（本紀云置左右大監監于萬國萬國和）經黃帝時代提挈摶捖之後。至堯舜時華夏民族體系漸具。而階級制度宗法制度聯邦制度乃至中央政府制度皆相隨而起。於是有平民貴族之別。平民曰民。貴族曰百姓。（詳本條末所附古代民百姓釋義）其統屬諸部落之法。則天子曰元后。諸侯曰羣后。（堯典班瑞于羣后又肆覲東后羣后即諸部落之長東后東方部落之長也南西北同）雖各君其國各子其民。而名分權限別焉。殆頗類德意志之聯邦也。其介於元后羣后之間者。則有四岳。四岳者。四方羣后之代表也。（東岳代表東后南西北同）權力至重。元后之用人行政恆咨焉。乃至帝位繼承。亦參謨議。故堯將禪位。先讓四岳。岳咸舉舜。舜乃登庸。（俱見堯典）舜攝政時。岳猶在位。（舜典舜受終於文祖乃日觀四岳羣牧）及其末年。則無聞焉（堯典記舜即位命官後有咨汝二十有二人之語注家算其數謂無四岳也）而更分天下爲十二州。州置一牧。

所謂十有二牧也。岳牧對於羣后。其權力若何。古籍無考。以理推之。當爲所在地部落中最强者之酋長。本爲一方一州之盟主。元后因而承認焉。質言之。可謂兩重之聯邦政治也。中央與地方之聯絡。則天子五年一巡守。羣后四朝。其中央政府。則舜時有九官。禹爲司空平水土。棄爲后稷播百穀。契爲司徒敷五敎。皋陶作士明五刑。益爲虞掌山林草木鳥獸。垂作共工掌百工。伯夷作秩宗典三禮。夔典樂敎胄子。龍作納言出納王命。後世分部設官自茲始。每三年考百官之成績。經三考則彙校而進退之。後世官吏考成自茲始。此皆禹治水功成後之制也。雖規模草創。未足與後此王朝法制同其完備。然視堯以前則既大進矣。要之華夏民族政治統一機關之建設。實濫觴於舜禹。而舜禹所以能肇建此大業者。固由進化自然之運。而洪水與三苗實亦促而助其成。三苗自黃帝顓頊以來。雖屢受膺懲。其燄迄未戢。吾族爲自衞計。不得不力謀團結以捍其敵。若洪水尤人類全體之公患也。其災害既巨且久。絕非各部落專恃自力所能抗圉人人皆深有感於共同防禦之萬不容已。故部落戰爭漸以衰息。而統一之基樹焉。夫羣治由分爭而趨統一。誠大勢所不得不然。然其致之也。厥有二途。一曰征服。二曰聯合。征服者。以一强兼幷衆弱。其在西方。有若羅馬。其在我國。若秦始皇。聯合者。衆弱相結而爲一强。其在西方有若今世德美之聯邦。求諸我國。則古舜禹時代。殆略近之。凡以聯合成國者。必利害之共通者深切。而聯合之程度乃固。洪水與三苗。皆以外界侵壓之力。使華夏民族益同其利害者也。因洪水之故瀕河下游平原不可居諸部落共徙集冀州高原此亦促進華夏民族統一之動機也四岳本爲四方羣酋之長而當時咸集堯廷蓋亦因避水故部落悉散而今聚愈接近則共同利害愈發生故統一之運驟開也

附古代民百姓釋義

後世民與百姓通訓。古代不然。書堯典。九族既睦。平章百姓。百姓昭明。協和萬邦。黎民於變時雍。明有親疏先後之別。國語屢以百姓與兆民對舉。（周語晉語楚語皆有）百姓貴族也。民則異族或賤者也。楚語。昭王問觀射父曰。百姓者何也。對曰。王公之子弟之所能言能聽徹其官者。而物賜之姓以監其官。是爲百姓。鄭玄注堯典平章百姓。謂百姓者羣臣之父子兄弟也。又禮記郊特牲。戒百姓也。鄭注。王之親也。又曲禮納女于天子曰備百姓。此皆百姓爲貴族專稱之證。書禹貢錫土姓。左傳桓二年。天子建德。因生以賜姓。蓋姓非天子特賜。則不能有。且並有雖出帝系而仍不能得姓者。故黃帝子二十五人。其得姓者十四而已。（見國語晉語）大約當堯舜時。有姓者不過一百內外。此百姓之名所由起也。民之爲義。說文云。民。衆氓也。賈誼新書大政篇。民之爲言萌也。萌之爲言盲也。春秋繁露深察名號篇。民者瞑也。書呂刑。苗民勿用靈。鄭注。此族三生凶惡。故著其民。而謂之民。民者冥也。言未定仁道。論語。民可使由之。鄭注。民冥也。其見人道遠。孝經援神契。民者冥也。荀子禮論篇楊注。民。泯無所知者。周禮以與利耡萌。鄭注。萌猶懵懵無知貌也。此皆民字所以得聲之由。亦即其所以取義之由。又氓字從民從亡。會意。亡亦聲。蓋謂民之流亡而來歸者。民氓轉注。詩。氓之蚩蚩。義亦與萌盲泯同。蓋賤蔑之不以齒於貴族也。堯典於百姓言平章。於黎民言於變。其待遇之不同亦可見。（堯典皋陶謨凡言民皆黎民二字連稱或謂指九黎之民即苗族也黎民於變猶三苗丕敘亦足備一解）

其後民之界說漸寬。雖貴族亦同此稱。蓋一則無制限昏姻之禁。種族漸淆。一則貴族之人日多。其無采地無官者。耕田鑿井。與民無異。因即以民之名加之。於是舉社會中惟有君主與民之兩階。此則三代後進化之結果也。

唐虞禪讓、古今美談。據經傳所紀載。則堯在位七十年時。將遜位讓於四岳。岳共舉舜。舜登庸三年。堯老而舜攝。於是舜相堯二十八年。堯百歲乃崩。舜避堯之子於南河之南。天下諸侯朝覲者。不之堯之子而之舜。訟獄者。不之堯之子而之舜。謳歌者。不謳歌堯之子而謳歌舜。舜不得已。然後之中國踐天子位焉。禹之於舜也亦然。禹相舜攝政十七年。舜崩。禹避。朝覲謳歌訟獄咸歸禹。一如舜時。此皆故書雅記所紀之事實也。而野史傳說。或謂舜南面而立。堯率諸侯北面而朝。甚則謂堯幽囚。舜野死。其爲荒誕。前賢辨之詳矣。雖然。禪讓云者。亦只能心知其意。而其陳迹殊有不必深求者。例如舜禹受禪形式程序事事相同乃至堯舜壽皆百歲不增不減此皆不必强求其故也當知古代帝位非如後世之尊嚴。帝權非如後世之强大。元后與羣后。各自長其部落。勢位並非懸絕。諸部落大長中。有一焉德望優越於儕輩者。朝覲訟獄相與歸之。遂稱爲天子。其人云亡。朝覲訟獄別有所歸。帝號亦隨而他屬。所謂訟獄者蓋部落與部落相爭而請兩造共信仰之第三部落爲判其曲直詩稱周文王時虞芮質厥成即其例也現代北美聯邦其中央政府即有裁判各邦爭議之權舜未受禪。其先既世守虞疆。國語魯語云幕能帥顓項者也有虞氏報焉左傳昭八年云自幕至於瞽瞍無違命舜重之以明德蓋有虞氏之一部落當顓項時有名幕者實始創建歷傳至瞽瞍及舜世爲其長故孟子述舜弟象之言亦稱舜爲都君故知舜未受禪本爲羣后之一受禪則爲元后耳堯雖崩殂。其胤仍久君唐國。陶唐氏至夏仲康時始亡見左傳哀六年引夏書故知舜禹爲元后時堯之子孫仍爲羣后之一也山海經有帝丹朱臺然則堯子丹朱且襲帝號矣堯舜之遞嬗帝號。正如桓文之狎主夏盟。事勢當然。非關盛德之不可跂及也。

紀夏殷王業

王天下自大禹始。皇从自从王則先有王字而後有皇字可知說文訓大帝从上孟氏易章句云帝天稱故知皇帝本非有天下之號三皇五帝後人追稱耳說文王字下云天下所歸往也董仲舒曰古之造文者三畫而連其中謂之王三者天地人也而參通之者王也孔子曰一貫三爲王據此知王實爲始有天下之稱以一貫三賦其形以歸往取其聲合形聲而義着焉此古代造字最含精意者王之稱始自夏王字當亦其時所造史記殷本紀云後世貶帝號爲王索隱謂以德不及五帝故貶號失之矣華夏民族之統一。開之者黃帝。而成之者大禹也。禹號夏后。後世遂以夏爲我族對外之名。說文夏字下云。中國之人也。尙書蠻夷猾夏左傳裔不謀夏夷不亂華論語夷狄之有君不如諸夏之亡也稱我族爲夏蓋以朝代名爲種族名猶之對滿蒙回而自稱漢也海外華僑自稱唐人亦同此例而外國之有文物者。我亦或稱之爲夏焉。漢書律歷志黃帝使伶倫取大夏之竹以爲籥賈誼新書亦言帝堯敎化訓及大夏渠搜山海經言白玉山在大夏東逸周書王會篇亦載其國名漢書西域傳稱大月氏擊大夏而臣之蓋古波斯國也(說詳兩漢載記)古代稱波斯爲大夏猶漢世稱羅馬爲大秦皆以其文明類我故錫以嘉名自夏以還。政治組織之異於前代者有四。其一。定九州貢獻之制。禹貢一篇言之綦詳。前此羣后之於元后。則朝覲訟獄而已。其有餽獻。蓋自由致敬。弗以爲常。及禹則第其等差。列其名物。着之令甲。普使卒從九州正賦。泐爲九等。冀州厥賦惟上上錯兗州厥賦貞作十有三載乃同青州厥賦中上徐州厥賦中中揚州厥賦下上上錯荆州厥賦上下豫州厥賦錯上中梁州厥賦下中三錯雍州厥賦中下仍因物宜。各有常貢。冀州無貢惟島夷皮服兗州厥貢漆絲厥篚織文青州厥貢鹽絺海物惟錯岱畎絲枲鉛松怪石萊夷作牧厥篚檿絲徐州厥貢惟土五色羽畎夏翟嶧陽孤桐泗濱浮磬淮夷蠙珠暨魚厥篚玄纖縞揚州厥貢惟金三品瑤琨篠簜齒革羽毛惟木島夷卉服厥篚織貝厥包橘柚錫貢荆州厥貢羽毛齒革惟金三品杶幹栝柏礪砥砮丹惟箘簵楛三邦底貢厥名包匭菁茅厥篚玄纁璣組九江納錫大龜豫州厥貢漆枲絺紵厥篚纖纊錫貢磬錯梁州厥貢璆鐵銀鏤砮磬熊羆狐狸織皮雍州厥貢惟球琳琅玕織皮崑崙析支渠搜近畿之地。不貢庶物。而田賦之制。特詳密。所謂成賦中邦。孟子亦謂之夏后氏五十而貢也。禹貢篇末稱成賦中邦五百里甸服百里賦納總二百里納銍三百里納秸服四百里粟五百里米此近畿賦稅之制故冀州無貢而厥賦上上也其二。封建制度。實始萌芽。唐虞以前諸國。皆太古固有之部落。傳記中間有言受封者。如竹書紀年言帝嚳時封堯於唐孟子言舜封弟象於有庳之類實不足深信。惟禹治定功成。爰錫土姓。禹貢文其時之國。有斟觀斟尋有扈有緡等。皆夏同姓。實佐中興。見於雅記。見左傳哀元年故知封建濫觴。實自夏時也。其三。定畿甸與各州相維之制。前此元后之於羣后。權力所能及者甚微。傳記所述羲農黃顓時代威德遠播之跡多屬後人推想鋪頌至禹則畫全國爲甸侯綏要荒之五服。環王畿四周方五百里內爲甸服環甸服外四方各五百里爲侯服綏服則環侯服外五百里要服又環綏服外五百里荒服環要服外五百里荒服則謂之蠻夷矣此夏代五服之制也中央駕御之寬嚴疏密。以其地之近遠爲差。所謂弼成五服。至於五千。外薄四海。咸建五長也。皋陶謨文其四。傳子之局。孔子稱大道之行。天下爲公。大道既隱。天下爲家。見禮記禮運故萬章問孟子。疑至禹而德衰。乃不傳賢而傳子。孟子以天與賢則與賢天與子則與子解之。見孟子萬章篇此自儒家立宗明義之言。若按諸社會進化之實情。則君位傳賢。實初民自然之勢。變而傳子。反乃國家體制始具之徵。古代部落結集初無君長惟其族之長老數輩各董率其子弟奴僕其有全族利害所關之事或族中各派有訟鬩則聚而議焉此貴族政制之起原也其後遇有與他部落戰爭之事不能不推一人爲主帥於戰爭期內全部落之人皆受其宰制此爲有會長之始然此種會長不過臨時建置事過輒即解職其後與外族競爭日劇戰事往往連年不息則臨時會長變爲久任會長甚則變爲終身會長其威權亦日益擴大儼成君主之形矣然其人年老不堪任事者恆自退讓別選賢能即或功德甚高衆情感戴亦至及身而止身後必擇賢而別立矣有非常之豪傑出捍災患廓土宇功莫與京雖沒之後國人畏威懷德不衰而國土日大非有尊嚴之君主不能統治而舉朝皆其舊臣莫敢當大任於是乃共戴其子至是則世襲君主之局成而國家之體制亦具矣此種進化階級無論何族何國之古代史同所經歷讀歐洲史及我國諸史中之四夷傳可證也我國雖神明之胄豈能獨外此軌則明乎此則知堯舜倦勤禪讓在當時亦本爲庸德非甚琦異而禹之傳子則我華夏民族締造國家之成功也堯舜時代。猶未脫部落之舊。君位承繼之制未確定。恆藉四岳參預定策。堯舉舜舜舉禹皆先咨于四岳自禹崩啓嗣。傳數百年。君主制成。國基奠矣。禹以後經傳即不復見四岳之名亦中央權力漸擴之一徵凡此諸端。皆虞夏之際社會變遷灼然可見者。故唐虞以前。僅能謂之有民族史。夏以後始可謂之有國史矣。

大禹所以能創此大業，固由社會進化自然之運，而實則大禹之人格有以鑄成之。凡社會之能進化，固其本性，而使之進化者則人也。社會進化者，全社會之人同進之謂，而導率社會多數以進者，又恆在一二人。古今中外能進化之社會，皆其歷代聖哲豪傑人格之化成也。明此義，則可與語禹業矣。洪水之平，是否全由人力所能致，禹當鯀時，是否遂能抑洪水，且勿深論。要之當彼巨浸滔天，萬民昏墊之際，此大聖出而治之，治之而效，則事實也。以此事實，故能使吾民族知自然界之威虐可畏，而終非甚可畏也。以數十年之奇災巨患，常人咸束手受其痡毒，歸諸天運之無可奈何，此大聖者毅然與抗，雖備歷艱苦，而積患卒以消除。於是共知人類精力所注，無不可制服之天然，此人定勝天之理想所由生也。吾民族固夙信人類之上尚有最高之主宰，然經此事實以後，知主宰我者實爲仁愛，常順人力之所及而助之。書洪範：鯀堙洪水，帝乃震怒，不畀洪範九疇，彝倫攸斁。鯀則殛死，禹乃嗣興，天乃錫禹洪範九疇，彝倫攸敍。 此天從民欲之理想所由主也。禹績之偉，共稱治水，然水平之後，爲事正多。禹之言曰：予乘四載，暨益奏庶鮮食，予決九川距四海，濬畎澮距川，暨稷播奏庶艱食鮮食，懋遷有無化居，烝民乃粒。書皋陶謨文 孔子稱禹盡力乎溝洫，又稱禹稷躬稼。俱論語文 禹貢又稱庶土交正，咸則三壤。三壤者，據鄭玄說，謂上中下三等之土壤，而每等又各分爲三也。上文九州分敍，冀州厥土惟白壤，兗州厥土黑墳，青州厥土白墳，徐州厥土赤埴墳，揚州荊州皆厥土惟塗泥，豫州厥土惟壤，下土墳壚，梁州厥土青黎，雍州厥土惟黃壤，此皆治水後察勘所得，所謂正庶土則三壤也。 蓋神農以來，雖有稼事，然民人大食耕稼之利，實自禹平水土後而始然。所以者何？前此純任天然可耕之地蓋甚少。埃及立國於尼羅河畔，每年春漲至全境泛溢，水退留淤成膏腴，農即播種，及下期漲之未至已獲矣。我國古代農業全在黃河下游瀕岸，殆亦同一情狀。 禹之治水，既以濬鑿疏通爲主，不得不多開支流，縷析之精，極於溝澮。其始以洩一時之患，其後遂成萬世之規。民人於是知自然界一切物象，放任之能爲巨患者，駕馭之可旋使爲大利，而樂天之觀念滋長焉。前此未辨壤性，藝植之種類亦希，故棄地棄材，兩皆盈望。禹既正土則壤，益稷更廣播麰鮮。（史記引皋陶謨文云與益予衆庶稻鮮食又云令益與衆庶稻可種卑溼蓋謂鮮食爲稻詩思文篇貽我來牟漢書楚元王傳引作釐麰釋云麥也始自天降說文來字下云瑞麥天所來也是必前此未解種麥至是后稷始發明焉故珍重之謂爲天所來詩又云誕降嘉種惟秬惟秠亦此意也竊意我國耕稼始自神農然神農時所發明穀之種類蓋不多若稻若麥殆禹稷時始藝殖蓋由能察壤性則土之不宜於此者可宜於彼則農業乃驟蕃變矣故禹自言烝民乃粒孟子稱后稷樹藝五穀五穀熟而人民育也）人民於是知自然界之利賴無窮。比例於人類心思材力之精進。而利用之範圍。可以愈擴而愈大。此向上心所由激發也。前此各人各部落。傫然自營而已。水患既興。始漸覺自然界之暴威。非獨力所能抵禦。共工與鯀。專事隄障。枝節圖功。終歸敗衂。禹反其道。通盤規畫。合全國人通力趨事。乃克有功。（益稷記禹言曰惟荒度土功外薄四海咸建五長各迪有功苗頑弗即工故知當時工事實由禹督率全國人分任除頑苗之外諸族咸有勞績以今語釋之可謂爲國家總動員也）不甯惟是。畎澮溝洫之利。諸部落各自爲政。則不能理也。不甯惟是。各地物產異宜。闕焉則資生之具不周。必自爲而後用之。非惟勞而少功。且勢有所必不能致。及禹通貢道。而商運之業興焉。故曰懋遷有無化居也。（禹之任土作貢非徒使各地與中央關係日密而已實將使各地特產不滯積一隅彼我運輸以美補不足故禹貢詳紀貢道冀州則夾石碣石入於河兗州則浮於濟漯達於河青州則浮於汶達於濟徐州則浮於淮泗達於河揚州則沿於江海達於淮泗荊州則浮於江沱潛漢逾於洛至於南河豫州則浮於洛達於河梁州則西傾因桓是來浮於潛逾於沔入於渭亂於河雍州則浮於積石至於龍門西河會於渭汭蓋大樊水運之利懋遷化居之業驟興實由是也）凡此諸端。皆以顯著之事效。使人民知欲抵抗天然利用天然。其道莫如合羣協力。知羣體愈擴則利用厚生之資愈饒。知穀薄相爭。不如交通互利。由部落觀念以進於國家觀念。此其動機也。夫禹之事業。其影響於世運人心者則既若是矣。而其事業所以克就。則其性行品格實爲之原。禹之言曰。予何言予思日孜孜。又曰予乘四載隨山刊木。（史記釋四載之義謂陸行乘車水行乘舟泥行乘橇山行乘檋）又曰。予創若時。娶於塗山辛壬癸甲。（史記釋義謂娶後在家僅辛壬癸甲四日也）啓呱呱而泣。予弗子。惟荒度土功。（俱益稷文）故孟子稱之曰。禹八年於外。三過其門而不入。孔子稱之曰。禹菲飲食而致孝乎鬼神。惡衣服而致美乎黻冕。卑宮室而盡力乎溝洫。禹吾無間然矣。墨子稱之曰。河而通四夷九州也。名山三百。支川三千。

小者無數。禹親自操槖耜而九雜天下之川。腓無胈。脛無毛。沐甚雨。櫛疾風。置萬國。禹大聖也。而形勞天下也如此。（莊子天下篇）又曰。禹治水。身執虆臿。以為民先。當此之時。燒不暇攢。濡不給扢。死陵者葬陵。死澤者葬澤。（淮南子要略）綜禹行誼。其示人以至道者三焉。其一使人知民生在勤之義。觀禹終身焦勞之迹。則知凡受生於天地間者。無一人而可以自逸。而欲成就一事業。必須全集註其心力體力。無一日而可以怠息。禹以此為天下倡。率孔子所謂先之勞之也。墨子宗之以立教。則曰日夜不休以自苦為極。不能如此。非禹之道。（莊子天下篇）雖衍之不無太過。然人道所以能自強。斯其大本也。（歐西格言云Labour is sacred勞働者神聖也。此禹墨之教也）其二使人知儉為共德之義。禹之嗇於自奉。非直八年在外時而已。治定功成。循而不改。雖御袞冕。仍惡衣菲食。孔子所以稱為無間也。禹之為教。殆以為非有堅苦卓絕之操。不足以固肌膚而養神明。故務制奢欲。崇淡薄。既自葆其天年。亦為天地惜物力。廣厚生正德之用也。三曰使人知博施濟衆之義。凡人之自愛自利與愛他利他。兩者皆受性之良能。而文化愈深之民。則其愛他利他之良能。發育愈增其度。度之高下。又羣力結合強弱之所由判也。禹之行誼。實舉此良能發揮至於極致。其過門不入。啓泣弗子。示人以忠於職務。公爾忘私之絕高模範。故孟子曰。禹思天下有溺者。猶己溺之也。是以如是其急也。此三義者。列舉則分條。會觀則共貫。蓋非勤勞刻苦。無以愛他利他。然必先有不自私自利之心。而後勤勞刻苦。乃能安而行之也。蓋禹也者。最能克制己身麤下之情欲。而發揮人類合羣之良能者也。禹之大業在征服自然。而所以能爾者。先在宰制自己之私欲。禹之神功在利用百物。而所以能爾者。在發揮人類之本能。以此立人格之模範。則使人自覺其所以貴於萬物者何在矣。夫堯舜之聖。萬世同仰。固已然。孔子之稱堯也。曰。蕩蕩乎民無能名焉。其稱舜也。曰。無為而治。恭己正南面而已。此非空言。蓋堯誠無名也。舜之所以為聖者即在其能舉禹。故禹之功德卽堯舜之功德也。孟子曰堯以不得舜爲己憂舜以不得禹皋陶爲己憂又曰大舜有大焉善與人同舍己從人樂取諸人以爲善自耕稼陶漁以至爲帝無非取諸人者若禹者。以一身拯百數十年之巨患。勞其心思。苦其形骸。摩頂放踵以利天下。勞而不伐。有功而不德。僞古文尙書大禹謨云帝曰來禹克勤於邦克儉於家不自滿假惟汝賢汝惟不矜天下莫與汝爭能汝惟不伐天下莫與汝爭功此雖僞書然亦有所本襄二十九年左傳記季札觀樂見舞大夏者曰美哉勤而不德非禹誰能修之則禹不自伐其功德可見矣禹既以身爲天下先。其同寮若稷、契、皋陶、益、伯夷、諸賢。咸儀則之。協力分勞。定茲大業。而當時全國人民。除苗族外。大率皆追隨禹後。受其部勤。各效其能。夫以吾儕生數千年後。尋詩書之陳迹。覩禹功於萬一。聞者猶且興起。而況於親炙之者乎。是故禹以其崇峻無極偉大無垠神聖無垢之人格。日日與全國民相接。民日受其陶治感化而不自知。於以養成其深遠堅實博大之國民性以詔諸方來。夫我國後世。雖屢經喪亂。民德淳漓。升降不恆。而農工商賈所謂國之石民者。其勤儉耐勞苦有恆心。常爲世界各國之冠。而歷世大哲。自孔墨以下。無不以此爲立身垂敎之鵠。數千年來學派雖至繁賾。其主旨大抵皆務克治重實行。常以自我爲中心。以求盡人合天之道。其政治上之理想。則世界主義。統一主義。平等主義。博愛主義等。發達最早。此皆大禹人格之化成。在當時感受甚深。故歷久而其風不替也。故大禹之事功。爲中國物質上統一之基礎。大禹之德性。爲中國精神上統一之基礎也。故其德合帝。惟禹與舜稱大。其功邁皇。惟禹與農稱神。有以也夫。歐人於其古代明王大哲誦其功德或於其名之上冠以大字Great如大腓力特列大彼得大拿破命等或冠以神聖Saint之字如聖彼得保羅等我國稱大者有大舜大禹稱神者有神農神禹與彼不謀而同而兼大與神之名者惟禹焉亦可見吾民信仰崇敬之深也

禹之治績。見於古尙書者。尙有汨作一篇。九共九篇。槀飫一篇。今皆亡佚。所傳者惟禹貢而已。書序云帝釐下土方設居方別生分類作汨作九共九篇槀飫伏生尙書大傳云九共以諸侯來朝各述其土地所生美惡人民好惡爲之貢賦政敎據此則九共九篇必九州各自爲篇其鴻博當過禹貢實我國最古之地志也堯典疏引鄭康成云汨作逸九共九篇逸槀飫亡然則汨作九共實在漢代中祕所傳逸古文尙書十六篇之內至晉永嘉時始亡耳惜哉九共逸文惟大傳引「予辨下土使民平平使民無敎」十二字今傳於世蓋禹自述之言也禹貢所紀辨

壤制賦諸大政前文具詳。今惟就經文考九州疆理釋以今地因以求治水濬澮之蹟焉。禹貢所紀疆域純以高山大川標明地望實地理書中體例最精審者但川流通淤代有遷移即山川之名今亦不能盡同於古。（呂刑稱禹平水土主名山川然則山川之名殆多爲禹所命定但古書既不能普及於衆且代有散佚故後之山川各以其地俗名名之此古今名所由異也）且三代疆域建置屢更。（以爾雅釋地之九州校禹貢有幽營而無青梁以周禮職方之九州校禹貢有并幽而無徐梁其所舉地望亦多異同）故指目今名尙勞辨證。今采近儒所考訂較可信據者簡括述之求禹跡之所淹庶論後世版圖之式廓得從其朔也。

禹貢發端之文曰禹敷土隨山刊木奠高山大川。呂刑曰禹平水土主名山川。蓋禹治水奏績首在審全國地勢。及其以審察所得勒爲成書則不獨爲我國地理學開山之祖且使人知我族所棲之國土如此其弘大而優美。則感懷天賜不敢自暴棄也又知夫山脈水絡互相聯屬知國土之不可分而統一觀念油然生也此禹貢之書所以可尊也。其書上半列敘九州疆域下半則紀禹施功之迹而復分爲導山導水兩章。其導山章分四節第一。導岍（今甘肅隴縣山）及岐（今甘肅岐山縣山）至於荆山。（今陝西富平朝邑縣一帶連山）逾於河。（今陝西省與山西分界之河）壺口（今山西吉縣山）雷首。（今山西永濟縣山）至於大岳。（今山西霍縣山漢時名霍太山）底柱（今山西平陸縣河岸之小山）析城。（今山西陽城縣山）至於王屋。（今河南濟源縣山）大行（今河南河內修式等縣直西北綿亙山西冀甯道千餘里之連山）恆山（今山西渾源縣一帶連山）至於碣石（今直隸昌黎縣東北小山南北朝時已淪於海）入於海。此導北條北列之諸山也。第二。西傾（今甘肅洮縣一帶南趨之連山）朱圉（今甘肅伏羌縣山）鳥鼠（即鳥鼠同穴也今甘肅渭源縣山）至於大華。（即華山也今陝西華縣華陰一帶連山）熊耳（今河南盧氏縣山）外方（即嵩山今河南登封縣一帶山）桐柏。（今河南桐柏縣山）至於陪尾。（今山東泗水縣山）此導北條南列之諸山也。第三。導嶓冢。（今陝西沔縣山）至於荆山。（今湖北南漳縣山與第一節荆山異）內方（今湖北鍾祥縣山）至於大別。（今湖北漢陽縣山）此導南條北列之諸山也。第四。岷山之陽。（岷山山脈起四川松潘縣徼外延袤千餘里東南趨云岷山之陽蓋歷鹿頭山山脈一帶由重慶入湖南境矣）至於衡山。（今湖南跨湘江衡陽兩道之連山）過九江。（今鄱陽湖）至於敷淺原。（今江西廬山東南麓）此導南條南列之諸山也。

（分兩條四列者用鄭康成說今地從胡渭禹貢錐指所釋間有訂正）禹蓋以山為河流之所自出。欲治水必先察山勢。所舉四列。中原諸山之幹脈具焉。（除南境五嶺山脈及北境陰山山脈蓋禹跡所未及也）山系之稱。今世稍治輿地學者類能言之。而禹乃發明之於四千年以前。其導一山必通東西數千里。得其脈絡起伏。此眞有系統之科學也已。

導山。凡所以導水也。其導水章分九節。首二節。導西北徼外之水。中五節。導入海四瀆。所謂江河淮濟是也。（四瀆名本爾雅）末二節。導上游入河巨川。蓋禹之施功以四瀆為重。而治河尤其主力所集。繹經文而可識也。第一。導弱水。（源出今甘肅山丹縣）至於合黎。（今甘肅酒泉縣）餘波入於流沙。（今甘肅敦煌以西諸沙漠地）第二。導黑水。至於三危。入於南海。（經言黑水有三其一華陽黑水惟梁州其二黑水西河惟雍州其三即此文也雍州黑水與西河對舉定雍界宜在雍西梁州黑水與華陽對舉定梁界宜在梁南今考西南徼外實無如此綿長之巨川足當此三文之黑水而皆脗合者故後儒或謂黑水有三而各為之說然此文云至於三危入於南海三危為今敦煌縣附近地明屬雍州南海以南名必屬梁州可知然則禹貢黑水宜掠敦煌以西雍州西境南流至蜀滇之交折而東流以盡梁州南境乃更南流以入於海也然今世實不見有此水自漢唐以來亦不聞有之殆三代時已湮變耶既無確證闕疑可耳梁州黑水則應為瀘江蓋古黑水之下淤說詳下）此記導徼外二水也。第三。導河積石。（積石山即今巴顏喀喇山在甘肅蘭山道導河縣）至於龍門。（山名在今陝西韓城縣）南至於華陰。（陝西今縣）東至於底柱。（見前）又東至於孟津。（河南今縣）東過洛汭。（洛水之內也據水經注指今河南鞏縣）至於大伾。（今河南濬縣）北過洚水。（即漳水）至於大陸。（即大陸澤跨今直隸鉅鹿平鄉隆平三縣）又北播為九河。（九河故道久湮據漢書溝洫志引許商說謂古九河之名有徒駭胡蘇鬲津今見在成平東光鬲界中成平為今直隸交河縣東光為直隸今縣鬲為山東德縣爾雅九河之次徒駭最北鬲津最南故知今交河以南德縣以北皆九河故道所在也）同為逆河入於海。（漢志謂河至章武縣入海章武為今直隸滄縣即禹河入海故道逆迎也以一迎八納之於海也逆河蓋在今直隸之天津靜海滄縣鹽山及山東之無棣霑北等縣之間）此記導河也。第四。嶓冢（見前）導漾、東流為漢。又東為滄浪之水。（即夏水在今湖北均縣）過三澨。（今湖北宜城縣）至於大別。（見前）南入於江。東匯澤為彭蠡。（即鄱陽湖）東為北江。入於海。第五。岷山（見前）導江。東別為沱。（沱水由今四川郫縣彭縣之交與江別流東南行至瀘縣復與江合）又東至於澧。（此非今醴陵縣之澧水蓋指今湖北近城與湖南臨湘之間）過九江。（見前）至於東陵。（在今江西潯陽之東）東迤北會於匯。（即前文所謂匯澤為彭蠡）東為中江。入於海。此記導江漢也。

第六導沇水。（沇水出今山西垣曲縣及河南濟源縣）東流爲濟。（據水經注沇水東至溫縣爲濟水即河南今縣也）入於河。（據漢志濟水東南至武德縣入河今河南武陟縣也）溢爲滎。（今河南滎澤縣）東出於陶邱北。（今山東定陶縣）又東至於菏。（澤名在定陶縣北）又北會於汶。（據水經汶水自壽張縣東北來注濟水壽張今山東東平縣也）又北東入於海。（據漢志濟水東至琅槐縣入海琅槐今山東東安縣也）此記導濟也。第七導淮自桐柏。（見前）東會於泗沂。東入於海。（今泗沂皆入運河禹時則入淮也）此記導淮也。第八導渭自鳥鼠同穴（見前）東會於灃（源出陝西鄠縣）又東會於涇。（源出今甘肅平涼縣東南至陝西咸陽縣入渭）又東過漆沮。（今陝西中部縣）入於河。第九導洛自熊耳。（見前）東北會於澗瀍。（今河南洛陽縣西北）又東會於伊。（今洛陽縣西南）又東北入於河。此記導入河二巨川也。

梁啓超曰。吾紀禹績而具列禹貢導山導水之文。蓋以明地理爲史家第一義。禹貢爲地志之祖。非先疏通之。則後此言地理沿革將無所麗。而禹貢以山川標地望。非知山川脉絡所在。則釋地之功。蓋無由施。故不避繁重略爲今釋如右。而古今變遷之迹及禹功之勤。亦可得而言也。古稱江河淮濟爲四瀆。瀆也者。獨流入海也。故禹貢以之界九州之域焉。今濟瀆久湮矣。小清河實其故道。與上游不相屬。不復成爲巨川也。則四瀆僅餘其三。自金章宗明昌五年至清文宗咸豐五年凡六百九十六年間。河淮合流。而四瀆僅餘其二。（自咸豐五年河決北岸銅瓦箱復東漢以來故道河淮始分流入海今復得三瀆矣）此實數千年來川瀆變遷之大事。而於政治上蓋有甚深之因果關係焉。考禹治水之功。其什九在治河。洪水爲地球與他星之相互關係。或非禹所能治也。河患爲禹域一隅之關係。此則禹所能治者也。禹治河之大業。其一在鑿龍門。其二在疏九河。其三在瀹濟漯。當河之歷河套而趨陰山之麓也。其勢宜循長城蜿延東下以入海。然而不能者。則太行山脉遮斷之。我國山勢皆東西趨。獨太行則南北走。此黃河所由不能不折而南也。今山西陝西河南三省交界河曲之處。正當太行山脈之極南端。（指太行支脈之霍山）其南則華山山脈橫焉。河自此折而東。亦勢所不得不然也。而今山西吉縣與陝西韓城之間。有龍門山焉。梗其中流。（西岸爲龍門在韓城東岸爲壺口在吉縣）河不得南下。盪決四溢。則山陝兩省無平土矣。尸子曰古者龍門未開呂梁未鑿河出於孟門之上大溢逆流無有丘阜高陵盡皆滅之淮南子曰舜之時共工振滔洪水以薄空桑龍門未開呂梁未發江淮通流四海溟涬民皆上丘陵赴樹木禹首鑿而通之。河乃得安流。此其爲功頗有類於近世歐美之間鑿蘇彝士巴拿馬兩地峽。此禹施功最先而亦最艱者也。循是東下。則底柱伊闕。亦其疏鑿所有事焉。底柱當河南陝縣與山西平陸縣之東伊闕在河南鞏縣地墨子云禹鑿龍門洒底柱淮南子云禹鑿龍門闢伊闕水經注云禹治洪水山陵當水者鑿之故破山以通河三穿既決水流疏分蓋龍門以外底柱伊闕皆經禹鑿矣此黃河上游之禹績也。自茲以往。雍冀之郊。數千年迄今。無復河患。下游河患。則自漢以來。實爲全國一最艱鉅之業。而河之北流與南徙。蓋古今得失之林矣。禹河與今河之異道。歧於陽武。今河南河北道屬縣今河由陽武直趨而東。禹河由陽武斜趨而北。此雖因故道地勢之自然。而禹又未嘗不大施以人力。蓋禹導河之幹流北。而洩其支派於南。一以免南部汎濫之虞。一以增北部灌溉之利。史記河渠書云導河至於大伾於是禹以爲河所從來者高水湍悍難以行平地數爲敗乃廝二渠以引其河北載之高地過洚水至於大陸播爲九河同爲逆河入於勃海所謂廝二渠北載之高地禹之勞苦功高蓋在此是故禹河幹線之下游。自陽武與今河歧趨後。東逕延津縣北。又東逕胙城縣北。其北岸則新鄉汲縣又東北至濬縣西南。其南岸則滑縣所謂至於大伾也。更折而北。與漳河合歷內黃直隸大名道湯陰安陽臨漳。並河南河北道成安肥鄉曲周平鄉廣宗以至鉅鹿。並直隸大名道所謂北過洚水至於大陸也。自是疏爲九派。分溉今交河以南德縣以北諸地。而同爲逆河。於天津滄縣之間入海焉。其必導之使北者。蓋以淮濟之間。水量太多。再注以湍悍之河流。則無所容而必至泛溢。史記言載之高地恐是後人揣度之辭實則禹河所經故道之地並不視今河所經爲高也故引之與漳水合。所謂廝二渠者非本無此渠而新濬之其北渠即漳水耳更播爲九以殺其勢。至將入海時。必復合爲一逆河者。厚其衝水刷沙之力。使河口毋致以澱淤爲憂也。此河北幹流之禹蹟也。禹以此爲未足。復開南支流通濟瀆以入海。謂之漯水。即今黃河所行道是也。漯水即大淸河亦即今河也濟瀆即小淸河禹當時蓋引河之支流爲漯以通於濟史記廝二渠下正義云二渠其一出貝丘西南其一則漯川禹之治黃河下游。其工程大略如是。而要旨全在疏瀹。略如近世美國人之治密士璱必河也。吾儕生今日。習見今河所行之道。則謂爲固然。則於禹之必導使北。或且疑其拂水之性。（漢賈讓治河策引難者之說謂禹鑿龍門辟伊闕析底柱破碣石墮斷天地之性此乃人工所造云云是漢時固有此種疑議矣）然孟子不云乎。禹之治水。水之道也。又曰。禹之行水。行其所無事。則河之北瀆。必非禹所創鑿。禹不過因其經流而益濬之。爲事甚明。而自禹錫圭告成後。直至周定王五年河徙之時。河循斯道以行。凡一千六百六十餘歲不變。益可證禹之能善導水性。而其功不虛矣。故劉定公臨洛汭而歎曰。禹之明德遠矣。微禹吾其魚乎。（見左傳昭元年）蓋目覩形勢。竭誠感誦之言也。然非通全國之利害以爲利害。則其業之所就。亦烏克臻此。故禹之治河。實中國最初之國家事業也。而其所以能成功者。尤必賴甚深之科學。以爲之用。蓋非幾何測算法甚精密。無以審地勢之高下。而順水性之所趨。故周髀言算。推本於禹焉。（周髀算經云故禹之所以治天下者此數之所由生也漢趙君卿注云禹治洪水望山川之形定高下之勢乃句股之所由生也）此又科學致用之實效也。

附　論後代河流遷徙

有史以來。河患不絕於書。蓋河水湍悍淤濁。（漢書溝洫志載張戎言河水重濁號爲一石水而六斗泥）出伊闕後而東方數千里之平原。皆可流注。故歷代皆以河工爲非常艱鉅之業。歐人某嘗謂黃河與北狄。爲中國文明兩大魔障。非過言也。禹前無可徵矣。禹以後。河之安流。殆千六百餘年。中間殷都屢遷。史家多謂爲困於河患。然當非甚劇。觀於河道之未改足以證也。巨患之興。始於周定王五年河之東徙。（當春秋魯宣公七年也春秋不記此所據者漢書溝洫志述王橫引周譜之言也）推原河徙之故。其一。由天災之驟發。（漢志載王橫言又云往者天嘗連雨東北風海水溢西南出浸數百里九河之地已爲海所漸矣顏注云漸浸也言九河故道爲海水湮沒也此事在何年王橫未明言他書亦無考竊意當是一度大海嘯海水雖退而河道遂湮亂九河本所以殺上游水勢九河湮而河流遂無所受而四泛矣）其二。由工事之失修。（河工本以每歲濬修爲要義今歐洲之蘇彝士河美洲之密士瑟必河皆歲有常費國有常工不爾者亦數歲而壅數十歲而湮矣禹之功本在濬鑿後代每至衰季則百度廢弛工事自不能賡續殷周中葉以後漸有河患蓋皆由此）其三。由列國之曲防。（孟子記齊桓公葵丘五命曰無曲防孫奭疏云言不得曲防其水以專利也是知齊桓之時曲防之弊已極著故桓公特據爲厲禁也）而曲防之弊爲最甚。蓋列國分立。各欲專水利於己國。而嫁水害於其鄰。不復顧川瀆自然之形勢。而相率堙鄣棼亂之。此水患所由日滋也。（漢志載賈讓奏云隄防之作近起戰國壅防百川各以自利齊與趙魏以河爲境趙魏瀕山齊地卑下作隄過水使西泛趙魏趙魏亦作隄以防之此言當時曲防之弊可謂深切著明孟子責白圭以鄰國爲壑正謂是也秦滅魏時王賁引河灌大梁城假河道爲用兵之具又河流紊壞之一原因也）定王時河所徙之地。今不可確指。（河徙事惟王橫引周譜爲一孤證橫未言徙何處而蔡沈尚書傳謂徙砱礫不知何據胡謂爲蔡氏誤讀漢書顏注殆然）要之河自季周以後。日徙而南。此共見也。而其最有力之近因。則鴻溝之開鑿是已。鴻溝蓋起於戰國以前。（鴻溝之著名自劉項畫界始然蘇秦說魏襄王已云大王之地南有鴻溝故知起自戰國前矣）以人力鑿南北通運之渠。此後世運河之原起也。（史記河渠書云自是以後滎陽東南爲鴻溝以通宋鄭陳蔡曹衞與濟汝淮泗會於楚東方則通鴻溝江淮之間據此則史公時之鴻溝其延袤殆與今之南運河等但未有北段耳）中國河流皆東西嚮。

南北交通滋弗便。鴻溝運河等之濬置。誠非得已。然緣此而川澤之變化乃迭起。其第一步則滎澤之涸竭是已。（禹貢屢言滎澤。察其形勢。當為巨浸。不讓彭蠡。今則滎陽滎澤兩縣附近一帶久成平陸矣。胡氏渭考證滎竭實自東漢。但前此已漸涸漸小。特至東漢而全堙耳。其原因則自開滎瀆始。即河渠書所謂自滎陽下引之道也）滎竭而濟隨以枯。（濟水溢為滎。會汶入海。滎竭後水無所瀦洩。黃河亂流則水隨河所至而衍溢。濟不復能踰受。故枯也）蓋前此河濟淮江四瀆並流以入海。自九河既湮後。河在北地無所宣洩。適滎澤既引為渠以趨東南。河遂以全量入澤挾之以緣渠而下。河之淤澱能使澤涸。澤涸而河愈悍決。馴至以禹所厮支流之漯水受全河水量。莫能兩大。而濟遂枯焉。此東漢以後之形勢也。當西漢武帝元光中。河決瓠子。東南注鉅野。通於淮泗。實為河流奪淮之漸。當時竭全國之力。經二十餘年之久。僅乃塞之。稍復禹跡。（以上俱據河渠書原文云道河北行二渠復禹舊迹而梁楚之地復甯無水災。然此所復者恐未必遂為禹跡。當多是周定王五年所徙者也）然宣成哀平以還。河復屢決。數集羣臣議所以救治。漢書溝洫志所載許商平當賈讓關並張戎王橫諸人奏議。言各成理。而王莽僭政。但尚空言。無復實施。莽始建國三年。河決魏郡。泛清河以東數郡。莽廢不治。河隨勢南汎。而北瀆遂空。上距周定王五年。蓋六百七十二歲。然當西漢之末。河尚由章武入海。在今天津縣南境。河身所經。雖有變遷。然入海之道。去禹河固未遠也。莽復廢河不治。垂六十年。明帝永平十二年。王景治之。築河隄自滎陽東至千乘海口千餘里。今河汴分流。而濟隧亦通。此實禹後一大業。蓋其河即清咸豐五年以後迄今之河道也。夫河既以種種原因。迫而南徙。欲全復其故。在勢既不可能。景因當時形勢以導之。厥功亦云茂美。但梁齊之野。水害固稍紓。而燕趙之郊。水利亦日蹙耳。然自此歷六朝隋唐五代。河行此道。不為大患者。蓋九百七十七年。（自漢明帝永平十三年迄宋仁宗慶曆八年）至宋真、仁、神、三代。河決歲告。河流四溢。無定者且百餘年。至金章宗明昌五年。河決陽武。南北分流。一合北清河入海。一合南清河入淮。河之奪淮實始於是。然北流猶未絕也。是時南北分立金地處河上流受害加劇恆欲嫁之於宋日障河使南及元之統一定都燕京漕運悉仰諸南元世祖至元二十六年開會通河成自是以一淮受全河之水四瀆亡其二而東南淮海之間無寧歲矣明清兩代承元之敝治河治運併爲一談河屢決欲北徙以保運故不得不鄣之使南前明以防河空帑藏實爲招致亡亂之一因前清乾嘉之間河工歲費二千餘萬兩而河迄不治蓋以一運河全匯北幹諸山西來之水而以一淮納之其量云胡能容而河之入運南趨乃須踰越泰嶧山脈拂逆水性莫斯爲甚清代學者覩其極敝咸謂但能復王景故道導河復入渤海患庶稍蘇（孫嘉淦嵇璜會抗疏言之胡渭錢大昕孫星衍魏源等著書極言之）然終以妨運故莫之敢行至咸豐五年河決銅瓦箱北流泛溢數十州縣時值洪楊之亂海內鼎沸未之能塞河自覓道從大清河入海兩岸居民私築堤埝以約水勢而今河之道成焉同治十二三年間天下復定會有鄭州之決河南山東撫臣盛倡復咸豐前故道之議蓋猶是以鄰爲壑之意焉幸翁同和潘祖蔭持之於內李鴻章曾國荃持之於外決口卒塞而河之安流於今道者蓋六十年矣雖小決偏災時所不免然視前此數百年間傾全國之力以從事一河而滔天之禍且歲告者蓋不可同年而語矣何也今之河蓋禹河故道之一（禹釃二渠此其一焉元明以來二渠並湮今則北渠雖未復而南渠全復）矣

其所趨者自然之勢也雖然河安矣而運則蕪矣非今日海舶汽車之利大開則河與運亦交敝以終古耳（同治十三年李鴻章駁淮黃合一議之摺力言海運已通南漕可折運河雖淤不爲害無庸改河以保運）通觀數千年大勢大抵河患皆醞釀於分裂之時與衰亂之世蓋全國利害關係之事業而以地方畛域之念應之賢者不免枝節圖功不肖者且壑鄰樂禍此分裂之爲病也戰國與宋金之際是也國家事業端賴賡續叔季之世百度廢弛則隳前績而貽後憂此衰亂之爲病也商周漢唐宋之末葉皆是也又事物有條理利害有輕重顧一時之小利常釀數世之大害元明清之以漕

運病河流是也非夫以國家全局永久之利害爲職志者其孰能與於斯故曰禹之明德遠矣（河工爲數千年來大政因述禹績敘其變遷梗概如此以後卽不復分代紀述也）

地方區域之分劃莫古於禹貢九州（舜時十二州之名不見於經）今鈎稽經文釋以今地如下

冀州（禹貢九州皆舉山川爲地望獨冀州不爾者以帝都所在特異其文且以雍兗豫之界可互見也）州包今山西直隸兩省（京兆在內）東西南皆以河爲界東河界兗西河界雍南河界豫明禹時河道所經則冀之疆域可得而指也西河數千年無變遷故今日山陝之界卽禹時冀雍之界南河變遷不劇故今河南之河北道宜爲冀屬惟禹河自陽武以東卽折而趨北經濬縣汲縣以入直隸境故濬汲之東南爲兗其西北乃冀也禹河又經今直隸之鉅鹿趨天津滄縣之間入海故此一帶沿線之南爲兗其北乃冀也故冀雖全有今山西不能全有今直隸而今河南之隸冀者反幾及一道焉東北盡碣石爲今昌黎縣附近故知未及奉天界也冀所屬有島夷當爲渤海中羣島之族或言已及朝鮮恐未然也其北境舊說謂抵塞外陰山下其西北境舊說謂抵東受降城（今綏遠之歸化城）殆可信

濟河惟兗州　州跨今山東直隸河南三省西北距河南界濟水黃河故道既明則知自陽武東經汲縣鉅鹿以抵滄縣其南皆兗界矣濟水久枯所可考者濟源縣（河南河北道）爲其發源上游入河合流東南歷滎澤（河南開封道）定陶（山東濟甯道）會汶河由今小淸河口出海故知兗州所屬其在今山東者爲東臨道全境濟南濟寧兩道之西境其在今河南者爲河北道東南一小分及開封道東北一小分其在今直隸者爲大名道南部之半津海道南部一小分也

海岱惟青州　州在今山東西南倚泰山山脈東盡登萊半島北臨渤海其所屬者今膠東道全境濟南道之半

歷城章邱鄒平長山桓臺淄川長青等縣乂至肥城萊蕪之北境與徐爲界而嵎夷亦爲所轄。舊說謂在遼之東西。蓋奄有今遼陽半島矣。後漢書曰王制東方曰夷夷有九種堯命羲仲宅嵎夷今在遼海間矣說文云暘山在遼西一曰堣夷暘谷也案堣與嵎通暘與陽通

海岱及淮惟徐州　州跨今山東安徽江蘇三省。東臨黃海。北倚泰山。南界長淮。其在山東者。有濟寧道之大半。除曹縣菏澤定陶鄆城諸縣屬兗外且錯入膠東濟南兩道之境。膠東之諸城南境濟南之新泰萊蕪南境其在安徽者。有淮泗道之小分。懷遠靈璧泗縣五河等縣其在江蘇者有徐海道全境。而淮揚道亦錯入焉。淮陽之泗陽漣水兩縣

淮海惟揚州　州北據淮。東南襟海。稽其地望。則今江西浙江福建廣東四省全境屬焉。廣西除田南鎮南兩道外皆屬焉。江蘇則金陵滬海蘇常三道全境屬焉。淮揚道之大半屬焉。江都儀徵東臺興化泰縣高郵寶應淮安鹽城等縣安徽之安慶蕪湖兩道全境屬焉。淮泗道之小半屬焉。鳳陽定遠壽縣盱眙天長霍邱等縣河南汝陽道之小分屬焉。光山固始二縣或謂禹貢物產貢賦職方山藪川浸。皆不及五嶺。外則兩廣疑非禹域。然古代交阯。且有已通上國之跡。似不必以紀載之詳略致疑也。州所屬有島夷。近當爲舟山。遠當爲瓊厓也。

荊及衡陽惟荊州　州北據荊山。南及衡山之陽。其所有者。則今湖南全省也。湖北之荊南江漢兩道全境也。襄陽道之小分也。南漳縣四川川東道之小分也。夔萬東南一帶

荊河惟豫州　州在今河南。而兼跨湖北安徽直隸山東四省。北距河。西南至荊山。其在河南者。有開封河洛汝陽三道全境。除開封之滎澤與兗錯界及汝陽之光山固始屬揚州外其在湖北者。有襄陽道之大半。襄陽宜城棗陽光化穀城均縣鄖縣保康等縣自鄖縣西縣之東境與梁爲界有江漢道之小分。隨縣北境其在安徽者。有淮泗道之小分。亳縣太和蒙城潁上等縣其在山東者。有濟寧道之小分。定陶城武曹縣單縣等縣其在直隸者。有大名道之小分。東明長垣二縣

華陽黑水惟梁州。　州東據華山之南。西南距黑水。惟黑水所在頗難確指。故梁州西南所極。亦多異辭。今稽梁州黑水之地望。宜爲金沙江。（禹貢三言黑水難併爲一談此專就梁州言）金沙緣川邊東南趨入蜀境。亦名瀘江。卽此黑水也。（盧黑色也加水爲瀘金沙亦稱麗江番名木魯烏蘇麗同驪驪亦黑也番語烏蘇譯義亦黑也）由此以推。則梁州所有者今四川全省也。（除夔萬以東屬荊州外）陝西漢中道全境也。甘肅渭川道全境也。蘭山道一小分也。（隴西漳縣岷縣等）湖北襄陽道一小分也。（房縣竹山谿縣等自鄖西縣之東境與豫爲界）雲南騰越道一小分也。（中甸永北華坪等縣）

黑水西河惟雍州　州東據河。與冀爲界。西距黑水。黑水今已湮變。故西界靡得而指。（雍州黑水與梁州黑水決非同一黑水因中隔積石山脈不容有此南北流之巨川也禹貢一篇中荊山有二衡山有二不必以同名並舉爲疑矣經既以黑水定界其爲雍西巨川甚明但此地密邇沙漠河流湮變最劇今遺蹟全無可考後儒紛紜聚訟都無確據今皆不徵引）就經文錯綜參稽。則其所有者。今陝西關中榆林兩道全境。甘肅蘭山涇原寧夏西寧甘涼互道全境也。（除蘭山道之隴西漳岷三縣屬梁州外）而析支渠搜崑崙之名。附見州末。則越新疆沙漠通葱嶺矣。

附　禹貢九州考

據上所釋。除雲南貴州二省外。今之各行省。殆皆爲禹跡所淹。（兩廣福建當在存疑之列）夫以吳楚在春秋猶稱夷狄。巴蜀至戰國尚屬蠻荒。而謂當禹時版圖式廓。乃反如彼。爲事似不可信。不知禹貢九州。可稱爲地方區域。不可稱爲行政區域。非必虞夏政令所及。始入記載也。且當時中央政令所得施於地方者。其程度本自有限。朝覲訟獄以外。羣后自治其部落。元后殊不加以干涉。（直至清代其待藩屬尚如此古代可推見）所謂貢獻。亦不過與互市相類。（漢唐元明淸各時代之遠夷來貢率有賞犒賞品必遠過所貢之值故來者絡繹不絕淸道光前歐洲各國之來尚多用此形式來者多非銜國家使命也竊意古代外夷入貢者亦當如此其在遠古各部落之朝貢天子亦含此性質）則當時海東之島夷萊夷嵎夷。海西之崑崙析支渠搜。其早通上國。亦非足深異。若必以後世之隔絕。疑古代之溝通。則西域之道。先通而後梗。交阯之郡。昔有而今無。漢唐以來。斯例非一。讀古籍者。觀其會通可耳。

大禹制作。流傳最久者。一曰九鼎。二曰夏時。鼎之起原及形狀。略見於左傳。蓋禹平水土後。類聚方物。鑄鼎凡九。殆如後世之置博物館焉。（左傳宣三年昔夏之方有德也遠方圖物貢金九牧鑄鼎象物百物而爲之備使民知神姦故民入川澤山林不逢不若）今所傳山海經。備載異物。或謂卽九鼎所鑄也。其器歷傳商周垂二千年。以爲國寶。秦滅周移鼎而亡其一。及漢則無復存。蓋燬於項羽焚咸陽時矣。讀古籍所紀。則其時美術工藝之發達。猶可懸想矣。夏時殆古代最精密適用之曆譜。孔子曰。行夏之時。（論語文）又曰。我欲觀夏道。是故之杞。而不足徵也。吾得夏時焉。（禮記禮運篇）其曆以建寅之月爲歲首。卽今日民間通行之舊太陰曆是也。其書存者。曰夏小正。在大戴禮記中。禹貢爲最古之方志。夏小正則最古之曆譜也。

神禹功德。治水而外。厥惟征苗。舜崩蒼梧。疑死苗難。禹張撻伐。雪恥上酬。自是南人不復反焉。其後禹遂會諸侯於塗山執玉帛者萬國。防風氏後至。戮之以徇。統一之局大進。史家頌之曰。東漸於海。西被於流沙。朔南暨聲教訖於四海也。尋東巡崩於會稽。其地今傳有禹穴云。

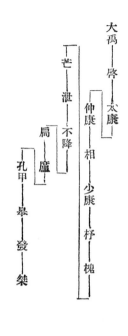

夏世系表

大禹—啓—太康
　　　　　仲康—相—少康—杼—槐
　　　　　　　　　　　　　　　　芒—泄—不降
　　　　　　　　　　　　　　　　　　　　扃—廑
　　　　　　　　　　　　　　　　　　　　孔甲—皋—發—桀

夏代大事。莫如有窮后羿之禍。此事不載史記夏本紀。然參稽羣籍。其略可得而言也。禹再傳而至太康。太康娛以自縱。（據楚辭離騷）畋於洛表。（據竹書紀年）有窮氏之后羿者。以善射聞。（據論語）至是自鉏遷於窮石。因夏民以代夏政。（據左傳襄四年）稱帝夷羿。（據左傳引虞箴）太康失國。昆弟五人須於洛汭。作五子之歌焉。（據史記夏本紀）遂遷都於斟鄩。（據紀年漢書薛瓚注云斟鄩在河南括地志云故鄩啓超以爲禹啓兩代皆都河北之安邑太康初即位無緣忽遷河南殆爲后羿所距不得歸故都乃南遷紀年誤記耳）四年崩。弟仲康立。仍居斟鄩。七年崩。世子相立。遷於商邱。（據紀年）羿既簒位。亦淫於原獸。其臣寒浞殺之。因羿室生澆及殪。（據襄四年左傳）實帝相之八年也。（據紀年）二十六年浞子澆滅斟灌。明年。遂伐斟鄩。大戰於濰。覆其舟滅之。（據襄四年哀元年左傳及竹書紀年）我國舟師見於史者。自是役始。論語所謂奡盪舟也。（何晏集解引孔安國曰寒浞因羿室生奡奡多力能陸地行舟是奡即澆以音近故別稱耳漢時竹書未出孔氏不得盪舟之解遂附會爲陸地行舟實無是理也淮南子云濰水出覆舟山山蓋緣是役得名）明年。帝相遂見弒。（據紀年）其后方娠。逃出自竇。歸於有仍。生少康焉。澆使人求少康於有仍。少康奔有虞。虞思妻之以二姚。邑諸綸。有田一成。有衆一旅。能布其德而兆其謀。以收夏衆。據襄四年左傳先是帝相之滅也。其遺臣伯靡奔有鬲氏。至是伯靡收二斟之燼。以滅浞而立少康。少康滅澆於過。后杼滅豷於戈。有窮遂亡。據襄四年哀元年左傳距帝相之弑二十年矣。自太康失國至少康光復都。凡五十五年。據竹書紀年中國篡弑僭竊之禍始見於史者。自羿浞也。

其他大事可考者。則帝啓時伐有扈滅之。尚書有費誓仲康時。使胤侯征羲和。逸書有胤征見夏本紀錫昆吾命作伯。見紀年帝相時征畎夷。見後漢書東夷傳征淮夷風夷黃夷。于夷來賓。少康時遷都于原。方夷來賓。帝芬時。遷都於老邱。九夷來御。洛伯用與河伯馮夷鬥。河洛國名用與馮夷人名也帝泄時。殷侯微以河伯之師伐有易。殺其君。帝廑時。遷都西河。帝孔甲時。廢豕韋氏。帝皋時復之。帝桀時。復遷斟鄩。畎夷入於岐以叛。滅有緡。伐岷山。楚辭天問作蒙山復遷河南。以上俱據竹書紀年卒爲商湯所滅云。自大禹受命迄桀之亡。凡四百七十一年。或謂不止此數。疑莫能明也。此據今本竹書紀年也晉書束晳傳稱竹書所紀夏年多殷據此則殷年仍多於夏知今本有改竄與束晳所見本異矣

代夏有天下者惟商。亦稱殷。其先出於契。實爲舜司徒。舊史謂帝嚳次妃簡狄感玄鳥卵所生也。契爲帝嚳子不可信辨見第一章論帝皇世系條契封於商。十四傳而及成湯。自契至湯。八遷其都。八遷之地尚書正義僅舉其三近人王國維曰世本居篇稱契居蕃契本居亳由亳遷蕃一遷也又稱昭明居砥石二遷也荀子成相篇稱昭明由砥石遷商三遷也左傳定九年稱相土之東都其地在泰山下襄九年稱相土居商邱疑相土曾由商丘遷東都旋復歸商丘四遷五遷也竹書紀年記帝芬時商侯遷於殷六遷也又記孔甲時殷侯復歸於商七遷也至湯始居亳八遷也湯始居亳。僅有地七十里。今山東濟寧道曹縣境也。古書載地名亳者不下十處此采漢書地理志薛瓚注說湯聞伊尹賢。三聘而師事之。任以國政。商寖強。爲方伯。征諸侯。初征葛。據孟子次征有洛。據逸周書及竹書紀年次征荊。據詩周頌及竹書紀年次征溫。據竹書紀年次征豕韋征顧征昆吾。據詩商頌及竹書紀年時夏桀虐益甚。民不堪命。湯遂誓師伐桀。戰于鳴條。夏

師敗績。桀出奔三朡。據竹書紀年 湯遂伐三朡。俘厥寶玉。據尚書序 獲桀于焦門。據淮南子 放之於南巢。據竹書紀年 或云放之於大沙。據墨子 湯於是朝諸侯稱天子焉。論者謂前此得天下者以禪讓。征誅之局實自湯始。臣弑其君於義非可。公孫丑問孟子語 又謂湯有慙德。恐來世以爲口實。僞古文尚書仲虺之誥語 爲之解者則謂聞誅一夫未聞弑君。孟子語 謂湯武革命順乎天而應乎人。孔子易象傳文 實則君位傳賢本初民社會通習。且堯舜之世。迫於天災人患則選賢與能。更爲事勢所不得不然。迨境宇日恢民僞日繁。力征經營自隨而起。易曰武人爲於大君。大君即元后 有固然矣。古者天子諸侯俱南面而治。有不純臣之義。公羊傳文 議爲弑君。蓋義乖論世矣。然遂以順天應人爲頌。亦不過後聖垂警立敎之微旨。學者當心知其意也。

商世系表

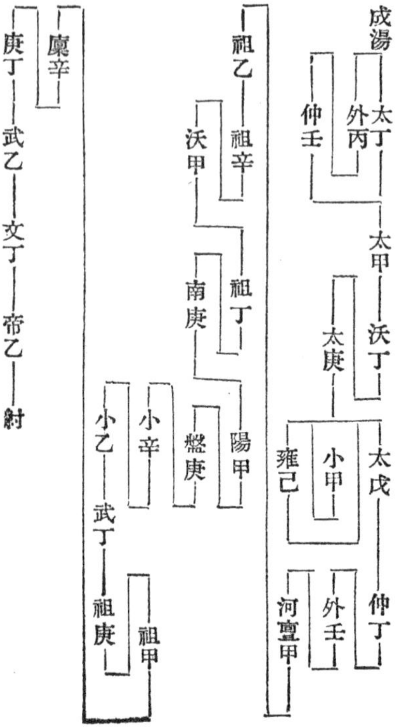

商傳世三十。賢聖之君六七作。自成湯而外。太甲太戊祖乙盤庚武丁祖甲皆賢。而太甲稱太宗。太戊稱中宗。武丁稱高宗焉。其名臣則有伊尹。（成湯太甲時）仲虺。（成湯時）伊陟、巫咸、臣扈、（太戊時）巫賢、（祖乙時）甘盤、傅說、（武丁時）微子、比干、箕子、膠鬲、（帝乙紂時）故中間雖頻更衰亂。而故家遺俗、流風善政。往往多存。用能屢替屢興。享祀久長。及其既亡。而遺民之服其先德者。尚數世焉。此殷商一代史乘之特色。夏與周。皆莫能逮也。

商代創業垂統。伊尹之功最高。前此聖君賢相。皆產自貴族。起平民而總國政。實自伊尹始。故後世記其遇合。傳說異辭。或言其以割烹要湯。（史記殷本紀云伊尹欲干湯而無由乃爲有莘氏媵臣負鼎俎以滋味說湯致於王道）或言其五就湯五就桀。（書序云伊尹去湯適夏既醜有夏復歸於亳）據孟子所稱述。則曰。伊尹耕於有莘之野。而樂堯舜之道焉。非其義也。非其道也。祿之以天下弗顧也。繫馬千駟弗視也。非其義也。非其道也。一介不以與人。一介不以取諸人。其志行之卓絕而狷介如此也。又曰。思天下之民。　夫四婦不被堯舜之澤者。若己推而納諸溝中。其自任以天下之重如此。而其自信力與自覺心之相應。又　也。又述伊尹之言曰。天之生此民也。使先知覺後知。使先覺覺後覺也。予天民之先覺者也。予將以斯道覺　也。非予覺之而誰也。（此語孟子兩引之其必爲伊尹之言著之竹帛者也漢書藝文志道家有伊尹五十一篇雖未必伊尹自著當爲采集伊尹之言口說相承流傳有自者今呂覽說苑韓詩外傳諸書尚多引伊尹對湯問之言逸周書伊尹獻令當並是五十一篇中之文也）是其所以自任者。不徒在一時一國政治之得失。而在天下萬世人心世道之隆汚也。故孟子曰。伊尹聖之任也。尹耕於野。湯三聘乃起。湯則學焉而後臣之。蓋雖勇於自任。而其不輕身以試也又如此。及其志既決。則百折而不回。故孟子又述其言曰。何事非君。何使非民。治亦進。亂亦進也。尹既相湯定天下。湯崩。太子太丁早世未立。外丙仲壬遞立。皆享年不永。王位次傳至湯孫太甲。於是伊尹相四君矣。太甲既立。不遵湯德。伊尹放之於桐宮。自攝政當國者三年。太甲怨艾悔過。伊尹迎歸。復授以政。太甲尊之以保衡。敬禮始終焉。詩商頌所謂實惟阿衡。實左右商王也。（今本竹書紀年於太甲元年記云伊尹放太甲於桐乃自立於七年記云王潛出自桐殺伊尹竹書爲世詬病者以此事爲最考當時與紀年諸書同出汲冢者尚有瑣語一書今亡宋王應麟謂劉知幾史通引汲冢書記舜放堯於平陽益爲啓所誅太甲殺伊尹文丁殺季歷皆瑣語中事非紀年本文其說是也杜預左傳集解後序記汲冢事謂發冢者不以爲意往往散亂推尋不能盡通然則殆當時校釋者以瑣語文誤入紀年中也。其事雖不可信然不容以此廢紀年也）放幽嗣君爲非常之舉。伊尹坦然行之無所嫌疑。太甲亦順受之無所怨。此可見伊尹自信力之强。而信於人者自深也。

商人屢遷其都。自契至湯既八遷矣。仲丁則自亳遷於囂。（史記作隞今河南滎澤縣）河亶甲遷相。（今河南內黃縣）祖乙遷邢。（書序及竹書紀年作耿今河南溫縣舊說謂在河東皮氏誤也）復遷庇。（今直隸鉅鹿縣）南庚遷奄。（今山東曲阜縣）自湯至是又五遷矣。盤庚所謂於今五邦也。（庇奄兩遷惟見竹書紀年他書不載）至盤庚復欲遷於殷。民安土重遷。嘖有浮言。盤庚嚴懇告諭之。卒定都焉。今尚書中盤庚三篇是也。自是商亦以殷名。（舊說皆以今河南偃師爲殷又謂殷卽湯所居之亳此兩誤也亳在曹縣不在偃師而殷尤非亳盤庚上篇明言於今五邦今不承於古若返湯舊都何云不承於古乎然則殷地究何在十餘年前河南安陽縣西五里洹水之南一小屯有極多之龜甲獸骨出土皆鐫有文字上虞羅振玉據以考定其地卽殷墟證以史記項羽本紀集解殷本紀集解竹書紀年水經注皆合〻詳所著殷虛書契考釋第一篇〻故知盤庚所遷卽其地矣地今在河北當彼時則河南也殷亦稱亳者猶春秋晉屢遷而皆稱絳戰國楚屢遷而皆稱郢也）其所以屢徙之故。昔人多以爲避河患。是或然。抑亦無乃未盡脫游牧之習耶。而不然者。若後世城郭宮室既備。且各國各有疆域。遷豈易言。卽遷亦安所得地者。（湯以前既屢遷而據竹書紀年則夏都亦屢遷又據史記周自不窋公劉太王文王武王亦屢遷知是當時通習也）至盤庚奠都後。七世不遷。武乙三年。自殷遷河北。（不詳其地）十五年自河北遷沬。（卽朝歌今河南汲縣）紂於此亡焉。自契初封以迄紂亡。蓋十五遷也。

商代王位繼承。兄弟相及。此其制度之獨異者也。（周時宋國仍沿此制微子復斷以微仲宣公之傳穆公公子魚之讓襄公皆沿祖制耳）故其嗣君多嘗降居民間。知稼穡之艱難與民之情僞。其多中興令辟。蓋亦由此。武丁之舊勞於外。祖甲之舊爲小人是也。（尚書無逸云其在高宗時舊勞於外爰曁小人其在祖甲不義惟王舊爲小人作其卽位爰知小人之依）自商以後。此罕聞矣。

商代王靈所及。無可考信。據伊尹四方獻令所記。（見逸周書王會解）四方遠夷奉朔納貢者蓋不少。要之仍是舊部落錯居。天子以元后而爲羣后之長。以朝諸侯爲有天下之徽幟焉。（孟子稱武丁朝諸侯有天下猶運諸掌也。然則武丁以前諸侯不朝即殷爲不有天下也。古代所謂有天下者皆如此）其武功見於經記者。則易稱高宗伐鬼方三年克之。此北伐也。（鬼方考證詳下）詩殷武爲祀高宗之樂。曰撻彼殷武。奮伐荊楚。罙入其阻。裒荊之旅。此南征也。自湯以降。蓋武丁尤武矣。最近出土之殷虛書契。其記征伐者數十事。惜其用兵之地不能確釋焉矣。（上虞羅氏殷虛書契考釋釋卜辭中卜征伐者三十有五。其所征伐之地得六。但地名末由識別）

夏商兩代。以方伯著聞者。在夏有昆吾。在商有大彭豕韋。後人以合諸周之齊桓晉文。稱五霸焉。方伯職制。頗類唐虞四岳。蓋羣后中之强有力而爲其鄰近諸落之所宗者。故湯滅昆吾。遂革夏命。而周末代殷。先爲西伯也。然此與春秋之霸政。故自異耳。

殷誥誓之文。見於尚書序者凡三十七篇。（一帝告二釐沃三湯征四汝鳩五汝方六夏社七疑至八臣扈九湯誓十典寶十一仲虺之誥十二湯誥十三咸有一德十四明居十五伊訓十六肆命十七徂后十八十九二十太甲三篇二十一沃丁二十二咸乂二十三伊陟二十四原命二十五仲丁二十六河亶甲二十七祖乙二十八二十九三十盤庚三篇三十一三十二三十三說命三篇三十四高宗肜日三十五高宗之訓三十六西伯戡黎三十七微子之誥）今所存者七篇而已。（一湯誓二三四盤庚三篇五高宗肜日六西伯戡黎七微子今本尚書有仲虺之誥湯誥咸有一德伊訓太甲三篇說命三篇皆僞古文也）詩有商頌五篇。皆周時宋人祀祖樂章。蓋非商文。禮記大學則引湯之盤銘三語焉。其他鼎彝之文於近數百年出土者亦得百數十器。最近得殷虛貞卜文鍥於骨甲者逾萬。然皆單詞片語。其裨於史實者蓋寡。尚書中七篇穆然見敬天畏鬼之誠。孔子所謂率民以事神歟。此可以略察商代之政教也。

商之末主曰紂。據羣籍所記。則人主昏暴之惡德幾盡集於一身。紂誠無道。而傳說亦不免鋪張。故孔子曰。紂之不善。不如是之甚也。君子惡居下流。天下之惡皆歸焉。尤可異者。所傳桀紂二王之惡德皆兩兩相當。若合符契。

如桀作酒池紂作肉林桀作瑤臺紂作玉牀桀寵妹喜紂寵妲己桀殺龍逄剖其心紂殺比干亦剖其心桀囚湯於夏臺紂囚文王於羑里諸類此者尚多此可見皆出後聖垂戒之言。非盡實錄也。紂之將亡。微子去之。箕子爲之奴。比干諫而死。孔子歎之曰。殷有三仁焉。其後周封微子於宋。續殷祀。而箕子應周武王之訪。陳洪範九疇。其義具在尚書。爲後世言陰陽五行者之祖。成周末秦漢哲學之一派焉。箕子卒遜於朝鮮。武王因而封之。華夏文明之東漸。自茲始也。自成湯受命迄紂之亡。都凡六百二十九年。此據三統曆也竹書紀年作四百九十六年然宣三年左傳記王孫滿之言稱商祀六百似可信要之遠古年代記載難求精確也

附　又禹貢九州考

此又一稿收入乙丑編文集卷五十二茲附本篇後

夏代九州境域。以今地確指之頗非易。古今學者聚訟不一。今以武陵楊氏丕復。道光間人輿地沿革表所考訂爲藍本。略正其誤。

冀州　帝都所在。禹貢不言其境域。蓋起自塞外東受降城。至山西大同府廢東勝州界。折而南經平魯縣。及太原府之河曲保德興縣。汾州府之臨縣。永寧寧鄉石樓。平陽府之永和大寧吉州鄉寧。蒲州府之滎河臨晉永濟。過雷首山。折而東經解州之芮城平陸。絳州之垣曲。及河南懷慶府之濟源孟縣溫縣武陟。衛輝府之獲嘉新鄉汲縣。彰德府之湯陰安陽臨漳。直隸廣平府之成安肥鄉曲周。順德府之平鄉廣宗鉅鹿。冀州之南宮新河衡水。深州之武邑武强。河間府之阜城獻縣交河。天津府之青縣靜海滄州天津。北歷順天府之寶坻。東至遵化州之豐潤。永平府之灤州樂亭盧龍昌黎撫寧。又東歷山海關。南及錦州府之寧遠廣寧。此西南東三面之界也。北界則不可考矣。

兗州　蓋起自河南衛輝府故胙城縣。東歷濬縣及彰德府之內黄。直隸大名府之大名元城。山東東昌府之冠縣館陶臨清邱縣武城。濟南府之德州。直隸河間府之吳橋東光。天津府之南皮。折而南歷山東武定府之濱州惠民商河。濟南府之濟陽臨邑齊河。東昌府之茌平。泰安府之東阿。兗州府之陽穀壽張。曹州府之鄆城荷澤。直隸大名府之清豐開州。此其四周之界也。

青州　北界則山東泰安府之平陰。濟南府之長清歷城齊東。武定府之青城蒲台利津。青州府之高苑。南界則泰安府之肥城泰安萊蕪之北境。青州府之諸城。由是入海盡登萊二府境。更越海至朝鮮。訖遼東之地。皆青州也。或謂朝鮮不在青域者誤。蓋嵎夷即朝鮮也。

徐州　起山東泰安府之東鮮新泰。沂州府之蒙陰沂水莒州日照。江南海州之贛榆。並海而南。至淮安府之安東。清河。及泗州五河。鳳陽府之懷遠宿州。徐州府之碭山。山東兗州府之金鄉汶上。曹州府之鉅野。即其四周之界也。

揚州　蓋自河南之光山光州固始。歷江南潁州府之阜陽霍邱潁上。鳳陽府之壽州。泗州之盱眙。淮安府之山陽鹽城。揚州府之興化及如臯通州太倉。松江府之上海。浙江寧波府之鎭海象山。台州府之寧海黃巖太平。溫州府之樂清瑞安平陽。福建福寧府之霞浦。福州府之羅源連江長樂福清。興化府之蒲田。泉州府之惠安同安。漳州府之海澄漳浦詔安。廣東潮州府之潮陽惠來揭陽普寧大埔。嘉應州之鎭平平遠。江西贛州府之定南龍南。南安府之大庾崇義。吉安府之龍泉永寧永新。袁州府之萍鄉萬載。瑞州府之新昌。南昌府之寧州武寧。九江府之德安瑞昌。湖北武昌府之興國。黃州府之蘄水廣濟蘄州羅田。即其四周之界也。

荊州　蓋自湖北宜昌府之興山。鄖陽府之房縣竹山。襄陽府之南漳。歷荊門州及安陸府之鍾祥京山。德安府之隨州應山。黃州府之黃安麻城黃岡。武昌府之武昌通山咸寧崇陽通城。湖南長沙府之瀏陽醴陵攸縣茶陵。郴州之興寧桂東桂陽宜章。由是踰嶺而南。包廣東之南韶連廣惠肇羅高廉雷諸府州。又包廣西全省及貴州之黎平都勻鎭遠銅仁石阡思州思南諸府。遂及四川之酉陽彭水。湖北施南府之宜恩利川建始。宜昌府之巴東。是荊州之界也。或謂嶺南之地。其時未闢。不當屬於荊域。然禹貢五服原有要荒。五服之外。薄及四海。咸建五長。嶺南豈不在要荒五長之內。又如今之浙江江西福建。其時亦尚未闢。而得列於揚州之域。何兩廣不可入荊州之域乎。至欲連兩廣交阯皆爲揚域。此又史家之謬也。

豫州　蓋自華山而東。歷河南陝州之閿鄉靈寶。河南府之澠池新安洛陽孟津鞏縣。開封府之汜水河陰滎陽滎澤陽武。衞輝府之延津封邱考城。直隸大名府之長垣東明。山東曹州府之定陶曹縣武城單縣。河南歸德府之夏邑永城。江南潁州府之亳州阜陽蒙城。河南光州之商城息縣。汝寧府之眞陽羅山信陽。湖北德安府隨州之北境。襄陽府之棗陽宜城光化。鄖陽府之鄖西東境。及陝西商州之商南山陽雒南。是其四周之界也。

梁州　蓋自西傾山歷甘肅階州之成縣。秦州之徽縣兩當。陝西漢中府之鳳縣褒城城固洋縣。及商州鎭安。湖北鄖陽府之鄖西保康鄖縣竹谿。四川夔州府之巫山。此其北東之界也。其西南界以黑水。不可考。故其界未可指實。但經所言黑水有三。皆同一黑水。其言導黑水至於三危。入於南海。是黑水自雍州之西北起。直抵於南海而止。故雍梁二州。其西皆以黑水爲界。至於三危以下。中間有黃河隔斷。似不能越之而過。然西北之水多伏流。即黃河星宿海之源。亦鹽澤伏流所發。安知黑水不伏而仍出乎。考入南海之水。惟瀾滄江源遠而大。直界雲南西境。先儒指此爲黑水下流。其說蓋亦可信。梁州既以此爲界。則今雲南全省及貴州興義安順貴陽平越遵義大定諸府境皆爲梁域。而四川不待言矣。乃禹貢錐指必謂梁雍之界不同一黑水。而以瀘若繩等水合爲梁州西南界之黑水。是誠杜撰不經之說。其於黑水入於南海之文。將何解乎。

雍州　蓋自甘肅蘭州府之河州靖遠。寧夏府之靈州。繞出塞外。循河套而東。至榆林府之府谷神木葭州。綏德州之吳堡清澗。延安府之延川延長宜川。同州府之韓城郃陽澄城華陰華州。西安府之渭南藍田鄠縣盩厔。鳳翔府之郿縣寶雞。秦州之淸水禮縣。鞏昌府之西和岷州。此其北東南之界也。其西之黑水涇汨。故其界亦難指實。

飲冰室專集之四十五

春秋載記

梁啓超曰世運尊大同治法貴統一此言夫其究竟也大同統一之治則未有不以宗法封建爲之階者人類有通性有特性人人發揮其特性之所長而以會歸於通性則通性之量自日加博厚而其質自日加高明世運所爲蒸蒸向上恆必由是也人之積而爲羣也則亦有然合全世界人類可命爲最大羣有其通性焉所以示別於不羣之禽獸者也其間則有多數之次大羣字之曰國各有其特性彼最大羣之通性即此諸次大羣特性和合而成也然此諸次大羣之特性非突如其獲成其下恆有無數小羣各各有其特性各發揮之而和合之則高級之新特性於以强立也夫今世所稱國家主義者自達道之君子視之則其陳義至粗而褊也然而不能廢者各國民之聰明才力尺有所短寸有所長各據國力以胥謀發育繼長增高而皆有所靖獻於世界國家主義在人類進化史上有莫大之價值由此而已雖緣此主義而有爭奪相殺之事生民一時蒙其患苦然綜數十年數百年各自所耗傷與其所增進乘除以求其總和則其對全世界人類猶功逾於罪此國家主義之公讞也明乎此者則可以與言春秋之國故矣古昔大地未溝通國人稱禹域曰天下我累代先民蓋常懷抱一至高之理想焉曰以天下爲一家中國爲一人其粗迹之表見於政論者則曰大一統繄古以來明王哲士經世之業皆嚮此鵠而邁進者也直至秦漢而此理想乃現於實秦漢以降政權發施之所自出雖常有遷移分裂而所謂中國人者

則已成爲永不可分之一體。他族入焉非久必與之俱化。我國所以能巋然獨立而與天地長久蓋恃此也。而其醇釀之而字育之者。實在春秋之世。春秋分立百數十國。其盛强者尚十數。日尋干戈。二百餘年。宜若與大一統之義絕相反也。殊不知非經此階段則後此一統之象決無自而成。夫我國在今日雖僅爲世界百數十國中之一國。然其地尚數倍於全歐洲也。其在古代則非國而天下也。各種姓之孳育錯處其間者。其類別不知凡幾。言語文字宗教習俗至龐雜不可究詰也。周初封建以本族文化爲根幹而條布之於四方。然周所建國校諸固有之部落曾不能什之一也。（觀前卷附表所列國名百餘其周所封者不過三之一然所遺有限矣周初千餘國則舊部落之甚多可推見）經數百年以逮春秋則舊部落陵夷略盡。惟餘十數文化較盛之國。相與競雄長。遂爲霸政之局。夫周初封建雖大國不過百里。取精寡而用物嗇。勢不能大有所發舒。及兼并稍行。其大國皆廓境至數百里。尤大者逾千里。以千數百里之國。而建政府。設法制。備官守。其經緯擘畫。易以纖悉周備。其治理之資。亦不甚觳薄。其政大抵自世族出。執政之德慧術智本優越於齊民。民服其教而弗疑畔。於是各因其土宜民俗濬發其物力而淬厲其人文緝熙向上。而各國之特性以成。故吳季札聽樂而能辨政俗之殊異。蓋特性成熟發越之表徵也。此進化之第一步也。霸政既起。朝聘會盟征伐無虛歲。其勞費誠爲各國所共患苦。然而交通之利坐是大開。其君其卿相得頻相酬酢。其士大夫交錯結納。相與上下其議論而互濡染其術學。其軍旅習於共同之行動。增長其節制而磨淬其材力。其道路銜接修治奔走其商旅而通輸其物材。而其國與國之相交際也。無論在平時在戰時皆有共循之軌則。或出自相沿之禮制。或根於新定之盟約。各信守之罔敢越也。故爭鬭雖頻數。而生民之被禍不甚烈。霸政全盛之代。尤以仗義執言摧暴扶微爲職志。各國不敢恣相侵伐。民愈得休養生息以孳殖其文物。而以並立競存之故。各國恆爭自濯磨不敢暇豫。懼一衰落而無以自全也。於是前此已成熟之特性。益發揚充實。而以交際頻繁之故。彼此之特性日相互有所感受。徐徐蒸變化合而不自知。於是在各種特性基礎之上。別構成一種通性。此卽所謂中國之國民性。傳二千年顛撲不破者也。而其大成實在春秋之季。此進化之第二段也。由此觀之。春秋時代國史之價值。豈有比哉。（讀西史觀希臘時代文化所以極盛及十字軍後文治所以復興與夫現代各國並立交際競進之跡則可以識春秋史價值之崇貴矣）今特詳爲紀載。先分述數大國國勢梗概。次總述霸業消長與各國交互錯綜之關係。次述文物制度之迹象。各分節目。而時綴以論列。藉以攬知大勢云爾。其宜專紀者。則歸諸列傳也。

紀晉楚齊秦國勢章第一

晉楚齊秦分峙朔南東西四徼。實春秋之骨幹。而晉楚尤其脊柱也。此四國者。惟齊自始封卽爲大侯。餘皆微弱不足齒數。晉幾中絕而乃別興。秦始建僅食采爲附庸耳。楚曾受封與否且不可深考。而其後乃皆浡焉以興。迭爲霸長。雖曰人謀之臧。毋亦以越在邊遠。環其周遭者多未開化之蠻族。非刻意振拔不能自存。及其既已强立。次第蠶食羣落以自廣。剪滅雖衆而天下不以爲貪。蓄力既厚。乘時內嚮以爭中原。則弱小者固莫與抗矣。此四國所以獨爲重於彼之世。讀史者首當察所憑藉也。

晉之始封國曰唐。成王封幼弟叔虞邑於河汾東之太原。（今山西太原府）蓋堯故都云。其時北地未闢。羣狄錯居。周宣王之詩曰。薄伐玁狁。至於太原。是也。其後晉大夫籍談有言。晉處深山之中。戎狄之與居。而遠於王室。王靈弗及。拜戎不暇。（見昭公十五年左傳）初晉形勢殆實如是。蓋晉受封較晚。幾甸附近。錫王已盡。不得不胙諸遠方。亦庶以鎭撫西北焉。而晉人自是養成勤樸武健之風。卒以霸天下。以周初諸國分地論。晉所沐天然之賜最轂薄。民非勤嗇。不能自給。國非戒懼不能自完。故吳季札聞歌唐風。歎其憂深思遠。有陶唐氏之遺。梁啓超曰。嘻何其與百年前歐洲之普魯士酷相似也。其後晉謀遷都。諸大夫多欲徙郇瑕。（今河東解縣）以其沃饒而近鹽。韓厥謂國饒則民驕佚。乃徙新田。（見成六年左傳）觀此則晉立國之元氣可概見。其特以雄强著稱。則亦由此。當周穆王時。晉爲狄所逼。南徙平陽。宣王時。晉有穆侯者。生二子。曰太子仇。曰少子成師。封成師於曲沃。號曲沃桓叔。時晉都在翼。（即平陽）而曲沃之大與翼埒。晉殆分爲二。迭相攻。而曲沃日强。翼侯見弒者二。見逐者一。入春秋之初。翼之君則鄂侯。而曲沃則莊伯。周平王使虢公芮伯梁伯荀侯賈伯討曲沃。兩興師無功。自桓叔分封後六十七歲。而曲沃武公滅翼。天子受賂。策命武公爲晉侯。始復合一。實魯莊公之十六年。齊桓始霸盟諸侯於幽之年也。自曲沃桓叔莊伯武公及子獻公四世皆梟雄。寖蠶食諸國。沈姒蓐黃皆河汾間古部落。春秋前已入於晉。自是虢芮荀賈次第見滅。修怨也。復滅焦滅楊滅霍滅耿滅魏滅虞。又伐東山皋落氏。伐驪戎。伐耿蒲與屈。皆狄地。取而城之以爲大邑。逮獻公之末。而晉極强。西有河西與秦接境。北邊狄。東至河內。蓋奄有今山西全境。且兼跨直隸河南陝西之三省矣。獻公有太子曰申生。有庶長之子曰重耳。曰夷吾。後有所愛驪姬生奚齊。其娣生卓子。獻公嬖驪姬。以讒殺太子申生。而重耳夷吾皆出亡。獻公卒。以奚齊卓子託大夫荀息。荀息迭立之。而里克迭殺之。荀息死焉。里克欲迎重耳。而夷吾賂秦。秦先納之。是爲惠公。惠公背秦盟。靳其賂。與秦戰於韓原。敗績見獲。既而歸之。語在秦晉交兵章。惠公卒。子懷公立。惠懷失政。內外惡之。是重耳出亡在外已十九年。歷狄衞齊曹宋鄭秦楚諸國。秦穆卒納之。是爲文公。年六十二矣。實齊桓公卒後之七年也。文公既入。修德政。飭軍旅。任賢才。敎民三年。然後用之。屬王室有子帶之難。

乃勤王以求諸侯，納襄王於成周。王賜以河內陽樊之地。晉於是乎始啓南陽。蓋自滅虢後。據崤函之固。自啓南陽。扼孟門太行之險。天下之重盡在晉矣。其明年。楚伐宋。文公伐曹衞以救宋。遂與楚戰於城濮。大敗之。天下諸侯翕然歸晉。乃會盟於踐土。周王莅焉。復盟溫。盟翟泉。城濮一役。春秋第一大戰。亦後此百餘年大勢所攸判也。語在晉文霸業章。自文公拔用賢才。其臣郤縠先軫狐偃趙衰胥臣欒枝等皆崇禮讓。其後晉卿十一族。趙魏韓狐胥原欒郤范知中行更迭執政。代有賢良。若趙盾士會士燮荀罃韓厥魏絳輩。皆一時名卿。忠於謀國。故歷襄靈成景厲悼六公垂百年。雖有汰虐之主。而晉霸不衰。諸卿之力也。然自晉獻公盡殺莊桓之族。（曲沃桓叔莊伯子孫也）惠公又詛無畜羣公子。雖以文公之明德。有子三人。一繼立（襄公）而三在外。（公子雍公子樂及成公）故襄公之卒。議立長君。迎公子雍於秦。既而拒之。坐是與秦構怨益深。及靈公見弒。成公嗣統。其後厲公見弒。悼公嗣統。皆迎之於周者也。晉以不畜羣公子故。故當時周魯衞齊楚宋鄭。皆頻以兄弟爭國召亂。晉獨無有。其臣亦無攀援公族以分朋黨者。故較能輯和。晉之久霸。頗亦賴此。然公族益微。卿族益修。卒乃成六卿瓜分之局。斯又利害得失之相倚伏也。語並在晉諸臣傳。自襄靈之世。累歲與秦構兵。殽函彭衙令狐河曲四役。其最著也。秦是以不能得志於東方。景公之世。楚莊王賢明。楚益强。北向與晉爭霸。於是有邲之役。晉師熸焉。（景公三年）晉君臣恐懼修政。晉以不衰。未幾滅赤狄。（七年）戰齊於鞌。敗之。（八年）至厲公六年。遂敗楚於鄢陵。鄢陵之役。諸卿皆主戰。曰不可以當吾世而失諸侯。獨范文子（士燮）不欲戰。曰吾先君之亟戰也有故。秦狄齊楚皆强。不盡力。子孫將弱。今三强服矣。敵楚而已。惟聖人能外內無患。自非聖人。外寧必有內憂。盍釋楚以爲懼乎。蓋憂晉之將亂而爲是言。然晉百年來外競之大勢。亦具於是矣。厲公勝楚而驕。遂殺郤至郤錡郤犨。滅郤氏。且欲盡去羣大夫。欒書中行偃遂弒之，迎立悼公。悼公立年僅十四。能修舊功。施德惠。振紀綱。逐不臣者七人。任韓厥知罃魏絳。和諸戎。合諸侯。號稱復霸。及悼公之卒。羣卿之賢者亦先後彫謝。卿族侈汰益甚。自盟宋弭兵之後。晉霸遂衰不復振。歷平昭頃定出哀幽烈孝靜十公。擁虛號而已。諸卿族迭相鬩噬。至頃公時。餘趙韓魏知范中行六氏。共分晉地。而知氏最强。出公時知伯瑤滅范氏中行氏。晉餘四卿。哀公時趙韓魏共滅知氏。烈公時周王策命韓趙魏爲諸侯。及靜公遂遷爲家人。晉絕不祀焉。語在晉諸臣傳及戰國載記。晉當武獻之世。滅國極多。拓境最廣。文公以後世爲盟主。以仗義禁暴自命。義不能復侵奪羣小。然北狄部落若潞氏若甲氏若留吁若鐸辰若肥若鼓。以次囊括之。闢地亦千數百里。惠公遷陸渾之戎於伊。洛越百年至頃公時遂滅陸渾。有伊洛地。襄靈間屢與秦戰。亦頗略其城邑。而中原諸國要害之地若鄭之虎牢。衛之朝歌河內邯鄲。皆自春秋中葉折入於晉。其取之於何年。得之於何道。不可考也。故晉盡得中原地勢形便。至戰國時。而三晉猶雄於天下。

楚自稱出自帝顓頊。而唐虞時之祝融氏。夏時之昆吾氏。殷時之彭祖氏。皆其所祖。第弗可深考。要之與中原族姓派系別也。入周之初祖曰熊繹。史稱其先有鬻熊者。曾爲文王師。故成王封繹以子男之田。居丹陽云。（今湖北宜昌府）當周夷王時。有熊渠者。興兵伐庸揚粵。自稱王。且立其子康爲句亶王。紅爲鄂王。執疵爲越章王。周厲王時。熊渠畏周來伐。去其王號。入春秋之初。有若敖蚡冒二君。篳路藍縷以啓山林。蚡冒弟熊通。復僭王號。是爲武王。其子稱文王。文王時。齊桓公始霸。楚亦始大。自春秋以前。中國文物。沿河展發。極淮漢而止。不及江濟。禹貢揚州。實淮域也。周文王時。肇闢漢陽。諸姬受封其間者十數國。而下游淮以南江以北。古部落蓋無算。春秋時可考其存滅者亦尙十數國。而楚之始建國。在今荊宜間。襟帶江漢。雄據上游。既南役羣蠻百濮。乃北向以規中原。武文兩代。

剪滅漢陽諸姬略盡。乃至侵及周疆。滅申呂。扼南陽門戶。中原諸國。始懼楚矣。當齊桓之世。楚地已千里。陳蔡皆役屬之。齊桓以諸侯之師伐楚。不能克。盟於召陵而還。顧楚威亦自此暫戢。語在齊桓霸業章。齊桓卒。宋襄欲圖霸。與楚戰。敗於泓。溯茲以前。諸侯蓋未有能勝楚者。及晉文公勤王創霸。而楚圍宋甚急。其時曹衞陳蔡。皆楚與國。晉以齊秦之師救宋。遂與楚戰城濮。楚師敗績。晉霸始定。而楚遂久不得志於中原。語在晉文霸業章。召陵泓城濮諸役。皆楚成王時事也。成王享國最久。蓋四十六年。乃爲子商臣所弑。商臣稱穆王。繼之者曰莊王。曰共王。曰康王。曰靈王。曰平王。曰昭王。曰惠王。皆雄鷙能善用其國。而莊王最賢。晉國代有名卿。而楚國代有名王。世卿專政。爲中原諸國通患。楚獨無之。此其所以久雄强而最後亡也。而父子兄弟篡弑之禍。亦烈於他國。穆莊承城濮撓敗之後。北嚮之勢稍殺。而全力以恢廓南服。東滅江黃蓼六英舒。奄有淮潁之野。西滅庸夔。控扼巴蜀。（楚前後滅國數十此不具列其詳在霸政詳紀章）晉之攘楚。亦楚之所以滋大也。莊王立三年而滅庸。自爾以後。無日不申儆國人曰。民生之不易。禍至之無日。戒懼之不可以怠。在軍則申儆曰。勝之不可保。紂之百克。而卒無後。訓之以若敖蚡冒篳路藍縷以啓山林。告之曰。民生在勤。勤則不匱。楚內政之修明。民業之昌阜。於茲稱最焉。其後遂伐宋。獲五百乘。（六年）伐陸渾戎。過周郊問鼎。（八年）伐陳。縣之。（十六年）卒乃伐鄭。而與晉戰於邲。大敗晉師。（十七年）史家以莊王列諸五霸。自茲役也。共王時。與晉戰鄢陵。敗績。楚稍衰。語在晉楚交兵章。未幾與晉弭兵爲宋之盟。共王旋卒。靈平兩代皆擁兵居外。以陰謀篡弑得國。（康王時靈王爲令尹主兵事康王疾自鄭馳歸弑之及其子靈王時平王將兵伐陳蔡爲陳蔡公後弑王及公子比自立）雖皆驍雄。益爲楚廓境。然侈汰荒淫。民不見德。楚自此衰矣。初共王之世。申公巫臣得罪奔晉。爲晉謀通吳以病楚。是時吳始强。康靈之間。吳屢侵楚邊。楚於是乎一歲七奔命。靈王既滅陳蔡。承宋盟之後。晉楚之從交相見。乃大會諸侯於申。驕盈無度。

大陳於乾谿。將圍徐以懼吳。平王乘其在外、入國而奪其位。而平王亦以讒言殺太子傅伍奢。奢子子胥奔吳。至昭王時。遂以吳師大伐楚。入郢。撻平王之墓。楚國幾覆。幸獲秦救。且吳有內亂。引兵退。昭王僅得復國焉。語在楚吳交兵章及子胥傳。昭惠之世。吳正強。楚不能與爭。惠王時。楚復有白公之難。既而越滅吳。而不能正江淮以北。楚因東侵。廣地至泗上。至是春秋終焉。入戰國而楚猶常雄於諸侯。梁啓超曰。讀春秋傳者。鮮不疾楚。謂其以夷猾夏。滅國最多也。然當時江淮間古部落棋布。其俗蓋在半文半野之間。文化遠在楚下。江以南則羣蠻百濮所窟宅。狉獉如鹿豕。使其孳孳寖大。則爲害於諸夏者豈有量。夫此非中原諸國之力所能及也。楚自武文成莊以來。以銳意北嚮爭中原。故力革蠻俗。求自儕於上國。春秋中葉。既甚彬彬矣。然後出其所新獲之文明。被諸所滅之國。廣納而治化之。緣地運民情之異宜。卒乃孕育一新文明統系。與北方舊系相對峙。相淬厲。而益駢進於高明。微楚之力。何以及此。楚子囊頌共王之言曰。赫赫楚國。而君臨之。撫有蠻夷。奄征南海。以屬諸夏。(見宣十三年左傳)言舉蠻夷以屬諸夏也。楚於是乎有大功於中國矣。

齊太公佐周克殷。武王封建功臣。而齊爲首國。於營丘。(今山東青州臨淄縣)甫就封。而萊夷與之爭國。(萊夷在今登州萊州)蓋齊亦在邊徼。非憂勤自樹立。不能與蠻族爭存。與晉楚同也。然其地東至海。饒魚鹽之利。西至河。憑襟帶之固。南至穆陵。扼大峴之險。北至無棣。拊廣漠之野。其勢易以強。故春秋之世。最先興焉。太公傳十二世至僖公。入春秋。僖公之子。曰襄公。曰子糾。而桓公小白最幼。襄公繼世立。荒淫不道。羣臣羣弟懼禍及。故管仲召忽奉子糾奔魯。鮑叔牙奉小白奔莒。既而襄公爲母弟夷仲年之子無知所弒。無知旋見弒於微者。齊大亂。魯伐齊。將納子糾。桓公自莒先入。遂相管仲。爲五霸首。語在齊桓霸業章及管仲傳。桓公卒。其五子曰無詭。曰孝公。曰昭公。曰懿公。曰惠公爭立次第相屠殺惠以少傳統其嗣曰頃曰靈曰莊莊公爲崔杼所弑弟景公立景公三傳至簡公爲陳恆所弑更歷平宣康三公而滅於陳氏齊自桓公以後不復能筦大局之中樞常爲晉與國入春秋二百二十餘年除鞍之戰外齊晉未嘗交兵鞍之役（魯成公二年齊頃公晉景公也）雖曰起於婦人之笑辱然實由齊之憑陵魯衛（晉宣戰之辭曰晉與魯衛兄弟也來告曰大國朝夕釋憾於敝邑之地寡君不忍使羣臣請諸大國）時晉新喪師於邲楚會十三國盟於蜀齊魯衛皆與焉倘徼此役晉將遂失諸侯也及春秋末葉晉霸益衰齊景公新立晏嬰輔之頗思修桓管之業其與晉侯投壺也舉矢祝曰寡人中此與君代興（見昭十二年左傳）隱然有爭長之志屬當平邱會後晉已不復能宗諸侯（見晉楚爭霸章）楚新挫於吳無復北向之志而吳亦未遽爭衡於中國齊乘此收召列辟得鄭得衛得魯得宋十餘年間盟會六七而與晉交兵者再焉然其伐晉也助臣以叛君（助范氏中行氏）其伐衛也助子以拒父（助出公輒拒蒯聵）不以義動而輕棄盟主齊之所以與晉俱敝也初桓公時有陳敬仲完者奔齊桓公命爲大夫更姓田以羈旅之臣保世滋大卒移齊國及陳恆弑簡公而姜氏之齊遂爲田氏矣語在霸政餘紀及齊諸臣傳齊霸祚短既不競於晉楚而惟思弱魯終春秋之世齊魯交兵凡三十一見焉（（一）桓十一年十二月齊衛鄭來戰於郎（二）桓十三年二月公會紀鄭與齊宋衛戰（三）桓十七年五月及齊師戰於奚（四）莊九年夏公伐齊納糾（五）莊九年八月及齊師戰於乾時我師敗績（六）莊十年正月公敗齊於長勺（七）莊十九年齊宋陳伐我西鄙（八）僖二十六年春齊侵我西鄙公追齊師自酅弗及（九）其年夏齊伐我北鄙（十）冬公以楚師伐齊取穀（十一）文十五年秋齊侵我西鄙（十二）其年冬十二月齊侵我西鄙遂伐曹（十三）文十七年四月齊伐我西鄙（十四）成二年春齊伐我北鄙（十五）其年六月魯會晉衛曹敗齊師於鞍（十六）襄十五年夏齊伐我北鄙圍成（十七）襄十六年三月齊伐我北鄙（十八）其年秋齊伐我北鄙圍成（十九）襄十七年秋齊伐我北鄙圍桃又圍防（二十）襄十八年秋齊伐我北鄙（二十一）其年冬十月魯會晉侯及諸侯圍齊（二十二）襄二十四年春魯侵齊（二十三）襄二十五年齊伐我北鄙（二十四）定七年秋齊伐我西鄙（二十五）定八年正月公侵齊（二十六）其年二月公侵齊（二十七）其年夏齊伐我西鄙（二十八）哀十年春二月公會吳伐齊（二十九）哀十一年春齊伐我（三十）其年夏五月公會吳伐齊敗齊師於艾陵（三十一）哀二十四年會晉師伐齊取廩邱）大抵晉霸盛則齊虐稍戢晉偶有間或新君初立則齊必思逞於魯而紀莒曹衛亦數被齊無名之師甚矣齊之不務德而桓

公之志久荒也。然以地勢形便。故田氏竊國後。雄於戰國者猶數百年。

秦興於周故地。歷數百年。卒移周祚。甚矣形勝之不可以假人也。然秦以厄於晉故。終春秋之世。不能得志於中原。秦自稱顓頊苗裔。而祖伯益。入周有非子者。以善畜馬事周孝王。孝王分土爲附庸。邑之秦。周宣王時。命秦仲爲西陲大夫。使伐西戎。自秦仲莊公世父襄公文公五世。歲歲與戎戰。而死戎難者三君焉。（秦仲世父文公）蓋秦戎之爭自始建國迄春秋中葉。（穆公時）歷四百餘年而始略定。而秦人强武不撓之德。實經此磨練以得之。誦秦風小戎駟驖諸篇。雖婦人猶以武健相矜尙。梁啓超曰。求諸外史。則古代希臘之斯巴達似之矣。周避戎東徙。襄公以兵送平王。王封爲諸侯。賜之岐以西之地。與誓曰。能攻逐戎。卽有其地。秦自是始與諸侯通。後文公屢伐戎。戎敗走。周日積弱。不克西歸。而酆鄗故京。遂永爲秦有。秦入春秋。初爲寧公。中更爭亂。歷六君而至穆公。穆公始見於春秋經傳。自穆公前已滅蕩滅亳滅邽冀戎滅小虢。穆公初年復滅梁滅芮。秦始大。秦在戰國時。議取三川與伐蜀孰先。卒先伐蜀。謂利盡西海而天下不以爲貪。秦所以能遂幷天下者以此。春秋之初。秦之寖大。事勢亦相類。蓋剪滅諸戎以自廣。非中原諸國所能與爭也。而秦之所以有裨益於進化之運者則亦在是。與晉滅羣狄。楚滅羣蠻羣濮羣舒。齊滅萊夷山戎。同功也。秦穆與晉爲婚媾。値晉之亂。兩次納置其君。（惠公文公）將乘是東向以規中原。而晉常厄之。故終春秋之世。兩國交驩時甚暫。而交爭時甚長。晉不衰。秦終不能以得志。語在晉霸消長章。春秋諸異姓大國。多尊用客卿。拔擢微賤。以得其力。而秦特甚。秦穆三名臣。曰百里奚。虞之逋臣也。曰蹇叔。齊之寒門。而百里所薦也。曰由余。晉人而仕於戎者也。穆公皆羅致而寵任之。秦用以昌。蓋諸姬之國。其公族皆受特別敎育。多賢才。其民亦宗而歸之。非是莫莅也。如秦者。僻在羣戎間。儳野無士大夫。有雄主起。舍借材異地。無以善治。故求之獨勤而任之獨重。穆公以此詒謀。世世子孫襲之。以區區之秦。興於附庸。以并天下。皆客卿之力也。秦既不得志於中原。益西收諸戎。穆公享國(三十九年)能恢其業。益國十二。開地千里焉。春秋中葉以後。秦楚之交親於秦晉。然秦終踸踸自立。不甚依附東諸侯。故論春秋史者。秦之重不逮齊。益不逮晉楚也。及晉裂爲三。春秋終焉。天下之大勢始在秦矣。

紀魯衛宋鄭陳蔡吳越國勢章第二

春秋之局。晉楚對峙。宋鄭爲之楔。宋稍畸於晉。而鄭稍偏於楚。亦若齊與秦之異趨也。而魯衛則常宗晉。陳蔡則常役楚。此八國者。左縈右拂。相對相當。以緯成春秋事蹟。吳越其興也浡。其亡亦忽。蒼頭特起。而全局幾爲之一變。其猶躔象之有彗星也。今次述諸國位置形勢。不復能詳。其尙有他小國宜附紀者。則益略也。

論春秋大勢。魯衛之重。不逮宋鄭。論中國文明。則魯衛其最淵浩之源泉也。魯受周公之澤。篤生孔子。爲百世師孔子遊居。多在魯衛。而作春秋。亦因魯史。故魯尤重焉。魯衛始封之君。(周公康叔)皆文王之子。武王之弟。於周室最爲懿親。魯邑於太昊之墟。(曲阜)而衛邑於殷墟。(朝歌)並先王故都。夙爲中原文物之府。經數百年涵養滋長。益以盛大。故稱君子國焉。然亦以晏處中原之故。疆場稀警。其俗右文而不武。逮兼并盛行。大國崛起。而環逼動見陵轢。殆無寧歲。霸政既興。恭事盟主。僅乃自保。然甚哉憊矣。魯在春秋。歷隱桓莊閔僖文宣成襄昭定哀十二公。孔子作春秋。託始於隱公元年。絕筆於哀公十四年。凡二百四十二年。而其君公及其嗣子不得良死者七焉。(一)隱公爲弟桓公所弒(二)桓公以夫人姜氏通於齊侯。適齊遇害(三)莊公子般爲公子慶父所弒(四)閔公爲慶父所弒(五)文公子惡及視爲襄仲所弒(六)襄公子野爲季孫宿所弒(七)昭公爲季孫意如所逐。死於乾侯。魯稱守禮之國。猶且若是。則其時篡亂之禍烈可推見。（春秋書弑君三十六其實絕不止此數（一）大惡諱不書故魯之弑君經無明文（二）未成君者不書故晉奚齊齊之無詭等不在三十六數之內（三）不赴告者不書故楚郟敖子比等皆不見當時與魯通赴告之國不過十數耳以此比例則當時篡弑何止百計其他因外患奔走不保社稷者亦稱是嗚呼慘哉）故孔子作春秋以筆誅亂賊。蓋深痛之也。魯代有賢大夫臧文仲公子友季文子之徒。故雖亂而不亡。然中葉以還。政在三桓。馴至陽虎以陪臣執國命。周公其衰矣。初魯公伯禽與齊太公同受封就國。太公五月報政。伯禽三年焉。周公問之。伯禽曰變其俗革其禮。故遲。太公曰吾簡其君臣禮從其俗。故速。周公歎曰魯後世其北面事齊矣。政簡易近民。民乃歸之。（見史記魯世家）魯之縟其文禮。或亦其致弱之一因耶。然亦由其地平衍四達。無高山大川爲之限。無魚鹽之利爲之饒。以守則不足以固。以攻則不足以克。故終春秋之世。常畏齊偪。而托庇於晉。晉稍衰則齊患遂亟。晉霸未興。魯至聯楚伐齊。（僖公二十六年）晉霸既替。魯至聯吳伐齊。（哀公十一年）吁可傷也。然魯究以周公明德爲世所宗。在諸姬中稱後亡焉。

衞始封全有殷武庚故地。在周初最稱大國。然西界晉。東界齊。東北與齊晉宋魯錯。南與曹宋錯。兼幷雖行。絕無鄘境餘地。入春秋未久。重罹狄難。渡河而南。遷於楚邱。（今河南衞輝府滑縣）旋遷帝丘。（今直隸大名府開州）河北故墟。委於狄手。及晉滅狄。而朝歌河南諸地。皆折入晉。衞益削弱矣。晉文城濮之役。楚始得曹而新昏於衞。蓋欲遠交近攻。結衞以折晉左臂。晉欲服鄭。則不得不先服衞。蓋衞據大河南北。當齊晉鄭楚孔道。衞服斯東諸侯從風而靡矣。茲役以後。衞幾同晉之鄙邑。然亦賴以自全。直至秦二世時始廢君絕祀。其亡又在魯後也。孔子居衞久。稱其多君子。而孔門弟子。亦衞人最多。故與魯同爲春秋文化中堅云。

宋鄭同爲四戰之區。自古迄今。凡用兵必爭焉。故必熟知茲二國形勢。然後春秋賭棋爭刼之局可批郤而導窾也。宋微子始封商邱。（今河南歸德府商邱縣）其後兼幷宿杞曹戴偪陽五國及古大彭國之彭城。（今江蘇徐州府治）實奄有今河南歸德府及開封府衞輝府陳州府之一部又跨有江蘇徐州潁州山東兖州泰安曹州之各一部周公之改封殷後於宋也蓋懲前此武庚國於紂都有孟門太行之險其民易煽其地易震而商邱四望平坦又近東都雖子孫或作不靖無能據險爲患匪特制馭亦善全先代之裔宜爾也入春秋時宋乃有彭城彭城俗勁悍又當南北之衝故終春秋之世宋最喜事齊興則首附齊晉興則首附晉悼公之再霸也用吳以掎楚先用宋以通吳實於彭城取道楚之拔彭城以封魚石也（見成十八年左傳）非以助亂實欲塞夷庚使吳晉梗不得通也晉之滅偪陽以畀宋也（見襄十年左傳）非以德宋也欲宋爲地主通吳宋往來之道也蓋彭城雖爲宋有而祖爲楚地偪陽爲楚與國皆在今沛縣境如物在喉宋有偪陽而吳晉相援如左右手矣故當日楚最仇宋常合鄭以齮之迨晉悼已服鄭不復恃吳吳闔閭之世力足制楚不復恃晉而宋乃晏然無事從可知彭城係於南北之故者至大而宋之常爲天下重蓋以此也（今雖有海道及鐵路之變遷而徐州猶極爲要害地則古代益可知耳）其後吳欲伐宋太宰嚭曰可勝也而弗能居（見哀十三年左傳）蓋宋宜於爲通衢不宜於爲安宅此宋形勢之大凡也宋之重以彭城而鄭之重以虎牢（今河南開封府汜水縣西漢高祖與項羽相持於滎陽成臯之間即其地）也鄭初封虢檜之地北有延津西有虎牢南據汝潁自謂扼此天險可以左右天下誠哉然也故春秋之初鄭莊獨倔强於東諸侯間（語在霸業前紀章）然既處可以左右天下之地自爲經營天下者所必爭故齊晉迭霸與楚爭鄭者二百餘年南北有事鄭首被兵迄無寧歲及晉得虎牢且城之以偪鄭（見襄二年左傳）自是晉三駕而楚不能與爭其後三家分晉韓得成臯卒以滅鄭秦亦滅韓而帝業乃成劉項相持滎陽成臯間亦一晉楚爭鄭之局其爲重於天下若是其要且久也此鄭形勢之大凡也

宋人喜事而狂鄭人諳世故而黠殆其血統所遺傳與地勢所薰冶相合使然抑亦史蹟之異觀也三代之民惟

殷商爲浮動過於夏周。殷人毗剛，而周人毗柔。盤庚遷殷，胥動浮言，致勞三誥。殷頑入周，倔强不改，周公病之，誥誓頻繁。宋人受此遺性，加以彭城所居地四衝，而俗慓急，故其人常如中酒躁叫狂擲。春秋之初，殤公立十年而十一戰，（見桓二年左傳）狂態既不可嚮邇。齊桓創霸，首與於北杏之會者宋也，（莊十三年）明年遂背之，見伐乃行成焉。（莊十四年）齊桓始卒，宋襄卽汲汲欲與代興，乘喪兩伐齊，（僖十八年正月五月）旋執滕子嬰齊，（僖十九年三月）用鄫子於次睢之社，（僖十九年六月）遂不量力，横挑强楚。以齊桓養威積慮二十年，召陵之役，猶不敢輕敵，而宋襄乃視若無物，卒乃執於盂，（僖二十一年秋宋公楚子陳侯蔡侯鄭伯許男曹伯會於盂執宋公以伐宋）傷於泓，（僖二十一年十一月宋公及楚人戰於泓宋師敗績襄公傷股明年遂卒）身殞國削，爲天下笑，歷古可詫之戰事，莫過茲役也。及晉文之興，其首推戴以致楚師者，則亦宋也。自爾忠服於晉，會無躁擾者垂百年，在宋實爲異數。然華元以楚不假道之故，殺其使者以激楚怒，致析骸易子之慘，（見宣十四年左傳）其舉措之鹵莽，亦可驚絶。及晉霸既衰，宋向戌忽首倡弭兵之論，遂爲宋之盟，會晉楚之從交相見，而春秋之局一大變。宋果何求，亦好事而已。其後晉楚兩皆不競，宋景遂又嚚然思動，會洮叛晉，（定十四年）伐鄭，（哀七年）執小邾子，（哀四年）連歲伐曹，（哀三年六年七年）執曹伯，（哀八年）狂談四出，似乃祖襄公故態也。直至戰國時，宋之末主曰康王偃者，猶以發狂圖霸，得桀宋之名以取滅。（王偃圖霸滅滕伐薛東敗齊取五城南敗楚取地三百里西敗魏軍與齊魏爲敵國）其慮憍躁妄，蓋成爲國性矣。雖然，宋當春秋之世，左右世變之力，抑不可謂不鉅矣。鄭之左右世變，其力不讓宋，而操術乃相反。宋勇於趨利，而鄭巧於避害；宋浮剛，而鄭陰沈。楚人稱鄭昭宋聾，（見宣十四年左傳）可云善譬。鄭之得國，本以術取，陰險相尚，蓋自桓武已然。（史記鄭世家周幽王時鄭桓公問太史伯曰王室多故予安逃死乎對曰獨雒之東土河濟之南可居其地近虢鄶虢鄶之君貪而好利百姓不附桓公於是言王東徙其民於雒東而虢鄶果獻十邑後武公克取以爲國命曰新鄭）入春秋初，鄭莊有操縱一世之概，然其狙詐亦世所共見。突忽儀亹，（莊公諸子）兄弟爭立，亦各以術相軋。及晉楚爭霸，鄭當其衝，其君臣皆明事勢，識利害，常首鼠兩大之間。視其强弱以爲嚮背。貪利若騖。棄信如土。故當天下無伯則先叛。天下有伯則後服。其先叛也。懼楚也。齊桓以僖十七年十二月卒。鄭文明年正月卽朝楚。邲之戰。鄭首叛晉。堅事楚者十二年。中間以與許訟不勝。改而從晉。至成九年貪楚重賂復從楚。未三年復從晉。至成十六年貪汝陰之田復從楚。投骨於地。就而食之。搖尾乞憐者。鄭之謂也。其後服也。欲以諸侯之力斃楚。使楚不敢與爭也。莊十六年。與齊桓同盟於幽。明年卽不朝。歷十三年。始復同盟於幽。至僖五年首止之盟。復逃而從楚。晉文之興。踐土甫盟。而明年翟泉復不至。燭之武復間晉事秦。旋召杞子之謀。不得不從晉。未五六年。復與陳蔡偕會楚於厥貉矣。每間伯主之有事。則侵伐小國以自益。晝伏夜行。竊食盈盎。常懼人覺者。鄭之謂也。其卿士大夫。顧以此爲最良之政策。昌言之曾不少諱。子良之言曰。晉楚與其來者可也。晉楚無信。我焉得有信。子駟之言曰。犧牲玉帛。待於二竟。以待强者而庇民焉。子展之言曰。吾伐宋。晉師必至。使晉師致死於我。楚弗敢敵。而後可固與晉。其揣量兩國情勢至審。而於其間求所以自處之道。因此得保其社稷。常偪强於諸侯間。雖處四戰之衝。而國威不挫。民力不疲。其國性則風斯下矣。梁啓超曰。嗚呼。凡民久生息虐政之下。與夫久顚頓於兵燹之中者。非養成頑鈍狡黠之性。不能自存。有如鄭矣。可不痛念哉。可不痛念哉。春秋之季。晉楚弭兵。鄭鮮侵伐之虞。惟有征賦之擾。子產執政。因應兩大。善其辭令。不剛不柔。有君子之道焉。抑亦襲累代遺策。而善用之云爾。春秋大事。什九皆與鄭有連。使鄭易其形。改其度。則春秋作何局勢。非所敢言也。宋鄭同爲春秋機軸。而兩國之自相爭鬩。亦較他國爲尤劇烈。二百四十二年之中。宋鄭交兵見於經傳者。蓋四十九役云。其爲楚晉倀者半。其自逐利互報怨者亦半。具在年表。此弗論次也。

陳蔡始終役屬於楚。而蔡尤爲楚重。楚北向以爭中原。首滅申滅呂滅息。其未滅而爲楚用者。惟此二國爲最有力。陳今之河南陳州。蔡則今汝寧府之上蔡縣也。中葉以後。陳於楚尙間有服叛。惟蔡則無役不從。而欲攘楚者必先有事於蔡。僖四年。齊桓爲召陵之師。春秋書之曰。齊侯以諸侯之師侵蔡。蔡潰。遂伐楚。蓋齊不伐蔡。則不能長驅以壓楚境也。蔡在淮汝間。爲楚北屛蔽。其俗自古稱强悍。服楚最早。從楚最堅。受楚禍最深。其卒也爲楚禍亦最烈。蓋陳蔡皆自始以楚爲可恃。甘服屬焉。其後供億已不堪命。及楚靈狂汰。竟滅陳蔡而縣之。後雖復續。而怨毒已深。陳弱則飲恨。蔡悍則思報。定四年。吳楚柏舉之役。春秋書之曰。蔡侯以吳子及楚人戰於柏舉。楚師敗績。庚辰。吳入郢。以主兵予蔡。蔡導吳故也。是役也。楚幾已。然則蔡之去就。繫楚之利害者。豈有細哉。自哀三年。吳遷蔡於州來。汝寧之地。全爲楚有。蔡與陳亦再滅於楚。而春秋之局已將終矣。

讀春秋者語及晉楚。輒聯想南北。在當時誠然。實則楚地東南至昭關。在今安徽和州含山縣北。仍江北也。蓋當時楚地西南不逾湖。顧棟高有春秋楚地不到湖南論東南不逾江。其篳路藍縷以開闢東南者。則吳越也。吳自周太王時。泰伯虞仲讓國南逃。斷髮文身以從其俗。遂爲之酋長。號曰句吳。今江蘇常州府後始遷蘇。今蘇州府治傳十九世至壽夢。吳始大稱王。實魯成公四年。晉霸中衰之際也。越自稱大禹之後。夏少康世初封國於會稽。今浙江紹興縣其俗亦斷髮文身。開國已千餘歲云。不必深考。至王句踐始聞於中國。實魯昭公時。霸政全墮後也。春秋初葉。晉楚齊秦各征略四裔蠻落以恢廓土宇。旋內嚮以爭中原。吳越乃於其間大闢衆所不爭之地以自廣。然於大局若風馬牛不相及也。及晉通吳以痛楚。成八年吳始漸爲重於天下。繼是與楚大小十餘戰。楚大創。及黃池之會。哀十三年吳乃執諸夏牛耳焉。未幾見滅於越。越亦遂倔强於齊魯間。蓋中原諸國自霸政衰熄後。其大國各騖於國內政權之爭奪。其小國或自相噬嚙。而吳越以方新之氣乘之。故所向披靡。此春秋之尾聲。亦變調也。然植基不厚。故興驟而亡亦速焉。

語並在霸政餘紀章。吳滅於越。越滅於楚。文化以次被於江左。而東越閩越揚越皆句踐子孫。廣殖海疆。傳祀至漢。爲今甌閩粤開化之祖焉。則禹之明德遠矣。

以上十二國。爲春秋幹枝。故先述其形勢如右。司馬遷表十二諸侯有燕曹而無越。燕雖名國。至戰國始顯。故於次卷敍論之。曹未足爲輕重。不復論也。

霸政前紀章第三

梁啓超曰。霸政爲中國春秋時特產。求諸他國史蹟無有也。希臘頗有相類者然精神不同 即中國前乎此後乎此亦無有也。然春秋二百四十年中。霸政全盛。亦不過百年耳。觀於前乎此與後乎此者。然後知當時之中國。不可以一日而無霸也。今自周室東遷迄齊桓定霸命之曰霸政前紀。就史傳可考見之事實而排比之。得數大端焉。

其一。列國篡弒攻伐之禍也。當時存者尚百數十國。史蹟皆不可考。其最稱名國者。若魯若衞若宋若鄭若齊若晉皆疊有篡弒之禍。魯隱公賢者也。以長庶子攝位。將傳之其弟弟桓公。急不能待。且中讒搆。遂弒隱也。隱十一年 無天子之誅。無方伯之討也。宋宣公穆公皆賢者也。宣公舍其子而立弟穆公。穆公亦舍其子而立兄之子殤公。隱三年 越十年而其太宰華督卒弒殤公而迎立穆公子莊公也。桓二年 而莊公子閔公亦爲南宮萬所弒。莊十二年 於是宋三世兩弒君矣。天子不能誅。方伯不能討也。衞州吁弒其兄桓公而自立。隱四年 天子不能誅。方伯不能討也。夫豈惟不能誅討而已。諸弒君之主且互相比周。而羣侯亦從而黨之。故魯齊陳鄭皆受宋賂。會於稷以成宋亂。桓二年 宋陳蔡與州吁相結以伐鄭。隱四年 當時非無會盟戰伐。什九則獎篡修怨之資也。於是此數國者。幾無歲無戰事。

時則鄭莊公最稱雄驁。內為周卿士。外號召東諸侯。縱橫捭闔。以求逞志。兩伐衛。（隱二年四月）兩伐宋。（隱五年十年）侵陳。（隱六年）取戴。（隱十年）入郕。（隱十年）入許。（隱十一年）戰魯於郎。（桓十年）其出師動聯合數國。且會盟亦頻數。儼然有霸者之規焉。但鄭地本非圖霸之資。鄭莊所操。又非霸術。（霸術須奉正大之名義且能為公衆捍患說見次章）徒見其滋亂也。卒乃黷武以陵天子。射中王肩。（桓五年）天子惡之矣。及其既死。而諸子忽突亹儀爭立。迭相殘弒二十餘年。（自桓十一年至莊十四年）禍更烈於魯宋衛也。時魯則以文姜之難。桓公為齊所戕。（桓十八年）魯不能報。諸侯亦未聞仗義執言者。衛則以宣姜之難。惠公朔陰賊兩公自立。（桓十二年）王命討之。而魯齊宋陳蔡乃聯軍以納之也。（莊六年）齊亦以篡弒致亂。僖公為近臣所弒。立公孫無知。無知旋被殺。（莊八年九年）及桓公立。乃定晉時僻處西北。不與於東諸侯之役。而曲沃爭國。禍更慘酷。桓叔弒昭侯。莊伯弒孝侯。鄂侯。武公弒哀侯。緡侯。小子侯。（自春秋前魯惠公三十年至春秋莊八年）五十年間。六弒其君焉。天子雖嘗致討。（莊九年）然旋且受賂獎而立之也。（莊十六年）其間魯邾莒齊杞宋衛邢鄭許諸國。歲尋干戈。民不堪命。此則春秋初中原諸國之情狀也。

其二。戎狄之猖獗也。春秋書法。吳楚在初期皆書同夷狄。漸近乃與中國齊視。嘉其能同化也。後儒以齊晉之遏楚。頌為攘夷。非能深知聖人之意也。春秋之眞可稱為夷狄者。在東曰戎州己氏之戎。亦單稱戎。曰萊夷。曰淮夷。在東北曰山戎。亦稱北戎。曰無終。在北曰狄。其種有赤狄白狄長狄。赤狄最強。其部落曰東山皐落氏。曰廧咎如。曰潞氏。曰甲氏。曰留吁。曰鐸辰。白狄部落曰鮮虞。曰肥。曰鼓。在西北曰犬戎。曰驪戎。曰茅戎。曰允姓之戎。亦稱陸渾之戎。亦稱小戎。亦稱姜戎。亦稱陰戎。亦稱九州之戎。在腹地曰揚拒泉皐之戎。曰伊雒之戎。在西曰西戎。在西南曰巴。在南曰百濮。曰羣蠻。曰盧戎。在東南曰羣舒。西戎病秦。巴濮蠻舒病楚。萊夷病齊。淮夷病杞。其禍皆不中於中原。且較弱。非久已馴服。自餘諸戎狄。則皆兇悍剽忽。蹂躪大河以北數千里。為諸夏巨患者百餘年。而春秋之初。其燄最熾。宗周之滅。實由犬戎。此前事矣。入春秋後。其禍見於經傳者。戎州己氏之戎凡八。（一）隱二年春公會戎于潛（二）秋八月公及戎盟于唐（三）隱七年天王使凡伯來聘戎伐凡伯于楚兵以歸（四）桓二年公及戎盟于唐（五）莊十八年公追戎于濟西（六）莊二十年冬齊人伐戎（七）莊二十四年戎侵曹曹世子羈出奔（八）莊二十六年春公伐戎夏公至自伐戎 北戎凡四（一）隱九年北戎侵鄭（二）桓六年北戎伐齊（三）莊三十年齊人伐山戎以其病燕故（ ）僖十年齊侯許男伐北戎 揚拒泉皋伊雒之戎凡四（一）僖十一年王子帶召戎伐京師（二）僖十三年爲戎難故諸侯會于鹹以謀王室（三）僖十六年王以戎難告于齊齊徵諸侯戍周（四）文八年魯公子遂從晉趙盾會伊雒之戎盟于暴 茅戎凡二（一）文十七年周甘歜敗戎於邥垂（二）成元年王師敗績於茅戎 犬戎凡二（一）閔二年虢公敗犬戎於渭汭（二）僖二年虢公敗戎於桑田 羣狄凡三十三（一）莊三十二年冬狄伐邢其明年春齊人救邢（二）閔二年冬狄入衞（三）僖元年夏邢避狄遷於夷儀（四）僖二年狄滅衞諸侯城楚邱以封衞（五）僖八年夏狄伐晉（六）僖十年春狄滅溫溫子奔衞（七）僖十二年春衞有狄難諸侯城衞楚邱之郛（八）僖十三年春狄侵衞（九）僖十四年秋狄侵鄭（十）僖十六年秋狄侵晉（十一）僖十八年五月宋伐齊納孝公狄救齊（十二）其年冬邢人狄人伐衞（十三）僖二十年秋齊人狄人盟於邢（十四）僖二十一年春狄侵衞（十五）僖二十四年夏狄伐鄭（十六）其年冬狄入成周天王出居于鄭（十七）僖三十年夏狄侵齊（十八）僖三十一年冬狄圍衞衞遷于帝丘（十九）僖三十二年夏衞人侵狄秋衞人及狄盟（二十）僖三十三年夏狄侵齊（二十一）其年秋狄伐晉晉人敗狄于箕（二十二）文四年夏狄侵齊（二十三）文七年夏狄侵魯西鄙（二十四）文九年夏狄侵齊（二十五）文十年冬狄侵宋（二十六）文十一年秋狄侵齊（二十七）其年冬狄侵魯魯敗之于鹹（二十八）文十三年冬狄侵衞（二十九）宣三年秋赤狄侵齊（三十）宣四年夏赤狄侵齊（三十一）宣六年秋赤狄伐晉（三十二）成九年冬秦人白狄伐晉（三十三）成十二年秋晉人敗狄于交剛 其被諸戎狄之難者。周凡七度。王至出奔焉。魯凡四度。而以會盟紓難者亦三見。鄭凡三度。宋曹各一度。虢凡二度。邢溫各一度。溫遂亡。邢則亡而他遷也。衞凡九度。而數瀕於亡。兩遷其都以避。齊凡八度。晉凡七度。而皆屢勝之。晉卒滅羣狄別見次章 諸戎最勝於隱桓之際。羣狄最勝於閔僖文之際。此其大較也。孔子曰。微管仲。吾其被髮左衽矣。此言悅望霸者之出。猶解倒懸也。齊晉蠶食四鄰以自廣。而因以役屬羣小侯。雖不可謂能遵王度。然亦思當時王室微弱。如彼京師爲戎馬蹂躪者一再焉。溫邢衞等不能當其一蹴。其餘亦惴惴不自保。苟非有一二大國當而衝而挫其燄。則五胡之禍。寧更俟千年以後。恐羲軒以來之文明。當孔子前既埽地盡矣。則中國之爲中國。更何若者。嘻。此霸政之所以繫人懷思也。

其三。兼併之盛行也。霸政以後。非無兼併也。然遠不如前此之烈。蓋霸者以禁兼幷爲職志也。然非兼幷則何以爲霸資。故禁兼幷者其始皆自兼幷來也。兼幷最盛者齊晉秦楚。尤盛者實晉楚。齊在春秋兼十國。其滅於霸政以前及創霸之際者。曰紀。曰鄣。曰譚。曰遂。曰郭。曰陽。曰牟。其滅于霸政以後者。曰萊。曰介。曰介根。秦所滅國。大率在霸政後。西戎十二國。史不能舉其名。（史記有冀戎邽或彭戲氏殆在十二國內耶）其所滅諸夏之國。曰小虢、曰芮、曰梁、曰滑、曰鄀。然滑旋入晉。鄀旋入楚。秦不能終有也。晉自創霸以後。不復兼幷諸夏。其所滅潞氏、甲氏、留吁、鐸辰、廧咎如、肥、鼓、陸渾、諸部落。不能以兼幷目之。其霸政前滅國年代可考者。則閔元年之滅耿、（今山西平陽府河津縣）滅霍、（今山西平陽府霍州）滅魏、（今山西解州芮城縣北）僖五年之滅虢、（今河南陝州東南）滅虞也。（今解州平陸縣東北）然舊國確爲晉所滅而史傳失其年代者尙極多。曰沈、曰姒、曰蓐、曰黃、皆顓頊時古國。邑於汾河兩岸。（左傳昭元年）晉得之是以能控制羣狄。曰韓、（今陝西同州府韓城縣本武王子封地春秋爲晉大夫韓萬食邑）曰賈、（今同州府蒲城縣本姬姓國春秋爲晉大夫狐氏邑）曰畢、（今陝西西安府咸陽縣北本文王子封地春秋爲晉大夫畢萬邑）皆河西國也。與秦所滅梁芮二國錯壤。晉得之是以能制秦。曰荀、曰冀、（皆在今山西絳州界荀爲文王子封地冀失考春秋荀爲晉大夫原氏食邑冀爲郤氏食邑）與耿魏俱濱河東而處。晉制秦之第二門戶也。曰楊、（今平陽府洪洞縣東姬姓國春秋爲晉大夫羊舌氏食邑）與霍同處北鄙。曰蒲、（今山西蒲州府蒲城縣晉獻公時爲公子重耳食邑國語鄭語云當成周者北有徐蒲則蒲亦古國名也）晉制狄之第二門戶也。曰焦、（今河南府陝州南亦姬姓國）與虢比疆。晉經略中原之要地也。凡此諸國。皆在成周之西。晉武獻兩代所兼幷也。（或有更在前者亦未可知）而其關係最大者莫如滅虢。晉自是扼殽函之險。周所以不能西歸者以此。秦所以不能東略者亦以此。其爲他國所滅轉入於晉者。曰滑。（今河南府偃師縣南僖三十三年爲秦所滅）取之於秦。曰邢。（今直隸順德府邢台縣後爲晉申巫臣邑）曰黎。（今山西潞安府黎城縣詩序稱黎侯失國而寓于衞蓋早爲狄所滅晉當復封之後復赤狄潞子所滅晉滅潞地遂入晉）取之於狄。其舊國封地爲周所特賜者。曰溫。（今河南懷慶溫縣）曰原。（今河南懷慶府濟原縣西本文王子封地）曰樊。（亦在今濟原縣西本仲山甫封地）蓋春秋之晉。兼二十三國之地。而戎狄不與焉其霸政前所吞滅者則十七國也。然晉之大啓土宇。實由剪滅羣狄。春秋之初。狄所蹂躪數千里。其吞噬之國及古部落史失其名者。當不知凡幾。後乃盡入於晉。故晉極盛時。其地跨及今直隸之大名廣平順德四府。山東之東昌曹州二府。大抵皆取之於狄也。晉人之言曰。狄之廣莫。於晉爲都。晉之啓土。不亦宜乎。左傳莊二十八年信矣。

春秋爲楚所滅之國見於經傳者凡四十二。實則猶不止此數。城濮戰時晉欒枝曰漢陽諸姬楚實盡之今考楚所滅國見于經傳者惟隨毛聃蔣頓蔡六國爲姬姓隨至春秋末尚存毛至昭二十六年尚存頓至定十四年乃滅蔡則當時方在戰役惟蔣不知亡于何時然其國非在漢陽惟聃或可強指爲姬國亦僅一國耳不應云諸姬實盡且觀下文臚楚所滅惟國在今襄陽府屬境者七在德安府屬境者六在汝寧府屬境者九由此可推知現今一府總包含當時六七國以上而下文所列諸滅國荊州黃州屬僅各一漢陽屬絕無安有是理殆春秋前已滅後人亦無徵引及之者遂永不可考耳苟非欒枝一語誰亦復知漢陽有若干姬姓國耶他可推故知必尚有多國爲楚所滅史失其名也齊晉霸後。洊食未已。然其虐諸夏也以武文成三主爲最悍。皆在霸政前也。春秋於桓二年書蔡侯鄭伯會於鄧。傳曰。始懼楚也。時實楚武王之三十一年。越六年楚合諸侯於沈鹿。隨黃不會。遂伐隨。楚會盟攻伐見於傳者始此。當時楚氛既甚惡矣。考楚北規中原之路有二。其西路由荊襄平原出新野趨南陽。當其衝之國。在今湖北境者。曰聃、曰權、聃爲文王子聃季封國權古國兩國皆在今荊門州當陽縣之間滅於楚最早曰羅、今襄陽府宜城縣西桓十年楚伐羅其滅年失考曰盧戎、今襄陽府南漳縣東桓十年嘗攻楚其滅年失考曰鄧、曰鄾、皆今襄陽府治襄陽縣東鄧以莊十六年滅鄾滅年失考曰穀、今襄陽府穀城縣西滅年失考曰唐、今德安府隨州東南服楚最早故定五年始見滅在今河南境者。曰蓼、此與下文所舉文五年滅之蓼同名異國此在河南南陽府唐縣南滅年失考曰呂、曰申、並在今南陽府南陽縣呂爲穆王時作呂刑之呂侯故國申爲導犬戎攻周之申侯故國莊六年傳紀楚文王伐申過鄧兩國滅年皆失考其東路循漢水東下至漢陽經德安北渡淮經汝寧趨開封。當其衝之國。在湖北境者。曰州、今荊州府監利縣滅年失考曰漢陽諸姬、當有數國史失其名曰隨、今德安府隨州楚最先伐之而最後滅之其滅年失考曰鄖、今德安府安陸縣滅年失考曰貳、今德安府應山縣滅年失考曰軫、今德安府應城縣滅年失考曰絞、舊說皆稱絞在鄖陽府鄖縣西北啓超案桓十一年左傳楚屈瑕將盟貳軫鄖人軍於蒲騷將與隨絞州蓼伐楚師蒲騷在今德安府應城縣貳軫隨鄖皆在德安境州在荊州境蓼在南陽境皆與德安接壤絞若在鄖陽安能越宜昌襄陽數百里來會師故知絞亦當在德安境內也前人所以誤者因鄖人召之故附諸

（郾陽之郾縣殊不知春秋之郾本有兩地彼乃哀十二年會于郾與此不相涉也絞滅年失考）曰弦。（今黃州府蘄水縣僖五年滅）在今河南境者。曰賴、（亦稱厲今汝寧府光州息縣東北昭四年滅）曰息、（今汝寧府光州息縣莊十四年滅）曰黃、（今汝寧府光州西僖十二年滅）曰江、（今汝寧府眞陽縣東文四年滅）曰道、（今汝寧府確山縣滅年失考）曰柏、（今汝寧府西平縣滅年失考）曰房、（今汝寧府遂平縣滅年失考）曰沈、（今汝寧府沈陽縣滅年失考）曰蔣、（今開封府尉氏縣西滅年失考）曰頓、（今陳州府商水縣定十四年滅）曰蔡、（今汝寧府上蔡昭十一年滅後復興旋再滅）曰陳。（今陳州府淮寧縣昭十三年滅後復興旋再滅）以上所舉西東兩路諸國。皆從與楚接境之國敍起。次第北趨。當霸政未興以前。楚兼幷之力所及。西路至於申。東路至於息。自申息以南。其滅年失考者。大抵皆霸政前滅也。故城濮之敗。楚子曰其若申息之父老何（見僖二十八年左傳）滅庸之役。史稱申息之北門不啓。（見文十六年左傳）蓋至是而申息爲楚北門也久矣。申本王畿。南陽稱天下之膂。自申滅而天下大勢幾盡折而入於楚。霸政以後。西路不復能進取。（更進則滅周矣）東路則晉政稍衰。楚勢輒張。馴至滅陳蔡而止焉。此楚人經略中原併呑諸國之大勢也。自餘所滅不甚關大局者。在西曰麇、（今陝西興安州白河縣）曰鄀、（今湖北襄陽府宜城縣南本秦所滅楚取之于秦）曰庸。（今湖北鄖陽府南境文十六年滅）庸常爲楚患。自滅之無復西顧之憂焉。在東曰六、曰蓼、曰英氏、曰舒蓼、曰舒庸、曰舒鳩。（皆在今安徽六安州廬州潁州之間）則與吳爭衡之要害地也。其滅皆在霸政後。楚所滅國可考見者。具于是矣。（荀子仲尼篇云齊桓公幷國三十五韓非子有度篇云楚莊王幷國三十六齊桓公幷國三十難二篇云晉獻公兼國十七服國三十八呂氏春秋貴直篇云晉獻公兼國十九眞諫篇云楚文王兼國三十九文選李斯上秦始皇書云秦穆公幷國三十雖不能一一指其名然其數當不遠）梁啓超曰。吾爲霸政前紀而論列兼幷之迹。及於霸政之後。從行文之便云爾。然兼併之禍。實以霸政前爲最烈。過此以往。一小結束矣。夫無兼幷則無霸政。兼幷盛而霸政不得不起。兼幷者封建之極敝。而霸政者大一統之前驅也。

紀齊桓晉文霸業章第四

春秋霸政．實一種畸形之政體．中外古今．無倫比焉．古希臘雅典斯巴達德巴之迭主希盟．似近之矣．然彼甲乙丙代興．此則常有兩勢力抗衡．其不同一也．彼各同盟國之上．別無共主．此則有之．而常奉以爲名義．其不同二也．彼絕不干涉各國內政．此則時或有之．其不同三也．至若歐州中世之神聖羅馬帝國．頗有捭闔爭盟之事．德意志數十國．戴一盟主以成聯邦．其迹蓋間有相類者．而差異之點則益多矣．凡各國家各時代各有其歷史之醞釀與時勢之摩盪．然後一種之政制應運而生．未有能從同者．春秋霸政．吾知其爲我國彼時應運之政制．而影響於全國進化者至鉅云爾．正不必與異代異國之史實求相比附也．

天下大勢恆趨統一．其猶萬流之不舍晝夜以朝宗於海耶．然其間往往瀦匯而爲湖．湖之爲狀若渟滯以遏逝水之勢．雖然．苟無湖焉．則水或相搏而失其性．豈惟爲民禍害．甚或倒流以益遠於所宗者有焉矣．有湖爲之一頓瀦而更宣洩之．則水之澤愈溥．而其流愈引而彌長．春秋霸政．譬則湖歟．倘無霸政．則秦漢統一之局．或遂早見數百年．何也．以當時兼併之勢之銳．苟無以遏之．則弱小之國必悉不能自存．非爲一二國所囊括焉不止也．霸政者務維持現狀．以逆制此大勢．毋令猛進也．夫統一者進化之象徵也．而霸政逆之．毋乃爲進化之梗．是又不然．霸政以前．我統一之國民性未熟．强揉而一之．則未一之前．疾痛懵怛．將不可狀．既一之後．支離滅裂．旋不能免．欲求如兩漢數百年之治．而猶不可得也．霸政驟起．兼幷之鋒爲之一頓．小國既稍得蘇息．大國亦有所嚴憚於外．而惕厲以修治於內．在此均勢小康機局之下．各國人民．各本其良能．順應所遇．徐徐爲內部之發育．而復有會盟聘享徵發征伐諸役．使各國互生繁複之係屬．頻數之交際．以擴其聰智．而融其情感．其間且常有公約之規律．公守之禮俗．以整齊其國紀．而畫一其民志．夫是以行之數百年．而文化之銳進．乃爲前此數千年後此數千年所莫能儗也。故曰霸政猶湖焉。夫湖也者。上承下注而潤千里者也。霸政中堅曰齊晉。齊晉霸功莫大攘楚。攘楚曷爲而可稱也。曰爲中國正統之文明爭也。楚非不有功於中國。春秋以降。其文化亦殊不劣弱。然當齊晉攘之之時。則一切固遠在中原諸國下也。使楚竟以其時宰制諸夏。則中國之爲中國果將何若。未可知也。而楚兼併之銳烈。實足使諸國民無復喘息之餘地。如是則匪特固有之文明不能增進。即新系之文明亦曷由誕育也。楚見攘乃益退而濬發其內部之文明。以求與諸夏競。則攘楚豈惟有功於諸夏。抑又有功於楚也。吾今所語。則多齊晉與楚之事矣。

五霸之名。始於春秋。章於戰國。舊說所指不一。或以夏之昆吾殷之大彭豕韋合齊桓晉文爲五或以齊桓晉文宋襄秦穆楚莊爲五然齊國佐稱五霸之伯也勤而撫之以役王命語見宣十八年左傳不應指並時之楚莊秦穆則前說或較有據然以吾所言霸政之界說。惟齊晉足以當之耳。齊桓公以魯莊九年反國。實春秋紀元後之三十七年。周平王東遷後之八十五年也。在位凡四十三年。在春秋名諸侯中稱老壽焉。故功名亦最盛。即位之初。用鮑叔敎。委政管仲。崇禮義廉恥以固國難。尊憲明法。信賞必罰。爲後世法治之祖。立鄉國都鄙之制。導民以自治。官山府海。利用天產。通魚鹽材木之饒。勸女紅。獎制器。務盡人巧。使齊衣帶冠履天下。作內政寄軍令。故兵强而民弗病焉。鄰弗猜焉。齊之所以霸。實基於內治。皆管仲功也。語在管仲傳。當桓公即位之前三年。而楚文王伐申。即位之後一年。而楚入蔡。俘蔡侯以歸。又四年。滅息。又二年。滅鄧。至是而申息爲楚北門。諸夏惴惴。殆不相保。桓公即位之五年。內政既修。始勤諸侯。欲障公敵。而先合與國。莊十三年。齊桓五年也本篇以孔子所作春秋紀元故用魯歷而注齊歷於下下仿此合宋陳蔡邾會於北杏。衣裳之會一實霸業之發軔。先是齊魯交惡久。齊桓之入也。魯人納子糾不克。尋更有長勺之戰。至是桓公欲釋怨于魯。其年冬。與魯盟于柯。返其侵地。魯始服。而齊霸以固。北杏會後。宋旋背盟。莊十四年六年春。合陳曹伐宋。宋請成。其年冬。合宋公衞侯鄭伯會于鄄。周之單伯亦與會焉。衣裳之會二 宋卒服而鄭衞亦至。霸略定矣。然楚怒蔡之從齊也。以其年秋七月入蔡。齊力未盛。弗能救也。自是蔡一折而入于楚。終齊桓之世不能得蔡焉。莊十五年七年春。合宋公陳侯衞侯鄭伯會於鄄。衣裳之會三 然其年鄭私伐宋。故翌莊十六年八年夏。齊以諸侯伐鄭。鄭請成。楚又怒鄭之從齊也。其年秋。伐鄭。鄭爲霸戰交爭之鵠。自茲始也。然鄭遂不敢貳於齊。其年冬十二月。會魯侯宋公陳侯衞侯鄭伯許男滑伯滕子同盟於幽。衣裳之會四 於是東諸侯盡卽齊。除蔡外 齊霸以成。前此諸侯恆有特相盟者。自茲以往。惟從盟主。霸政軌範立矣。楚既憚齊。重以有巴之難。文王殂殞。莊十八年巴人叛伐楚十九年春楚子禦之大敗于津還及湫有疾六月卒 故十年間無北擾之師。諸夏小康。齊亦不復數爲會盟。至莊二十七年。十九年 始合魯宋陳鄭同尋盟於幽。衣裳之會五 其時戎狄方猖獗於北方。山戎病燕。而狄殘邢衞。莊三十一年。二十三年 桓公伐山戎大捷。因告燕修召公之政焉。明年冬。狄伐邢。桓公二十四年魯莊三十一年 桓公救之。桓二十五年魯閔元年春 邢遷於夷儀。桓公會宋曹之師爲之城守。桓二十七年魯僖元年夏 狄滅衞。桓二十五年魯閔元年冬 桓公率諸侯城楚丘而封衞。桓二十八年魯僖二年春 魯有慶父之難。弒子般及閔公 桓公爲落姑之盟。納季友以寧魯國。僖元年 所謂存三亡國以屬諸侯也。於是諸侯益宗齊。而楚成王卽位已十餘年。北鬩之志漸亟。比年四加兵於鄭。（一）莊二十八年秋（二）僖元年秋（三）僖二年冬（四）僖三年冬 齊苟無以遏楚。鄭且折入於楚。而中原不復可問。齊將圖楚。先結江黃。僖元年八月。二十七年 合魯宋鄭曹邾會于檉。衣裳之會六 僖二年九月。二十八年 合宋人江人黃人盟于貫。衣裳之會七 僖三年二十九年 秋復合宋江黃會于陽穀。衣裳之會八 江黃爲楚與國。江黃服而齊無左顧之憂矣。僖四年三十年 春正月。乃合魯宋陳衞鄭許曹八國之師侵蔡。蔡久暱楚。爲楚屏蔽。非先有事於蔡。則師不能壓楚境也。蔡潰。遂伐楚。楚子使與師言曰。君處北海。寡人處南海。唯是風馬牛不相及也。不虞君之涉吾地也。何故。管仲對曰。昔召康公命我先君太公曰、五侯九伯、女實征之、以夾輔周室、賜我先君履、東至於海、西至于河、南至于穆陵、北至於無棣、爾貢包茅不入、王祭不共、無以縮酒、寡人是征、昭王南征而不復、寡人是問、對曰、貢之未入、寡君之罪也、敢不共給、昭王南征而不復、君其問諸水濱、師進次于陘、夏、楚子使屈完如師、師退、次于召陵、齊侯陳諸侯之師與屈完乘而觀之。齊侯曰、豈不穀是爲、先君之好是繼、與不穀同好何如、對曰、君惠徼福于敝邑之社稷、辱收寡君、寡君之願也、齊侯曰、以此衆戰、誰能禦之、以此攻城、何城不克、對曰、君若以德綏諸侯、誰敢不服、君若以力、楚國方城以爲城、漢水以爲池、雖衆無所用之、于是屈完與諸侯成盟、師乃退焉、梁啓超曰、桓公管仲處心蓄銳以謀楚者、垂三十年、今一伐之、不戰而退、論者或猶有憾焉、夫楚之不可滅甚章章也、非惟不可滅、豈遂必可克、若其不克、禍焉可測、霸政職志、在保均勢、威楚使無敢悍然破均勢、斯亦足矣、召陵之役、所謂不戰而屈人、善審勢而善養勇也、然逾年而楚人滅弦、(僖五年) 又六年而楚人滅黃、(僖十年) 齊皆不能救、君子亦以知齊霸之將衰也、僖五年、(三十一年即召陵後一年) 夏、合魯宋陳衞鄭許曹會王世子於首止、(衣裳之會九) 其年秋八月、盟於首止、鄭伯逃歸不盟、鄭始貳矣、於是連年兩伐鄭、(僖六年夏、七年春) 僖七年、(三十三年) 秋七月、始會魯侯宋公陳世子款鄭世子華盟於寧母、(衣裳之會十) 僖八年、(三十四年) 正月、復會王人魯侯宋公衞侯許男曹伯陳世子款會於洮、鄭伯乞盟、(兵車之會一) 是役也、是爲兵車之會、自是終齊桓之世、(九年間) 楚不敢復加兵於鄭。僖九年、(三十五年) 會周公魯侯宋子衞侯鄭伯許男曹伯於葵丘、秋九月、諸侯盟於葵丘、(衣裳之會十一) 齊霸至是而極盛、是盟也、束牲載書而不歃血、示大信也、以五事命於諸侯、初命曰、誅不孝、無易樹子、無以妾爲妻、再命曰、尊賢育才、以章有德、三命曰、敬老慈幼、無忘賓旅、四命曰、士無世官、官事無攝、取士必得、無專殺大夫、五命曰、無曲防、無遏糴、無有封而不告、蓋屬於各國內治者四事、而屬於同盟國公益者一事焉。僖十三年。（三十九年）合魯齊宋陳衞鄭許曹會于鹹。（兵車之會二）爲淮夷病杞謀拯之。且周方有戎難。謀王室也。僖十五年。（四十一年）春楚人伐徐。三月合魯宋陳衞鄭許曹盟於牡丘。（兵車之會三）遂以諸侯之師救徐。僖十六年。（四十二年）合魯宋陳衞鄭許邢曹會于淮。（兵車之會四）爲淮夷病鄫欲城鄫也。不果城而還。東徼益騷然多事。桓公亦耄荒。齊霸衰矣。其年管仲卒。明年桓公卒。齊國亂。齊霸終焉。齊霸四十年中。北膺狄。南懲楚。東懾淮夷。中撫寧諸夏。字小興滅。布信義。明約束。衣裳之會十一。而不事歃誓。兵車之會四。而未嘗有大戰。東諸侯庇以安焉。文治驟隆。而齊亦富庶甲天下。後世遵其政。盛强數百年。故孔子曰。管仲相桓公。霸諸侯。一匡天下。民到于今受其賜。又曰。如其仁。如其仁。蓋深美之也。桓公卒後。宋襄公不量力。欲繼其業。强合諸侯。戰楚于泓。敗績身殞。是時楚成悍鷙。令尹子文爲之相。楚益强。桓公卒後七年。而晉文公歸有晉國。晉霸代興。

晉文公遭驪姬之難。出亡十九年。以僖二十四年歸於晉。年既六十有四矣。其年冬。而王室有叔帶之難。帶襄王母弟也。召狄入周。王出居鄭地汜。使告難於晉魯秦諸國。明年春。秦穆公次於河上。將納王。晉大夫狐偃言於文公曰。求諸侯莫如勤王。諸侯信之。且大義也。文公遂辭秦師而下。三月。次於陽樊。右師圍溫。左師逆王。四月王入于王城。文公朝王。王賜以陽樊溫原欑茅之田。晉於是始啓南陽。是役也。殆天將啓晉。故文公甫入。而值王室之難。既得此名義以號召諸侯。復得賞邑控南陽。爲制楚之具焉。其辭秦師而自專其功。亦所以遏秦之東漸也。然是時值齊亂宋燼之餘。楚氛甚惡。東諸侯與於齊桓之盟會者。蔡無論矣。若魯若陳若鄭若曹若衞若許。皆黨於楚。惟齊宋不附。魯至導楚師以伐之。（僖二十六年）楚遂以四國之師圍宋。復合七國之諸侯盟于宋。（僖二十七年七國魯衞陳蔡曹鄭許）也。天下大勢。幾盡在楚矣。文公始入而敎其民。三年而後用之。賦職任功。棄責薄斂。施舍分寡。救乏振滯。匡困資無。輕關易道。通商寬農。茂穡勸分。省用足財。利器明德。以厚民性。昭舊族。愛親戚。明賢良。尊貴寵。賞功勞。事考老。禮賓旅。諸姬之良。掌其中官。異姓之能。掌其遠官。於是蒐於被廬。作三軍。謀元帥。趙衰舉郤縠。從亡諸勛臣咸讓長讓賢而自爲之佐。少長有禮。上下大和。楚則令尹子文既老。傳政於子玉。楚之識者謂子玉帥師過三百乘。將不能以入也。夫以久亂新奠之晉。當積威方張之楚。其險艱蓋可想見。然觀其臣下之一驕一懼。則勝負之數既可知耳。文公即位之五年。而有城濮之役。僖二十七年冬。楚合陳蔡鄭之師圍宋。其明年春。晉侵曹伐魏以救宋。楚人救衛。三月。宋人使門尹般如晉師告急。文公曰。宋人告急。舍之則絕。告楚不許。我欲戰矣。齊秦未可。若之何。中軍將先軫曰。使鄭舍我而賂齊秦。藉之告楚。我執曹君而分曹衛之田以賜宋人。楚愛曹衛。必不許也。喜賂怒頑。能無戰乎。公說。執曹伯。分曹衛之田以畀宋人。梁啓超曰。當時楚之與國偏於中原。晉僅得一宋。而救亡不給。晉非得齊秦。不能戰楚。愼之至也。楚成王入居於申。使申叔去穀。兩年前魯以楚師伐齊取穀楚申公叔侯駐師戍穀使子玉去宋。曰。無從晉師。晉侯在外十九年矣。而果得晉國。險阻艱難。備嘗之矣。民之情僞。盡知之矣。天假之年。而除其害。天之所置。其可廢乎。軍志曰。允當則歸。又曰。知難而退。又曰。有德不可敵。此三志者。晉之謂矣。子玉固請戰。成王怒。少與之師。子玉乃使告晉師曰。請復衛侯而封曹。臣亦釋宋之圍。晉大夫子犯曰。子玉無禮哉。君取一。臣取二。不可失也。先軫曰。子與之。定人之謂禮。楚一言而定三國。我一言而亡之。我則無禮。何以戰乎。不許楚言。是棄宋也。救而棄之。謂諸侯何。不如私許復曹衛以攜之。執楚使者以怒楚。既戰而後圖之。文公說。乃拘楚使者於衛。且私許復曹衛。曹衛告絕於楚。子玉怒。從晉師。梁啓超曰。今世文明國之戰爭。必欲以先開釁之罪責歸諸其敵。蓋非是無以作我士氣而收天下之望也。當時晉楚處不能不戰之勢。其始晉未敢戰。得齊秦則晉戰志決矣。而楚子則不欲戰。晉懼楚之逸而不欲戰也。而又必欲以罪責嫁諸楚也。故其君臣密勿謀議。如此其周詳而審慎也。先是文公出亡歷各國。楚待之有加禮。成王問返國何以爲報。文公曰晉楚治兵遇於中原其避君三舍。至是楚師進晉師退。軍吏曰以君避臣辱也。且楚師老矣何故退。子犯曰師直爲壯曲爲老豈在久乎。微楚之惠不及此退三舍避之所以報也。我退而楚還我將何求。若其不還君退臣犯曲在彼矣。退三舍。楚衆欲止子玉不可。夏四月戊辰晉師宋師齊師秦師次於城濮。文公猶有疑懼。子犯曰戰也。戰而捷必得諸侯。若其不捷表裏山河必無害也。公又曰若楚惠何。欒枝曰漢陽諸姬楚實盡之。思小惠而忘大恥不如戰也。子玉使鬬勃請戰曰請與君之士戲君馮軾而觀之得臣亦與寓目焉。（得臣子玉名）文公使欒枝對曰寡君聞命矣。楚君之惠未之敢忘是以在此。爲大夫退其敢當君乎。既不獲命矣。敢煩大夫謂二三子。戒爾車乘。敬爾君事。詰朝相見。文公登有莘之墟以觀師曰少長有禮其可用也。己巳晉師陳於莘北。胥臣以下軍之佐當陳蔡。楚子玉以若敖之六卒當中軍。曰今日必無晉矣。子西將左。子上將右。胥臣蒙馬以虎皮先犯陳蔡。陳蔡奔楚右師潰。狐毛設二旆而退之。欒枝使輿曳柴而僞遁。楚師馳之。原軫郤溱以中軍公族橫擊之。狐毛狐偃以上軍夾攻子西。楚左師潰。楚師敗績。子玉收其卒而止。故不敗。晉師三日館穀。及癸酉而還。梁啓超曰。城濮一役。爲霸政最大關鍵。吾故全迻錄春秋左氏傳之文如右。其最足令我輩生異感者。則以如此有名之大戰。不過一日而畢。則古代戰術之簡單。與所蒙損失之微眇。可以想見。（春秋所謂五大戰皆不過爾爾）以較戰國諸戰役。既若天淵矣。然決戰之時雖甚短。備戰之日則甚長。晉之君臣。蓋以五年之力爲可戰之預備。以三月之力爲臨戰之預備。史實斑斑可考也。其勝敗之機。一言蔽之曰晉懼而楚驕。軍志曰兩軍相對。哀者勝矣。晉之謂也。召陵之役。齊楚皆懼。城濮之役。晉懼而楚驕。邲之役。晉驕而楚懼。此得失之林矣。孔子謂齊桓正而晉文譎。以召陵城濮兩役較之。斯蓋然也。然非可以定霸功之優劣。齊桓經營三十年。會盟以十數。僅能合魯衛宋陳鄭許。最後乃得江黃。而召陵陳師。楚威不能挫也。城濮之役。在晉文即位之第五年春。實則四年耳。其時中原諸侯。盡即楚。晉蓋孤立於北方。苦心結齊秦以奏此膚功。而天下靡然從風。魯衛鄭陳蔡皆震于一戰之威。去楚即晉。故春秋大之。書曰。五月癸丑。公會晉侯齊侯宋公蔡侯鄭伯衛子莒子盟於踐土。陳侯如會。又書曰。冬。公會晉侯齊侯宋公蔡侯鄭伯陳子莒子邾子秦人于溫。其明年（僖二十九年）又書曰。夏六月。公會王人晉人宋人齊人陳人蔡人秦人盟於翟泉。楚于是忽反成孤立。而霸局始定。中原食其賜者垂百年。則晉文之功。視齊桓爲烈也。

紀晉霸消長章第五

晉文返國年已垂暮。定霸三年而卒。然遺烈不沬。傳襄公靈公成公景公厲公悼公六世七十年。雖有興替。然常不失爲齊盟長。逮盟宋弭兵。而霸運漸告終矣。今以此七十年間大勢著之此章。

此七十年實可稱晉楚爭盟時代。其晉秦晉齊晉吳之關係。亦多所變化。而晉楚勢力之消長恆隨之。請先言晉秦。晉之與楚顯敵也。然終春秋之世。三戰而已。晉之與秦世婚也。然六十九年間十五戰。晉伐秦者七。秦伐晉者八。而韓原之役尚不與焉。秦穆之世與晉襄交兵者五。（一）僖三十三年夏殽函之役秦潛師襲鄭晉逆擊敗之（二）文二年彭衙之役秦伐晉報殽之怨晉敗之（三）其年冬晉會宋陳鄭伐秦報彭衙之怨取汪及彭衙（四）文三年夏秦伐晉取王官及郊晉人不出（五）文四年秋晉伐秦圍邧及新城報王官之怨 秦康之世與晉靈交兵者四。（一）文七年夏令狐之役時晉襄公卒晉遣人往秦迎立公子雍秦以重師送之既而晉改立靈公拒秦敗其師（二）文十年春晉伐秦取少梁（三）其年夏秦伐晉取北徵（四）文十二年冬河曲之役秦修令狐之怨伐晉取羈馬晉禦之于河曲秦師夜遁復侵晉入

瑕

秦共之世。與晉靈交兵者一。（宣二年春秦師伐晉蓋由去年晉人侵崇崇秦與國也故伐晉以報之遂圍焦）秦桓之世。與晉成交兵者一。（宣八年夏晉師白狄伐秦）與晉景交兵者二。（(一)宣十五年七月秦伐晉乘晉略狄土窺其虛也晉敗之于輔氏(二)成九年冬秦人白狄伐晉）與晉厲交兵者一。（成十三年夏晉率八國之師伐秦蓋兩年前秦晉爲成秦旋背盟也）秦景之世。與晉悼交兵者三。（(一)襄十一年冬秦伐晉戰于櫟晉師敗績(二)襄十二年冬秦人伐宋以報晉(三)襄十四年夏晉侯率十二國之師伐秦報櫟之怨欒黶違命晉師乃還晉人謂之遷延之役）秦所亟欲得者殽函也。（賈生過秦論謂秦孝公據殽函之固以窺周室後此秦所以能一統其最要一著在此）而又晉之所必爭也。秦晉之所以兵連禍結者以此。夫秦穆公當世之雄主也。與爲婚媾。（秦穆夫人爲晉獻女其女懷嬴既事懷公復事文公）十四年中。三置晉君。豈眞有所愛於晉。欲因以爲利也。（秦穆既納晉惠與公孫語謂晉惠忌而多怨又焉能克是吾利也見左傳僖公九年）晉惠之入也。賂秦以河外列城五。東盡虢略。南及華山。蓋自華陰以及河南府之嵩縣。南至鄧州。凡六百里。皆古虢略地。崤函桃林之塞在焉。賂秦則晉之地險盡。而晉遂永爲秦役矣。晉之賂。亦誑秦已耳。故惠既入而遽背之。燭之武所謂許君焦瑕。朝濟而夕設版也。（見左傳僖三十年）秦不堪其侮。是以有韓之役。晉師熸。惠公俘焉。於是秦始征河東。置官司。（當時秦晉以河爲界然河西尚有晉地河東則無秦地）然不能久有也。越二年而歸之。蓋晉民不服使然。秦知晉之未易與。乃更納文公以徼好。城濮以後。三年之中。秦之於晉。無役不從。晉之霸。秦與有力焉。然其間有兩事。已伏釁瑕。文公初入之年。周有戎難。秦穆次於河上。將納王。晉文辭之。而獨專其功。秦以納王爲東嚮爭霸之一良機。晉亦知之。而突起抑之。秦之隱恨可知也。僖三十年。晉秦同圍鄭。鄭使燭之武說穆公。穆公私與鄭盟。使杞子等三人戍鄭。潛退師焉。是役也。秦實負晉。晉雖念舊好。未忍擊之。然其隱恨又可知也。未幾遂有殽之役。秦穆鬱雄心。屢不得志。及是則既耄矣。日暮途遠。冒險逆施。乘晉文新喪。謂晉不足畏。信杞子等之言。潛師越周晉境千里以襲鄭。鄭人有備。滅滑而還。晉中軍將先軫曰。秦不哀吾喪。而伐吾同姓。一日縱敵。數世之患也。遂率姜戎。逆擊之於殽函。秦師匹馬隻輪無返者。秦晉之交自此絕。而秦亦終春秋之世。不能得志於東方。雖然。秦穆固一一時之傑也。善用人。善補過。卒霸西戎。爲數百年後帝業之資焉。殽以後之數十役。大率修怨負氣相報復。其曲直不必深問。兩軍互渡河東西。奪取城邑。不甚爲大局輕重。顧秦雖絀而晉亦疲。楚之日張。亦未始不坐是。秦桓景以降。折而暱楚。晉益病矣。

晉楚爭霸。春秋史之骨幹也。其間可略分數期。城濮戰後。爲晉極盛時代。越十六年有厥貉之會。楚漸復興。更二十年有邲之戰。爲楚極盛時代。邲戰後二十三年。有鄢陵之戰。晉復興。更十四年有蕭魚之會。爲晉再盛時代。蕭魚後十六年。盟宋弭兵。則晉楚不復爭。而晉楚亦皆自此衰矣。城濮戰後五年。而晉文公卒。子襄公立。襄公立之明年。而楚太子商臣弑其父成王自立。是爲穆王。兩國同時易新君。外競之勢。自然停頓。楚穆本以凶狠之姿。豈不思憑陵以逞。然晉襄才器能負荷先業。文公佐命諸賢。原胥狐趙欒郤之徒咸在。敗秦敗狄。國威方張。楚不敢攖其鋒也。然已稍稍蠶食附近諸小國。文四年。（楚穆三年）滅江。明年滅六滅蓼。晉方歲歲與秦構難。弗能救也。又明年（文六年）晉襄公卒。靈公立。諸元老彫落已盡。而趙盾執政。靈公既不君。盾亦無遠圖。晉始替矣。梁啓超曰。國之興衰。天運與有焉。文襄皆享祚不長。晉之不幸也。文九年。楚范山言於楚子曰。晉君少。不在諸侯。北方可圖也。三月。楚伐鄭。晉以諸侯之師救鄭。不及。其夏。楚侵陳。陳請平。明年。（楚穆九年晉靈四年）陳侯鄭伯會楚子於息。遂及蔡侯。次於厥貉。將以伐宋。宋公逆楚子勞焉。且聽命。二十年來從晉之宋鄭陳蔡。至是皆貳於楚。楚連年伐麇圍巢。中州騷然矣。然鄭陳猶以其明年同朝于晉。未遽叛也。凶穆旋殂。莊實繼世。（文十四年）夫莊王楚之賢王。世所稱五霸之一也。其在位二十二年中。楚稱全盛。莊王即位三年。不出號令。有諷諫者。王曰。三年不蜚。蜚則沖天。三年不鳴。鳴則驚人。其年。（文十六年）秋。遂聯秦人巴人之師滅庸。此亦春秋一大事也。城濮之役。秦附晉攘楚。至是秦楚合而晉益孤矣。巴庸世爲楚病。巳服而庸滅。楚自兹更無內顧憂。得以全力爭中原。先是。文十四年。即楚莊即位之年晉趙盾合魯宋陳衞許曹同盟于新城。於是諸侯之從楚者皆至。惟蔡未服。明年夏伐蔡。冬復盟於扈。蔡亦與。蓋楚新喪而晉有憂危之心。故晉霸稍振。然陳蔡實已暱楚。而鄭亦首鼠于其間。既而晉討宋弒。爲魯討齊。皆取賂而還。宋弒昭公晉會諸侯討之齊屢侵魯魯訴于晉晉擬合諸侯于扈將討之皆受賂而罷此文十七年事也鄭穆公會于扈而歸。曰晉不足與也。遂受盟於楚。實楚莊王之六年也。自茲遂成晉楚爭鄭之局。向後十二年間。鄭無歲不被兵。見伐於晉者五。(一)宣元年秋鄭從楚侵陳遂侵宋晉救陳遂會宋陳衞曹之師于棐林伐鄭楚蔿賈救鄭晉師還(二)其年冬晉宋伐鄭(三)宣二年春鄭受命于楚伐宋夏晉宋衞陳會師侵鄭楚鬭椒救鄭晉師還(四)宣三年春晉伐鄭鄭請成(五)宣十年六月晉宋衞伐鄭鄭請成見伐於楚者八。(一)宣三年夏楚人侵鄭(二)宣四年冬楚子伐鄭(三)宣五年冬楚伐鄭陳及楚平晉荀林父救鄭伐陳(四)宣六年冬楚人伐鄭取成而還(五)宣九年冬楚子伐鄭晉郤缺救鄭鄭伯敗楚師于柳棼國人皆喜惟子良憂曰是國之災也(六)宣十年六月鄭及楚平諸侯之師伐鄭取成而還冬楚子伐鄭晉士會救鄭諸侯遂戍鄭(七)宣十一年春楚子伐鄭夏鄭與楚盟于辰陵冬鄭又徼事于晉(八)宣十二年春楚子圍鄭鄭降遂有邲之戰鄭蓋三即晉。(一)宣三年夏(二)宣七年春(三)宣十一年冬而四即楚。(一)宣六年冬(二)宣十年夏(三)宣十一年夏(四)宣十二年春其間不被兵者兩年而已。宣七年八年晉復有內難。宣二年趙盾弒靈公是以益不競。至宣十二年而有邲之役。實城濮戰後之三十六年也。楚莊十七年晉景三年其年春。楚子圍鄭。涉數月而晉弗能救。鄭伯肉袒牽羊以降。楚人退三十里而許之平。楚潘尫入盟。鄭子良出質。楚鄭之交既固矣。夏六月。晉師始救鄭。荀林父主軍。六卿皆行。及河。聞鄭既及楚平。林父欲還。曰。無及于鄭而勦民。焉用之。楚歸而動不後。諸卿士會欒書韓厥等皆同林父。惟中軍佐先縠不用命。率所部先濟。全從之。楚莊王及其令尹孫叔敖猶不欲戰。使求成於晉。晉人許之。盟有日矣。而兩軍軍士之樂戰者。迭互相挑致前。伍頻有小鬨。晉恃盟成不嚴備。楚突起薄晉軍。林父不知所爲。鼓於軍中曰。先濟者有賞。晉師大潰。是役也。晉卿不和。先縠驕而羣帥惰。是以敗。梁啓超曰。晉楚之戰。與晉秦異。晉秦屢戰。一勝一敗。疆場之事耳。晉楚不輕戰。戰則爲大局所關。故城濮一戰而天下靡然從晉。

邲一戰而天下靡然從楚。楚至是既得陳蔡鄭許。而更有事于宋。宣十三年。（邲戰之明年）夏伐宋。十四年秋。復圍宋。十五年夏宋遂及楚平。成二年。（邲戰後九年）楚爲蜀之盟。齊秦魯宋陳衛鄭曹邾鄫十國會焉。晉文踐土之會。不是過也。霸權殆移於楚。先是齊自晉文卒後。即不復與於晉之會盟。及晉霸中衰。齊輒肆虐於魯衛。晉郤克執政。欲樹威以復霸業。而首務服齊。於是乎有鞍之役。即楚盟蜀之歲也。亦春秋一大戰也。齊既敗於鞍。堅從晉者二十餘年。於時楚莊既殂。楚共嗣立。楚鋒稍戢。而晉亦於邲戰後專力北方。剪滅赤狄。盡收潞氏甲氏留吁鐸辰之地。拓境千里。史或稱晉景爲再霸焉。成五年。（晉景十三年）晉合諸侯同盟於蟲牢。魯齊宋衛鄭曹邾杞會焉。成七年。同盟於馬陵。尋蟲牢之盟。八國之外復加以莒。成九年同盟於蒲。謀通吳也。吳人未至。蓋終晉景之世。五合諸侯同盟云。先是楚申公巫臣與子重子反有怨。奔晉。晉以爲邢大夫。（事在楚盟蜀之年）楚誅其族人。巫臣自晉遺二子書曰。余必使爾疲於奔命以死。巫臣乃爲晉通好於吳。敎以車戰騎射。使叛楚。吳乃伐楚伐巢伐徐。子重奔命。馬陵之會。吳入州來。子重自鄭奔命。子重子反於是乎一歲七奔命。蠻夷屬楚者吳盡取之。自是大爲楚病。晉獨力不能制楚。而資援于吳。殆事勢不得不然。然自吳通上國後。春秋之局又一變矣。成十一年。晉景公卒。厲公立。時則弭兵息爭之論驟起。然與時勢相反。事同滑稽。是年。秦晉爲成。將盟於令狐。晉侯先至。秦伯不肯涉河。使史顆盟晉侯于河東。晉郤犨盟秦伯於河西。秦伯歸而背晉成。越二年。而晉使呂相絕秦。當秦晉之將盟也。宋華元又謀合晉楚之成。明年。（成十二年）夏五月。晉楚之大夫盟於宋西門之外。晉郤至聘於楚。楚公子罷聘于晉。乃越三年。而楚復伐鄭。子囊謂新與晉盟不可背。子反曰。敵利則進。何盟之有。於是晉齊宋魯衛鄭邾七國之大夫會吳于鍾離。謀共敵楚。明年。（成十六年）遂有晉楚鄢陵之役。實邲戰後二十三年也。（晉厲六年楚共十六年）其機仍起於爭鄭。自邲戰後。鄭服楚者十二年。

晉兩伐之。宣十四年成三年至蟲牢之盟。成五年而鄭更服晉者四年。楚亦兩伐之。成六年七年盟蒲以後。成九年鄭復卽楚。晉又兩伐之。成九年十年越四年而晉楚爲成。又三年。楚背盟伐鄭。鄭復服楚。故鄢陵之役。楚鄭實合師焉。晉中軍將欒書曰。不可以當吾世而失諸侯。必伐鄭。遂興師。厲公及諸卿皆主戰。惟范燮不欲。曰。惟聖人能外內無患。自非聖人。外寧必有內憂。盍釋楚以爲外懼乎。燮之不欲戰。非謂楚之不可克也。知其且必克而克之。適以速晉內亂也。是時楚既外疲於吳。而子重子反復偷以汰。故未交綏而潰遁。晉師大捷。然晉猶終未能得志於鄭。而厲公歸自鄢陵。益驕侈。一朝而殺三卿。卒爲欒書中行偃所弑。范燮外寧內憂之言驗焉。及悼公立而晉霸復大昌。晉悼霸業。不類晉文而類齊桓。終悼之世。未嘗與楚一戰。而楚遂不敢逞。諸夏庇而安焉。故史稱其三駕而楚不能與之爭。吁盛矣。悼在位十五年。韓厥知罃繼爲正卿。魏絳荀偃士匄趙武佐之。皆晉之彥也。史稱美其政曰。舉不失職。官不易方。爵不踰德。師不陵正。旅不偪師。民無謗言。蓋內政之修明。文襄以降。未嘗有也。其對外之政略有四。曰和戎。曰用吳。曰伐鄭。曰棄陳。戎狄之在河北者。赤狄最悍。晉已滅之。其餘諸戎種落尚繁。魏絳乃陳和戎有五利。悼公采之。乃盟諸戎。修民事。田以時。左傳紀和戎之效而特詳四事考魏絳和戎五利其第一利曰戎狄荐居貴貨易土土可賈焉其第二利曰邊鄙不聳民狎其野穡人成功當時殆以廉價收諸戎之地而墾闢之又既無戎擾邊境穡事大安其影響于晉之農業必甚大也其後公賜絳以金石之樂。曰子教寡人和諸戎狄以正諸華。八年之中。九合諸侯。又曰。微子寡人無以待戎。不能濟河。則和戎所關之重。可以推見。用吳制楚之策。肇於景而成於悼。終悼之世會吳凡五。其一。襄三年。卽晉悼三年下推夏雞澤之盟。逆吳於淮上。而吳子不至。吳未易役也。其二。襄五年夏善道之會。吳謝不會雞澤之咎。且請聽命。故使魯衛先會之。其三。是年秋。戚之會。合十三國。而吳在末次。僅附庸之鄫爲吳下且命戍陳焉。晉令遂行于吳。其四。襄十年春。柤之會。柤實楚地。會於此。示得吳以威楚也。其五。襄十四年春。向之會。吳伐楚喪而告敗。晉數吳之不德而退之。然仍爲吳謀楚。以霸者之威德臨吳而懷之也。晉悼蓋善用吳而不爲用也。晉得吳則楚之右臂斷而不敢擾鄭。懼吳之議其後也。而諸夏則坐是小康矣。晉楚爭鄭之局。至晉悼之世而止。而其爭亦最烈。晉雖勝楚於鄢陵而不能有鄭也。故夏告捷而秋伐鄭。厲公末葉。蓋三伐而不有功。（一）成十六年秋卽鄢陵後一月也（二）成十七年夏（三）其年冬 悼公卽位之始。楚閒晉難而崛起爭宋。納宋叛臣魚石於彭城。鄭實導之。晉於是率諸侯城虎牢以偪鄭。東爭彭城。西爭虎牢。據兩天險。鄭南面以待楚之敝。此晉君臣之長計也。終悼之世。鄭亦再服晉而再叛。再叛之後。卒乃堅服。襄二年冬。城虎牢。三年六月。鄭乃與於雞澤之盟。此初服也。於是鄭從楚已七年矣。及襄八年之冬。楚公子貞伐鄭。鄭及楚平。此初叛也。距初服蓋五年。襄九年冬。晉以諸侯伐鄭。十一月。同盟于戲。此再服也。晉師還而楚復來伐。復與楚平。此再叛也。相去旬日間耳。當是時也。晉知非敝楚不能服鄭。襄九年左傳云冬諸侯圍鄭鄭人恐乃行成荀偃曰遂圍之以待楚人之救也而與之戰不然無成知罃曰許之盟而還師以敝楚人吾三分四軍與諸侯之銳以逆來者於我未病楚不能矣猶愈于戰乃許鄭成此晉對楚之大方針也不戰楚乃所以敝楚也 鄭亦知非怒晉不能拒楚。襄十一年左傳云鄭人患晉楚之故諸大夫曰不從晉國幾亡楚弱於晉晉不吾疾也晉疾楚將避我何爲而使晉師致死於我楚弗敢敵而後可固與也子展曰與宋爲惡諸侯必至吾從之盟楚師至吾又從之則晉怒甚矣晉能驟來楚將不能吾乃固與晉諸大夫說乃侵宋此鄭對楚之大方針也其從楚正所以謀絕楚也 晉鄭之間若有默契焉。鄭以叛服不常故。終悼之世。四從楚伐宋。（一）成十八年夏（二）襄二年春（三）襄十年秋（四）襄十一年秋 五見伐於晉。（一）襄元年夏（二）襄九年冬（三）襄十年秋（四）襄十一年夏（五）襄十一年秋 而三見伐於楚。（一）襄五年冬（二）襄七年冬（三）襄九年冬 至襄十一年。鄭與於蕭魚之會。鄭自是從晉不貳者二十四年。晉楚爭鄭之局。亦告終焉。其後楚雖三伐鄭。（一）襄十六年冬（二）襄二十四年冬（三）襄二十六年冬 不能得志。亦不關於大局也。都凡晉楚爭鄭六十年。鄭被兵三十有四度。而晉楚恰各半。及虎牢城成之功就。楚遂不復能爲鄭患。故雖至戰國。鄭猶滅於韓而不滅於楚也。先是雞澤之會。襄三年 陳侯使其大夫袁僑來乞盟。陳之不賓。既三十四年矣。宣五年冬陳及楚平自是役屬于楚 至是忽棄楚卽晉。越二年。楚子囊爲令尹。晉人知其必爭陳也。捐力與之。然後專力與爭宋鄭。（襄五年左傳云楚子囊令尹范宣子曰我喪陳矣子囊必疾討陳陳近楚民朝夕急能無從乎有陳非吾事也無之而後可）故雖嘗以諸侯之師戍陳。後乃更以之戍鄭。夫霸政之指歸。在均勢。在維持現狀。殘民逞欲。在名義上實所不許。晉之攘楚。非欲剗除楚固有之勢力。使楚之勢力毋更橫溢以擾中原已耳。故與楚密邇之陳。不復强以所不堪。以還其均勢之舊。有力而用之不盡。亦晉之所以善自全也。悼公之卒年僅三十。倘其永年。晉之興且未艾。而春秋之局。亦不至遽蛻變爲戰國。惜哉。自悼之卒。平昭繼位。席其餘烈。猶能爲諸夏宗主者二十餘年。平公之世。合諸侯十三。（(一)襄十六年三月溴梁之盟(二)襄十九年正月祝柯之盟(三)襄二十年六月澶淵之盟(四)襄二十一年十月商任之會(五)襄二十二年冬沙隨之會(六)襄二十四年八月夷儀之會(七)襄二十五年第二次夷儀之會(八)其年八月重丘之盟(九)襄二十六年第二次澶淵之會(十)襄二十七年夏宋之盟(十一)襄二十九年五月城杞之會(十二)襄三十年第三次澶淵之會(十三)昭元年虢之盟）盟公之世二焉（(一)昭十一年秋厥慭之會(二)昭十三年秋平丘之會）然宋盟以後。晉日以不競。霸政行熄矣。語在霸政餘紀章。晉霸起踐土之盟。迄平丘之會。都凡一百有四年。

霸政餘紀章第六

自宋盟以後。迄於獲麟。爲霸政餘紀。其間大事。則晉楚之中衰。一也。吳越之忽興忽亡。二也。各國大夫之專政。三也。小國之亂亡。四也。餘紀云者。謂無霸也。盟宋之時。晉霸形未墜也。其後尚數合諸侯。曷爲謂之無霸。霸具不存焉爾。楚亦嘗合諸侯。吳齊亦爭盟。曷爲謂之無霸。彼之所持。非霸者之職志也。故盟宋以後。無霸之天下也。

初晉厲初立。宋華元合晉楚之成。未幾楚背盟伐鄭。以有鄢陵之役。越三十年。而宋向戌復以合晉楚弭兵倡於天下。襄之二十五年。晉范匄老。傳政於趙武。而楚屈建（卽子木）亦新爲令尹。向戌與二人者皆相善也。欲弭諸侯之兵以爲名。如晉告趙武。趙武謀於諸大夫。韓起曰。兵民之殘也。財用之蠹。小國之蓄也。將或弭之。雖曰不可。必將許之。弗許。楚將許之以召諸侯。則我失爲盟主矣。晉人許之。如楚。楚亦許之。齊秦無異辭。向戌乃徧告小國。以襄二十七年七月會盟於宋。與會者晉楚齊秦魯衛陳蔡鄭許曹邾滕。並宋爲十四國。屈建請晉楚之從交相見。趙武曰。晉楚齊秦匹也。晉之不能於齊。猶楚之不能於秦。乃釋齊秦。既而齊人請邾。宋人請滕。以爲私屬。皆不與盟。盟者十國焉。將盟。楚人衷甲。楚伯州犁以爲不信。固請釋甲。屈建曰。晉楚無信久矣。事利而已。苟得志焉。焉用信。及盟。晉楚爭先。晉人曰。晉固爲諸侯盟主。未有先晉者也。楚人曰。子言晉楚匹也。昔晉常先。是楚弱也。且晉楚狎主諸侯之盟也久矣。豈專在晉。晉人不欲復與競。卒先楚人。盟成。向戌求邑於宋公以爲賞。司城子罕曰。凡諸侯小國。晉楚以兵威之。畏而後上下慈和。慈和而後能安靖其國家。以事大國。所以存也。無威則驕。驕則亂生。所以亡也。天生五材。民並用之。廢一不可。誰能去兵。子求去之。不亦誣乎。以誣道蔽諸侯。縱無大討。而又求賞。無厭之甚也。梁啓超曰。子罕之言諒哉。豈惟小國。卽彼大國者。惟常有敵國外患臨乎其前。其君臣日相戒懼。內之懼失其民。外之懼失與國。而因以整綱飭紀。禮賢讓能。興事趨功。招攜懷遠。其人民亦常覺民生之不易。禍至之無日。相輯和以事其長上。壹其心志。齊其步伐。以爭俄頃之生死於其敵。夫如是然後其國能有朝氣。有朝氣然後國有所以與立於天地。而日進於高明。國國皆如是焉。則含生之類所由進善而多福也。無敵國則驕。無外患則逸。驕且逸則汰。汰則媮。執政者汰偷於上。民汰偷於下。則充國中皆暮氣也。此而不衰亡。未之聞也。嗚呼。自盟宋以後。諸侯之氣皆暮矣。故晉臣爭權黷貨以失諸侯。卒自分裂。楚主驕盈恣戾。迭相篡弒。以召入郢之禍。自餘諸小國。外則時相踶齧。逐尺寸之利。內則自相擠軋。世卿移國者項背相望也。遂以成春秋之季。嗚呼。以匹夫口舌之力而狎弄列強。遷轉世運。未有如宋向戌者也。不有所廢。其何以興。天其或將開戰國之局。而假手於戌焉。莫之為而為。莫之致而致也。宋盟後五年。（昭元年）十一國之大夫復盟於虢。以尋宋盟。弭兵之論益熾。自是魯衞宋鄭之君相。歲歲僕僕朝聘於楚廷。更三年。（昭四年）而楚靈王合十二國諸侯盟於申。既而十年之中。楚三伐吳。（昭四年五年十二年）執徐子。（昭四年）伐徐。（昭十三年）滅賴。（昭四年）遷許。（昭九年）滅陳。（昭八年）滅蔡。虐用蔡世子如封羊豕。（昭十一年）晉惟卑辭以請蔡於楚。曾不敢以一矢相加遺。懼以背宋盟滋口實也。晉霸於是掃地矣。同時齊景亦侈欲爭霸。伐徐。（昭十六年）伐莒。（昭十九年）不戢其武。魯叔孫昭子傷之曰。諸侯之無伯。害哉。齊君之無道也。興師而伐遠方。會之有成而還。莫之亢也。無伯也夫。詩曰。宗周既滅。靡所止戾。正大夫離居。莫知我肄。其是之謂乎。梁啓超曰。無伯之害。豈惟一端。吾讀昭定哀間春秋傳觸目皆是矣。

請言魯與邾莒。初魯桓公之子莊公之弟三人。曰慶父。曰叔牙。曰季友。慶父叔牙為亂。季友忠而才。克靖公室。受封邑為季孫氏。而慶父叔牙雖伏罪。不絕其後。號孟孫叔孫氏。是為三桓。與臧氏郈氏展氏等同為魯卿族。而三桓代有賢良。遞秉國政。國權亦漸以下移。至昭五年。舍中軍。四分公室。季氏取二。孟氏叔氏各取一。魯君殆同寄食。實宋盟後之九年也。其後昭公不堪三家之偪。自起伐季氏。而孟叔助季。公徒敗績。公出奔齊。（昭二十五年）齊欲納之。而齊臣梁丘據之徒尼之。愬於晉。晉范鞅執政。受季孫賂。弗之恤也。越七年而昭公卒客死於乾侯。又其後哀公欲以越兵伐魯。逐三桓。不勝。出奔。客死於越。於是魯逐兩君。而莫之討也。無伯也夫。初邾莒在魯肘腋。夙虐於魯。昭襄之際。（即宋盟前後二十餘年）魯四納邾叛臣。而取其邑。（一）襄二十一年邾庶其以漆閭丘奔來（二）襄二十三年邾畀我來奔（三）昭二十七年邾快來奔（四）昭三十一年邾黑肱以濫來奔）五伐邾而卒滅之。（哀七年）又屢伐莒。取鄆。（昭元年）取鄫。（昭四年）受其叛邑。（昭五年莒牟夷以牟婁及防茲來奔）莒瀕於亡。於是魯轥兩國而莫之救也．無伯也夫．

請言衞．衞當魯襄之世．而孫林父逐其君獻公．入于戚（孫氏封邑）以叛．衞獻雖不君．而林父固亂臣也．晉爲盟主．匪爲不討．乃反爲澶淵之會．以疆戚田．取衞邑六十以予孫氏．而執衞侯．實盟宋之前一年也．（襄二十六年）衞侯旋因寧喜以歸．復殺寧喜．衞卒不靖．其後衞靈以女寵故．逐太子蒯聵．而立其孫輒．蒯聵以父而與子爭國．輒以子而拒父．爲天下笑．而晉趙鞅納衞叛人以奬其亂．其失霸者之誼益遠．衞俶擾數十年而莫能正之．無伯也夫．

請言宋與曹．宋華元向戌先後以合晉楚自喜．然皆無後于宋．若有天道．爲好事亂政者戒焉．自宋盟後以迄春秋之終．宋凡四叛亂．一曰華向之亂．（自昭二十年至二十二年）二曰樂大心及公弟辰公子地之亂．（自定九年至十一年）三曰桓魋之亂．（自定十一年至十四年）四曰大尹之亂．（襄二十六年）宋自弭兵之後．謂無復外患．而內爭乃迭起．國以削弱．無伯也夫．宋景之世．曹滅於宋．而晉不救．（哀七年八年）曹固自取．然文王之胤．經春秋二百餘年．併吞之烈．巋然幸存者．今斬焉而莫之能救．無伯也夫．

請言鄭與許．諸國中最受宋盟之賜者．厥惟鄭．蓋鄭本以首鼠於晉楚之間而獲自存．晉楚息爭．鄭可以昌言服事二伯而無復罪責．鄭實利焉．而適有命世之英子產其人者爲之執政．且先之以子皮．而繼之以子太叔．故鄭在春秋以昭定之世爲最康榮．雖然．有一事焉．鄭與宋當隱桓莊之際．日相侵伐無甯歲．自霸政既興．惟當從霸主之後相討而已．自閱則未之聞．及定哀之季．乃一返隱桓之舊．二十年間．宋鄭攻伐見於經傳者九焉．各修小怨逐小利．以糜爛其民．而兩敗以爲人驅除．無伯也夫．鄭之謀許．始自莊公．二百年中．憚霸威而不敢取．盟宋後四十二年而許滅矣．太岳之胤．不祀忽諸．無伯也夫．

請言陳蔡。陳蔡役屬於楚者百餘年。楚不之滅也。曷爲不之滅。知滅之而晉必奪而復之。楚亦不能守也。故不如留爲與國以當晉之衝。及弭兵局成。楚知晉之倦於兵而不我競也。故十年之中。陳蔡相繼爲縣。蔡世子乃至宰封以爲犧。諸夏之辱。人道之慘。至是而極。雖後皆復封。亦等於鄙邑耳。而當前之荼毒。已不可復忍。誰謂爲之無伯也夫。

請言齊。齊當晉霸全盛之時。本已稍倔强。不甚用命。齊莊值晉悼卽世之後。瞯晉之將衰。思逞其欲。而晉之內競。亦有以導之。初晉欒范不睦。范匄執政。逐欒氏。欒盈奔楚。旋奔齊。襄二十三年。齊納欒盈於曲沃。遂以師隨之伐晉取朝歌。入孟門。登太行。封少水而還。入春秋以來。未有諸侯伐盟主至於此極者。齊雖不道。而晉之衰抑可知已。實盟宋前之三年也。然齊旋有慶封之難。莊公弑焉。景公嗣世。忽萌爭霸之志。結鄭結衞結魯結宋相與爲特盟。特盟者無主盟之國而二國或三國各自特相盟也春秋初年盛行齊桓霸後卽無之其復見則自定七年秋齊侯鄭伯盟于鹹始也同時齊侯衞侯盟于沙定八年冬衞侯鄭伯盟于曲濮定十年冬齊侯衞侯鄭游速會于安甫定十二年冬公會齊侯盟于黄定十四年五月公會齊侯鄭伯于牽其年秋齊侯宋公會于洮蓋齊景爭霸之際特盟凡七見焉吾謂定哀之際多返於隱桓之舊此亦一徵也而皆以叛晉爲職志。晉固不復振。而齊亦安能有成。徒賈怨於民。以爲陳氏資耳。初齊之諸卿。曰國氏。齊同姓也。不知所自出。曰高氏。出於文公之子子高。曰崔氏。出於丁公。曰慶氏。出於桓公。曰鮑氏。非公族。桓公勛臣鮑叔牙之後也。曰欒氏高氏。出於惠公之子公子欒公子高。是稱二惠。欒高之高與國高之高異族而陳氏則陳公子敬仲當桓公世奔齊受封邑傳世焉。高國世爲命卿。自靈公時殺國佐。成十八年莊公時殺高厚。襄十九年景公時逐高止。襄二十九年二族遂替。而崔慶特彊。至有莊公之弑。襄二十五年其時陳氏最能持正。民望歸焉。既而慶氏滅崔氏。襄二十七年欒高滅慶氏。而陳氏與有功焉。陳乞始得政。齊惟餘欒高陳鮑四族。而鮑氏黨於陳。昭十年陳鮑逐欒高。於是齊公族盡矣。景公蘊利而侈汰。齊民苦之。（晏子諫景公曰君外內頗邪上下怨疾動作辟違從欲厭私高臺深池撞鐘舞女斬刈民力輸掠其聚又曰山林之木衡鹿守之澤之萑蒲舟鮫守之藪之薪蒸虞候守之海之鹽蜃祈望守之縣鄙之人入從其政偪介之關暴征其私徵斂無度宮室日更景公當時貪淫可見）而陳氏則厚施以市恩於民。（晏子曰陳氏雖無大德而有施於民豆區釜鐘之數其取之公也薄其施之民也厚公厚斂焉陳氏厚施焉民歸之矣）齊政遂歸陳氏。景公卒。羣公子爭立。而孺子荼。（哀六年弒）悼公。（哀十年弒）簡公。（哀十四年弒）皆見弒於陳氏。齊於是九年而弒三君矣。陳恆之弒簡公也。孔子齋戒沐浴朝魯哀公而請討之。然而非惟魯不能討。舉天下竟莫能討也。無伯也夫。

曷爲無霸。晉失霸也。晉曷爲失霸。晉自失之。欲知晉失霸之由。則於其卿族廢興之跡不可不深察。蓋春秋中葉以還。晉之政治。卿族政治也。晉卿著者十一族。曰狐氏。唐叔之裔也。曰韓氏。曰欒氏。曰郤氏。皆公族也。曰趙氏。曰魏氏。曰胥氏。曰先氏。（亦稱原氏）曰范氏。（亦稱士氏）曰知氏。曰中行氏。（二家皆出荀氏）皆異姓也。（其他尙有祁氏羊舌氏續氏慶氏伯氏皆公族而未嘗爲執政）晉制三軍。軍各有將有佐。中軍之將。戰時則爲主帥。平時則爲執政。其餘五卿。（即中軍之佐及上下軍將佐）參贊之以決國事。諸族皆昌於文襄以後。而常以齒德資望遞相代爲執政。當其盛時。彬彬交讓。同寅協恭。實貴族政制之楷式也。（文公初作三軍謀元帥趙衰薦郤縠乃使郤縠將中軍郤溱佐之使狐偃將上軍讓于狐毛而佐之命趙衰爲卿讓于欒枝先軫使欒枝將下軍先軫佐之趙衰狐偃胥臣皆從亡最有勛勞者也趙胥皆不在六卿之列狐偃僅班在亞讓德至美矣未幾郤縠卒使原軫（即先軫）將中軍胥臣佐下軍左傳美之曰上德也晉諸卿之初興其形勢如是悼公時中軍將知罃卒使士匄（即中軍）將中軍辭曰伯游（即荀偃）長昔臣習於知伯（即知罃）是以佐之非能賢也請將伯游於是荀偃將中軍士匄佐之使韓起將上軍辭以趙武又使欒黶辭曰臣不如韓起韓起願上趙武君其聽之使趙武將上軍韓起佐之欒黶將下軍魏絳佐之左傳美之曰范宣子讓其下皆讓晉國以平數世賴之此中世諸卿迭相嬗代之形勢也）及其敝也。遞相剪滅。餘三數彊宗。晉以分焉。先氏當文公城濮之戰。先軫以中軍將爲功首。旋自致死於狄難。襄公以其子先且居代之。（且居以晚輩而狐趙胥欒諸勛臣樂爲之下愈見當時晉卿之賢）其後先穀愎不用命。僨師於邲。復召狄病國。景公殺之。先氏以亡。狐氏自狐突爲太子申生傅。二子毛偃俱事文公。至襄公將使偃子射姑將中軍。陽處父易之以趙盾。射姑殺處父奔狄。狐氏以亡。胥氏自胥臣從文公。與其子甲世佐下軍。其後胥甲以疾廢。胥童導厲公爲虐見殺。胥氏以亡。郤氏自惠公時郤芮實見信任。文公入以罪廢。旋錄其子缺。成公時。郤缺執政。景公時郤克執政。厲公時郤錡郤犫郤至並居卿位。欒書譖而殺之。郤氏以亡。欒氏自欒枝從文公有大功。至景公時。欒書執政。厲公時鄢陵勝楚。反而弒君。再傳至盈。范匄逐之。盈入爲亂。欒氏以亡。范氏實獻公時大夫士蔿之後。景公時士會執政。平公時士匄執政。定公時士鞅執政。其子吉射與中行氏作亂。范氏以亡。荀氏自林父將中行（其時晉嘗改軍稱行）因以爲氏。至悼公時荀偃執政。傳荀吳荀寅。與范氏同作亂。中行氏以亡。荀首食采於知（亦作智）因別氏焉。其子罃輔悼公執政。晉以復霸。再傳至躒。與韓魏趙共逐范中行氏。躒子瑤貪而愎。三卿滅之。知氏以亡。至春秋末。晉卿惟餘韓魏趙三族。稱三晉。寖爲戰國之世矣。三族皆起於獻公時。而趙氏自趙衰從文公功最高。賢而能讓。其子盾歷襄靈成三世爲執政。至景公時。欒郤構滅趙氏。賴韓厥爲請。復立趙武。續衰盾之祀。至平公時。趙武執政。定公時。趙鞅執政。魏氏自魏犫從文公。其後世有爲軍佐者。至悼公時。魏絳最賢。顧未爲執政。頃公時而魏舒執政也。韓氏自韓厥戰鞌有功。至悼公時。厥執政。平公時厥子起執政。此三家傳世之大凡也。案其興替之跡。諸族實遞爲驅除。偪狐者趙。而趙幾滅於欒郤。滅胥者郤。而郤復殺於欒。讒郤者欒。而欒復逐於范。錮欒者范。而范卒傾於趙。助趙以分范中行者知。而知卒入於三家。如是展轉以成三晉之局。當悼公時。七族並盛。鄭子展謂晉八卿和睦。八卿知罃范匄荀偃韓起欒黶范鲂魏絳趙武也。知罃以外魏絳最賢。絳以位卑壽促而不及執政。晉之不幸也。平公之初。范匄當國。凡百不務。而專與欒氏爲仇。商任一會。合八國（襄二十一年）沙隨一會。合十二國（襄二十二年）假盟主之力。動天下之衆。其究也不過錮欒氏以報私怨。晉失諸侯。實自此始。明年（襄二十三年）遂召齊兵（齊納

（欒盈於曲沃遂伐晉）又明年。（襄二十四年）會於夷儀。將以伐齊而不成行也。諸侯有以量晉之無能。晉之所以失諸侯者二矣，又明年。（襄二十五年）再會於夷儀。將討齊。齊莊方見弒。受賂而許齊成。與弒君之齊同盟於重丘。霸政大義墜焉。晉之所以失諸侯者三矣。又明年。（襄二十六年）會于澶淵。奪衛邑以畀其叛臣孫林父。晉之所以失諸侯者四矣。又明年。（襄二十七年）而遂盟宋以弭兵。史家共知盟宋為晉之失計。謂受向戌誣蔽也。殊不知當時之晉。已成日中將昃之象，其君臣實乃欲假此以自全。趙武有賢名。實下材也。其偷已甚。（襄三十一年左傳云穆叔至自會語孟孝伯曰趙孟將死矣其語偷不似民主且年未盈五十諄諄焉如八九十者弗能久矣昭元年左傳云天王使劉定公勞趙孟劉子曰子盍亦遠績禹功而大庇民對曰老夫罪戾是懼焉能恤遠吾儕偷食朝不謀夕何其長也劉子歸以語王曰趙孟所謂老將至而耄之也為晉正卿以主諸侯而儕於隸人朝不謀夕棄神人矣何以能久）向戌謀議。適與其暮氣相應。故欣然即之以為安。宋盟既成。晉君臣謂自今以往天下無復事。益侈汰而不恤諸侯。趙武既卒。韓起繼執國政二十餘年。（起昭九年訖昭二十六年）徒雍容養望。而不知大體。且輕信讒慝。諸卿荀吳范鞅知躒輩。黷貨無厭。傾軋報復。弗能正也。故晉政日荒。襄二十九年。（宋盟後二年）平公以杞為外家。故合十國之大夫以城杞。強魯使歸杞田。姬宗怨咨。弗之恤也。（鄭游吉曰甚哉其城杞也晉不恤周宗之闕而夏肄是屏其棄諸姬亦可知矣晉使女叔侯責魯治杞田叔侯曰杞夏餘也而即東夷魯周公之後也而睦於晉以杞封魯猶可何必瘠魯以肥杞）晉之所以失諸侯者五矣。寵姬之喪。而勞諸侯以弔。（昭三年左傳鄭游吉如晉送少姜之葬梁丙曰甚矣子之為此來也吉曰將得已乎昔文襄之霸也其務不煩諸侯今嬖寵之喪不敢擇位惟懼獲戾豈敢憚煩少姜有寵而死齊必繼室今茲吾又將來賀不惟此行也）宮室之成。而勞諸侯以賀。（昭八年左傳叔弓如晉賀虒祁之宮游吉相鄭伯以如晉亦賀虒祁也晉史趙見子太叔（即游吉）曰甚哉其相蒙也可弔也而又賀之）晉之所以失諸侯者六矣。於時楚虔。（靈王名）張甚。四年之間。滅陳。（昭八年）滅蔡。（昭十一年）弭兵之效可睹矣。於是乎有厥慭之會。時則平公卒。昭公新立。諸侯將以觀晉德焉。乃謀救蔡而竟不果也。（昭十一年左傳楚師在蔡晉荀吳謂韓起曰不能救陳又不能救蔡已為盟主而不恤亡國將焉用之秋會於厥慭謀救蔡也鄭子皮將行子產曰行不遠不能救蔡也晉人使狐父請蔡於楚弗許）晉之所以失諸侯者七矣。晉亦知諸侯之將貳也。乃不務樹德招攜。而示威示眾以臨之。

於是乎有昭十三年平邱之會。晉成虒祁諸侯朝而歸者皆有貳心叔向曰諸侯不可以不示威乃並徵會遂合諸侯於平邱然吳首辭會。晉告于吳吳以水道不可辭齊繼辭盟。晉入將尋盟齊人不可曰諸侯討貳則有尋盟若皆用命何盟之尋叔向以危詞威之齊人懼乃許盟以贖貨而見輕於衛。次于衛地晉叔鮒求貨于衛衛人曰諸侯事晉未敢攜貳況衛在君宇下乎聽邾莒之愬而買怨於魯。邾人莒人愬於晉曰魯朝夕伐我幾亡晉侯不見魯侯使叔向來辭曰諸侯將以甲戌盟寡君知不得事君矣請君無勤子服惠伯曰君信蠻夷之訴以絕兄弟之國棄周公之後亦惟君寡君聞命矣叔向曰寡君有甲車四千乘在雖以無道行之必可畏也況其率道其何敵之有牛雖瘠僨於豚上其畏不死魯人懼聽命爭貢獻而卒屈於鄭。及盟子產爭承曰天子班貢輕重以列鄭伯男也而從公侯之貢懼弗給也諸侯修盟存小國也貢獻無極亡可待也自日中以爭至于昏晉人許之既盟子太叔咎之曰諸侯若討其可瀆乎子產曰晉政多門貳偷之不暇何暇討雖强成盟。祇取辱焉。晉之所以失諸侯者八矣。平丘以後。晉遂不復能宗諸侯。未幾鄟陵之參盟起。昭二十六年齊魯莒邾杞盟于鄟陵爲春秋復書參盟之始晉雖亦有會盟。而盟主之資格隧矣。當晉政之始衰也。齊晏嬰嘗與晉叔向語。叔向曰齊其何如。晏子曰。此季世也。吾弗知。齊其爲陳氏矣。公棄其民而歸於陳氏。叔向曰。然。雖吾公室。今亦季世也。戎馬不駕。卿無軍行。公乘無人。卒列無長。庶民罷敝。而宮室滋侈。道殣相望。而女富溢尤。民聞公命。如逃寇讎。政在家門。民無所依。君日不悛。以樂慆憂。公室之卑。其何日之有。昭三年左傳嗚呼。晉之衰徵具見矣。昭定哀之世。晉業稍有可紀者。其惟伐鮮虞。自昭元年迄哀六年滅肥。昭十二年滅鼓。昭十五年滅陸渾。昭十七年諸役。蓋至是而戎狄殆絕跡於中原。晉之力也。若其諸卿之迭相軋鬩剪滅。則晉之事。非天下之故也。

梁啓超曰。孔子作春秋。於譏世卿之義。三致意焉。世卿云者。質言之則貴族政制云爾。春秋諸夏之國。蓋純爲貴族政制。楚則參半。秦吳越皆無之。其得失之數可得而論也。凡一羣之進化也。必其少數優秀者實先進。遂以造成一羣之中堅。以樷樹其羣焉。指導其羣焉。言夫國政則近於以智治愚。以賢治不肖。於理勢甚順。立乎其上者有君后。常能以名分軌率其下。而庶政又非一人所得而專制。非諮決於羣貴。事不克舉也。羣貴既累世練習政事才智必間出不乏。又與國同休戚。而威信夙行於其民。故雖有昏僻之主。常得節制匡救。無使稔惡以覆國命。其有一人或一族之跋扈不軌。則自餘諸族能協而戢之。故不敢妄發。發亦禍不烈也。春秋中葉晉魯諸國之所以屢傾而不顚。皆坐是也。言夫羣治。則諸貴族常受特別之教育。其學問品格。皆自成風氣。其性類畸於保守。能持續固有之文明勿使墜。其儕族既日相摩習。而又常得與他邦之賢士大夫游。取精用宏。故能樹一國文化之體系。爲民庶所矜式。以寖成國俗。夫春秋之文物。豈不彬彬乎懿鑠古今也哉。孰莊嚴之。孰濬發之。皆中原諸國世族大夫之賜也。此其所長也。及其敝也。則驕侈淫泆。專橫恣肆。上之傀儡其主。而下之芻狗其民。中之則自相殘夷若雞之鬬而蟀之搏也。大抵當國基新造與夫敵國外患殷憂相乘之際。則戒懼而輯和。勤勉而精進。四郊無虞。安富尊榮。則惰氣中焉。而百病叢茁。無論何種政制之國。皆有然。而貴族其尤甚也。貴族政制之敝。至春秋之季極矣。晉在昔本以最善用此制而致盛強。逮其末流。而受禍亦最烈。晉爲盟主。而猶爾爾。自無以表正諸夏。豈惟不能表正而已。益以轉相比周而重其敝。故強宗移國之事。成爲當時各國之所同病。各國雖各有其積漸之勢。抑亦相互助長之矣。春秋記溴梁之盟曰。三月。公會晉侯宋公衞侯鄭伯曹伯莒子邾子薛伯杞伯小邾子於溴梁。戊寅。大夫盟。明自茲以往。諸國皆政在大夫也。梁啓超曰。貴族政制。爲羣治進化必歷之級。功過各不相掩。通數千年史蹟而觀其成果。則功尚較多也。觀西方希臘羅馬以及近世英法諸國興替之跡。而益信也。

以上述宋盟後晉及中原諸國形勢既竟。其當次論者。則楚與吳越也。楚當宋盟後二年。而王子圍爲令尹。虢之盟。圍實與晉爭長焉。越五年。（昭元年）圍弒其君郟敖自立。是爲靈王。靈王立三年。遂合十二國諸侯會於申以伐吳。既而伐徐滅賴滅陳滅蔡。（並見前）威日張而心日侈。築章華之臺。召諸侯以落其成。立十二年而使五帥大舉伐徐以懼吳。自次於乾谿以爲之援。初靈王既滅陳蔡。城之。使其弟公子棄疾居焉。至是棄疾以蔡作亂。召公子比弒王于乾谿。既而又弒公子比自立。是爲平王。復討陳蔡以徼名焉。平王在位十二年。頗矯靈王侈汰之習。楚以小康。然以讒殺太子建。展轉召吳禍。又用囊瓦爲令尹。瓦貪而不仁。楚自是益衰。傳至昭王而有吳入郢之變。夫吳自始本役屬于楚也。宣八年楚伐舒蓼滅之盟吳越而還蓋楚莊圖霸之始先撫吳越以固其東南圉也 及申公巫臣爲晉通吳以病楚。吳伐郯入州來。俱成七年 闔巢伐駕。俱成十七年 吳楚疆場之爭起矣。至襄三年而吳楚之兵始交。楚伐吳克鳩茲吳伐楚取駕 實晉悼會雞澤之年也。自是以還。楚康之世。與吳諸樊六交兵。(一)襄十三年吳乘楚喪侵楚楚逆戰於庸浦大敗之(二)襄十四年楚伐吳報庸浦之役吳人自皋舟之隘要而擊之大敗楚師(三)襄二十四年楚爲舟師以伐吳無功而還(四)襄二十五年秋吳爲舟師之役召舒鳩人叛楚楚伐舒鳩吳救之敗績楚遂滅舒鳩(五)其年冬十月吳子伐楚報舟師之役門于巢楚人射殺吳子(六)襄二十六年楚子秦人侵吳及雩婁聞吳有備而還 蓋吳勝楚僅一。楚無功者二。而楚勝吳者三。吳主死焉。楚靈之世。與吳餘昧五交兵。(一)昭四年七月楚子以諸侯伐吳圍朱方克之(二)其年冬吳伐楚取棘櫟以報朱方之役(三)其年冬楚子以諸侯伐吳吳人敗諸鵲岸(四)昭六年楚令尹子蕩帥師伐吳吳人敗之于房鍾(五)昭十二年冬楚子大舉伐徐以懼吳次于乾谿明年四月楚子被弒楚師還自徐吳人敗諸豫章獲其五帥 楚一勝而四敗。楚靈威虐肆于諸夏。而吳患亦日深矣。楚平之世。與吳僚三交兵。(一)昭十七年吳伐楚楚人敗之于長岸(二)昭二十三年吳伐州來楚合頓胡沈蔡陳許之師救州來吳公子光帥師敗之于雞父(三)昭二十四年楚爲舟師以略吳疆吳禦之楚師遁吳滅巢滅鍾離滅沈 楚一勝而再敗。楚益不競于吳。楚昭之世。與吳闔廬七交兵。其在入郢前者三。(一)昭二十七年吳伐楚圍潛吳公子光弒其君楚師救潛聞吳亂而還(二)昭三十一年吳侵楚伐夷侵潛六楚師救潛吳師還吳又圍弦楚師救弦及豫章吳師還(三)定二年秋楚人伐吳師于豫章吳人見師于豫章而潛師于巢大敗楚師 在入郢後者亦三。詳下文 而入郢之役。楚不亡蓋如縷焉。初平王殺太子建及其傅伍奢。奢子員奔吳。誓報公仇。員知吳公子光有異志。進刺客鱄諸。爲光弒王僚。光自立。是爲王闔廬。伍員見親任用事。敎吳以病楚之策。亟肆以罷之。上文註昭三十一年侵潛圍弦諸役是也 多方以誤之。上文註定二年豫章之役是也 而後以三軍繼之。闔廬用其謀。既屢挫楚。至定四年而有柏舉之役。實鄢陵以後春秋一大戰也。時楚令尹囊瓦欲蔡昭侯之佩裘弗與。三年止之。卒獻佩。乃釋歸。歸及漢。執玉而沈曰。余所有濟漢而南者。有若大川。以其子爲質於晉請伐楚。晉人爲之合十八國之諸侯於召陵。既而晉荀吳求貨不得。乃辭蔡侯。蔡侯更質子於吳而導之以伐楚。春秋書之曰。蔡侯以吳子及楚人戰於柏舉。楚師敗績。以主兵予蔡者。蔡虐于楚既百年。大其能雪恥且哀晉之不復勤諸侯也。吳之伐楚也。舍舟於淮汭。自豫章與楚夾漢。楚師濟漢而陣。自小別至于大別。蓋吳與楚共長江之險。而楚在上游。水戰吳必不能以得志。是役也。吳師蓋在今安徽之壽州登陸。（淮汭即今壽州地）來歷光黃逕義陽三關之險。至漢江北岸。（在今漢陽）與楚夾水而陣。蓋懸軍深入楚境千一百餘里。十一月庚午。二師陳于柏舉。（今湖北麻城縣境）吳王弟夫槩先擊楚令尹囊瓦之卒。囊瓦潰。楚師大敗。吳追擊之。五戰及楚都郢。庚辰。吳入郢。自始戰迄終戰凡十日。戰線之長。戰役之久。春秋以來。未嘗有也。（韓城濮殽鞌邲鄢陵諸役皆戰於一地終日而畢）楚昭王奔隨。伍員發平王墓鞭其尸三百焉。初伍員與申包胥友。其亡也。謂包胥曰。我必覆楚國。包胥曰。子能覆之。我必能興之。及昭王在隨。包胥如秦乞師。立秦庭七日哭。秦師乃出。明年。（定五年）包胥以秦師兩敗吳師。吳師乃還。楚子復歸于郢。又明年。（定六年）吳復敗楚于繁陽。楚自郢遷于鄀。自是吳楚無兵爭者二十年。至哀六年。吳伐陳。楚救之。昭王死焉。此柏舉後吳楚之三戰也。楚自宋盟以來。有輕晉之心。故靈王侈而平王惰。致吳坐大。江東不可復制。楚幾覆焉。故曰盟宋後而晉楚俱敝也。然楚自遷鄀後。君臣儆懼。故漸以復興。終春秋以至戰國。蓋盛强焉。

晉患楚。故通吳以制楚。楚患吳。亦通越以制吳。然吳雖得志于楚。而終不能爲晉病。越雖得志于吳。而終不能爲楚病。則晉楚之設謀臧而植基厚。與後此趙宋之用金制遼。用元制金者。異矣。昭五年冬。楚子以諸侯及東夷伐吳。越大夫常壽過帥師會楚子於瑣。是爲吳越交兵之始。越從楚之後而已。昭二十四年。楚舟師之役。越又從焉。

昭三十二年夏吳伐越。吳漸戚越之足爲患矣。定四年冬。吳方入郢。五年夏越遂入吳。秦擠吳于前。而越議其後。吳人狠狽歸焉。更十年（定十四年）吳王闔廬伐越。越王句踐禦之于檇李。大敗之。闔廬傷將指。死焉。子夫差立。使人立於庭。苟出入必謂己曰。夫差而忘越王之殺而父乎。則對曰。不敢忘。三年乃報越。敗之於夫椒。遂入越。實哀元年也。越王以甲楯五千保會稽。請成於吳。吳王許之。伍員諫不聽。退而告人曰。越十年生聚。十年教訓。二十年外吳其爲沼乎。越王句踐既反國。乃苦身焦思。臥薪而嘗膽。身自耕作。夫人自織。食不加肉。衣不重采。折節下賢。振貧弔死。與百姓同其勞。欲用范蠡文種。委以國政。未嘗一日亡報吳也。而吳狃屢勝之威。方侈然思爭雄於上國。兩會魯。（哀六年七年）兩伐齊。大敗齊師。（哀十年十一年）遂與晉爭盟於黃池。（哀十三年）吳之伐齊也。越王率其衆以朝焉。王及列士皆有饋賂。伍員懼曰。是豢吳也夫。入諫曰。越在我心腹之疾也。壤地同而有欲於我。夫其柔服。求濟其欲也。得志于齊。猶獲石田。無所用之。越不爲沼。吳其泯矣。王弗聽。賜之死。越二年。越乘吳王之在黃池。伐而大敗之。請行成。許焉。又四年（哀十七年）越復伐吳。吳禦之笠澤。敗績。又三年（哀二十年）越圍吳。又二年（哀二十三年）遂滅吳。實伍員死後十年。越敗於夫椒後之二十二年。而吳入郢後之三十三年也。句踐既平吳。乃以兵北渡淮。與齊晉諸侯會於徐州。致貢於周。周元王使賜句踐命爲伯。句踐以淮上地與楚。歸吳所侵宋地與宋。與魯泗東方百里。當是時。越兵橫行江淮東。諸侯畢賀。號稱霸王。梁啓超曰。越句踐幾可以語於霸矣。夫霸者興滅繼絕。龕暴字小。自晉霸之墜。中原不聞此也久矣。句踐率天下宗周。返諸國侵地。以視楚靈齊景吳夫差。何其遠也。其有後于中國。迄漢不斬。宜哉。

魯哀公十四年春。西狩獲麟。孔子作春秋。於是絕筆焉。實周敬王之三十九年也。其年。齊田常（即陳恆）弒簡公。政由田氏。越九十二年（周安王二十三年）齊康公遷死於海上。姜齊亡。獲麟後二十八年（周貞定王十六年）韓魏趙三分晉地。七十八年。（威烈王二十三年）三家始立爲諸侯。九十五年。晉靖公夷爲庶人。晉亡。獲麟後二年。而楚再滅陳。後八年而越滅吳。後三十四年而楚再滅蔡。後三十六年而楚滅杞。後九十六年而韓滅鄭。春秋諸國皆略盡。惟秦楚益强。北燕亦寖大。與三晉及田齊稱戰國七雄。而魯衛宋亦至戰國尙存。獲麟後八九十年間。史闕有間。故靡得而紀焉。

附春秋年表

孔子因魯史作春秋。春秋年自茲始可得而紀。故年表託始焉。春秋變遷。略分三期。隱桓莊閔王迹喘延。霸政初起。鄭齊爲中樞。魯衞宋縈拂之。晉楚始大。蓋自魯隱卽位迄齊桓之卒。可畫爲第一期。僖文宣成襄霸政全盛。晉楚中分天下。而晉勢常優。齊秦聽命。楚亦精進不已。諸國各有所宗。而鄭常爲爭的。蓋自晉文返國以迄晉悼之卒。可畫爲第二期。昭定哀之世盟宋弭兵。晉霸日衰。中原諸國皆政在大夫。吳越驟興驟衰。秦寖大。蓋自溴梁之會訖於獲麟。可畫爲第三期。今以編次詳略之便。區爲三表。樞要之國加詳。次則簡載。又次則括以列國焉。

第一表

	第一年
周	平王四十九年
魯	隱公元年魯自伯禽始封十一傳至隱公入春秋
齊	齊自太公始封十三傳至僖公入春秋
鄭	鄭自桓公始封三傳至莊公入春秋時兼爲平王卿士 鄭伯克其弟段於鄢 以王師虢師伐衞
晉	晉自唐叔虞始封至鄂侯入春秋其時國名曰翼而春秋前二十餘年晉始封成師於曲沃後此之晉實曲沃之胤
楚	楚自熊繹始封至若敖熊儀入春秋
宋	宋自微子始封至穆公和入春秋
衞	衞自康叔始封至桓公入春秋 伐鄭
列國	吳子壽夢 蔡宣侯 曹桓公 陳桓公 燕平王東遷後始命秦列爲諸侯取岐豐之地在春秋前四十餘年 越爲夏故封其時未通上國

第二年		二年 會戎於潛及戎盟於唐 滅極極附庸小國也		伐衞					戎始見 極始見 極亡
第三年	平王崩 與鄭交質	三年	與鄭盟於石門	與周交質又帥師取周麥禾 與齊盟			穆公和卒遺命立兄子與夷		
第四年	桓王元年	四年 公子翬會宋公陳侯蔡人衞人伐鄭		魯宋陳蔡衞來伐			伐鄭	三月州吁弒其君完弒君始見 誘魯宋陳蔡同伐鄭九月衞人殺州吁十二月立公子晉	莒伐杞 陳蔡與於伐鄭之役 莒杞始見 陳蔡始見
第五年	春助曲沃伐翼 秋伐曲沃立翼哀侯	五年		助曲沃伐翼侵衞 衞人以燕師來伐 以王師伐宋	春曲沃莊伯以鄭人邢人伐翼王使尹氏助之翼侯奔隨		取邾田邾愬於鄭鄭以王師來伐	宣公元年 鄭來侵以燕師伐鄭 郕人來侵入郕	燕始見 郕始見 邾始見

					秋曲沃叛王王命虢公伐曲沃立哀侯于翼				
第六年	鄭來朝王王不禮	六年 鄭來修盟始與齊平	始與魯平	與魯修盟侵陳大獲如周朝王王不禮	翼人納故侯于鄂謂之鄂侯		取鄭長葛		
第七年	使凡伯聘魯戎伐凡伯以歸	七年							
第八年	以虢公忌父爲卿士鄭伯來朝	八年	齊侯平宋衛於鄭齊覇先聲	與宋衛平			與鄭平	與鄭平	虢始見
第九年		九年		北戎來侵大敗之					北戎始見
第一〇年		十年 會齊鄭伐宋取郜取防		以齊魯伐宋取郜取防歸于魯秋取戴入蔡入宋冬入郕			魯齊鄭來伐入鄭七月入鄭九月鄭來入		戴始見戴亡郕亡

第一一年	與鄭易田	十一年 秋公及齊侯鄭伯伐許 公子翬弒公	從鄭伐許	以齊魯伐許入之封許叔居東偏 息來伐敗之 以虢師伐宋敗之			鄭以虢師來伐		滕薛朝魯 息伐鄭敗 滕薛始見 息始見 許始見
第一二年		桓公元年		與蔡會于鄧					蔡侯鄭伯會于鄧始懼楚也 鄧始見
第一三年		二年 受宋賂以成宋亂 與戎盟于唐	受宋賂以成宋亂	受宋賂以成宋亂			華父督弒其君與夷及其大夫孔父召穆公子馮於鄭立之以親鄭		
第一四年		三年			曲沃武公伐翼獲翼侯				
第一五年		四年							
第一六年	王奪鄭伯政鄭伯不朝王以蔡衞陳伐鄭王師敗績	五年	齊侯鄭伯朝杞欲襲之	王以蔡衞陳來伐禦王師射王中肩				從王伐鄭	陳蔡從王伐鄭

第一七年		六年	北戎來侵乞救齊師於鄭			楚始見侵隨			隨始見
第一八年		七年							
第一九年		八年			曲沃滅翼王命虢仲立哀侯之弟於晉	伐隨敗之			
第二〇年		九年			虢仲芮伯梁伯荀侯賈伯以王命伐曲沃	伐鄾遂伐鄧敗之			芮梁荀賈鄾始見
第二一年		十年							
第二二年		十一年		莊公寤生卒諸子爭立鄭始衰太子忽出奔衛公子突立是爲厲公		鄖人將以蒲絞州蓼伐楚楚人敗之			陳厲公卒鄖蒲絞州蓼始見
第二三年		十二年與鄭伐宋		厲公元年伐宋		伐絞大敗之	魯鄭來伐	宣公晉卒	
第二四年		十三年		以魯齊紀與		伐羅爲羅與		惠公元年	燕紀始見

		從鄭伐宋衞燕		宋衞燕戰敗之		盧戎所敗			羅盧戎始見
第二五年		十四年	從宋伐鄭齊僖公卒	宋以諸侯來伐			以齊人蔡人衞人陳人伐鄭		郳人牟人葛人朝魯郳牟葛始見
第二六年	桓王崩	十五年	襄公元年	厲公出奔蔡太子忽入是爲昭公魯宋衞陳來伐謀納厲公弗克					
第二七年	莊王元年	十六年		魯宋衞陳蔡來伐				惠公出奔齊	
第二八年		十七年		高渠彌弑昭公立公子亹					
第二九年	周公黑肩欲弑王而立王子克王與辛伯殺周公王子克奔燕	十八年公與夫人姜氏如齊公薨于齊夫人通齊侯故也	陳師首止討鄭殺子亹而轘高渠彌	子亹爲齊人討殺祭仲迎子儀于陳立之					
第三〇年		莊公元年	欲滅紀徙紀之郱鄑郚三						陳莊公卒

			邑民						
第三一年		二年							
第三二年		三年	紀季以酅入于齊紀始分				莊公馮卒		
第三三年		四年	滅紀			伐隨武王卒於軍			紀亡
第三四年		五年				文王元年			
第三五年	王人子突救衞	六年 伐衞納惠公				伐申滅之始覘中原遂伐鄧		魯齊宋陳蔡來伐納惠公	申始見申亡
第三六年		七年							
第三七年		八年 及齊師圍郕郕降於齊	連稱管至父弒襄公立公子無知						
第三八年		九年 伐齊納公子糾戰于乾時敗績管仲自魯歸齊	雍廩殺無知公子小白入於齊是爲桓公管仲相焉						
第三九年		十年 敗齊師於長勺	兩與魯戰無功			敗蔡師於莘以蔡侯獻舞	與齊侵魯敗績		譚始見譚亡

		侵宋齊宋來侵宋師敗	滅譚譚子奔莒			歸			
第四〇年		十一年 敗宋師於鄑					侵魯敗績		
第四一年		十二年					南宮萬弒其君捷及其大夫仇牧		
第四二年	僖王元年	十三年 始與齊平盟于柯齊反我侵地	會宋人陳人蔡人邾人于北杏以平宋亂齊始霸與魯盟于柯滅遂				從齊會于北杏		陳蔡邾與齊會於北杏遂始見 遂亡
第四三年	單伯會伐宋	十四年	宋背北杏之會春以陳人曹人伐宋王師會焉取成于宋而還冬單伯會齊侯宋公衞侯鄭伯於鄄	厲公復入		滅息遂伐蔡入之	春齊以諸侯來伐冬從齊會于鄄	從齊會于鄄	息亡

第四四年	第四五年	第四六年	第四七年	第四八年	第四九年
	王使虢公立曲沃伯爲晉侯		惠王元年虢晉來朝	秋王子頹伐王不克奔衞衞師燕師來伐立子頹	王出居于鄭
十五年	十六年始從齊同盟于幽	十七年	十八年追戎於濟西	十九年	二十年
春復會諸侯于鄄秋爲宋伐郳郳宋附庸也	春會宋衞伐鄭冬會魯人及宋公陳侯衞侯鄭伯許男滑伯滕子同盟於幽鄭服也				
從齊會於鄄旋間齊侵宋	春宋齊衞來伐秋楚來伐鄭患楚自此始冬從齊盟于幽				鄭伯和王室不克以王歸處王于櫟
	曲沃武公始并晉國王命以一軍爲晉侯		晉侯朝王		
	伐鄭			巴人來伐楚子禦之爲所敗遂伐黃敗之	
齊率諸侯爲我伐郳鄭間之而來侵	以齊衞伐鄭從齊盟于幽				
從齊會於鄄	從宋齊伐鄭從齊盟于幽			伐周	
	滑始見			燕會衞師伐周巴黃始見	

第五〇年	鄭虢納王殺王子頹王以虎牢以東與鄭以酒泉與虢	二十一年		納王得虎牢以東之地王饑盆例五月厲公突卒					
第五一年		二十二年	陳公子完奔齊陳氏入齊自此						
第五二年		二十三年							
第五三年		二十四年							
第五四年		二十五年			盡殺羣公子				
第五五年		二十六年 會宋齊伐徐			虢人兩次來侵				徐始見
第五六年	王賜齊侯命	二十七年 從齊盟於幽	會魯宋陳鄭同盟于幽陳鄭服也	從齊盟于幽			從齊盟于幽		
第五七年		二十八年	伐衛	楚來伐	出太子申生居曲沃	伐鄭無功而還		敗于齊	
第五八年		二十九年		侵許					
第五九年		三十年	伐山戎以其			鬥穀於菟爲			

			病燕也			令尹			
第六〇年		三十一年							
第六一年		三十二年 公薨 子般立圉人犖弒之立閔公	會諸侯謀爲鄭報楚						狄伐邢 狄邢始見
第六二年		閔公 元年 季友去年奔陳今來歸	救邢		作二軍滅耿滅霍滅魏				耿霍始見 耿霍亡 魏亡
第六三年		二年 共仲弒公 季友立僖公	遷陽		使太子申生伐東山皐落氏			狄來伐殺懿公宋人立戴公以保遺民	陽始見 陽亡 虢公敗犬戎於渭汭 犬戎始見
第六四年		僖公 元年	會宋曹救邢邢遷于夷儀會魯宋曹邾于檉謀救鄭	楚來伐			伐鄭以其卽齊也		
第六五年		二年	城楚丘以封衞	楚來伐	與虞師滅下陽	伐鄭			江黃始見

			會宋公江人黃人盟于貫						
第六六年		三年 季友如齊蒞盟	復會陽穀以謀伐楚	楚來伐		伐鄭			徐人取舒 舒始見 舒亡
第六七年		四年 從齊侵蔡伐楚伐陳	會魯宋陳衞曹許侵蔡遂伐楚楚來盟于召陵 會諸侯伐陳						
第六八年		五年	會諸侯盟于首止鄭伯逃歸	逃首止之盟	殺其世子申生 滅虢 滅虞	滅弦			弦始見 弦亡 虢亡 虞亡
第六九年		六年	會諸侯伐鄭遂救許	齊來伐		圍許救鄭			
第七〇年	惠王崩	七年	復伐鄭鄭服盟于寧母	請盟于齊					
第七一年	襄王元年	八年	會于洮以謀王室		狄來伐				

第七二年		九年	會宰周公及諸侯盟于葵丘以師會秦師納惠公夷吾于晉		獻公詭諸卒里克殺其君之子奚齊荀息立卓子		宋桓公卒公子目夷讓國於襄公		秦始見
第七三年		十年			里克弒其君卓子及其大夫荀息惠公立殺里克				
第七四年	王子帶召戎伐京師秦晉救周	十一年			與秦伐戎救周				
第七五年	王討子帶子帶奔齊	十二年	使管仲平戎於王隰朋平戎于晉			滅黃		諸侯城楚丘	黃亡
第七六年	諸侯戍周	十三年	會諸侯於鹹以淮夷病杞也						
第七七年		十四年 鄫來朝	城緣陵以遷杞						鄫始見

第七八年		十五年	會諸侯救徐伐厲		與秦戰於韓秦獲晉侯	伐徐			厲始見
第七九年		十六年 季友卒	會諸侯於淮謀鄫						
第八〇年		十七年 滅項	與徐人伐英 十月桓公小白卒 齊內亂						項始見 項亡 英始見
第八一年		十八年	宋以諸侯來伐納孝公	始朝于楚		鄭來朝	襄公以諸侯伐齊圖霸	邢人狄人來伐	秦取梁新里梁始見
第八二年		十九年					執滕子與曹邾盟圖曹		梁亡
第八三年		二十年 郜來朝				伐隨		入滑	
第八四年		二十一年				執宋公以伐宋	會諸侯于鹿上 又會于盂楚執公來伐		邾滅須句
第八五年		二十二年 伐邾取須句		宋來伐	秦晉遷陸渾之戎於伊川	伐宋敗之	與楚戰于泓敗績		
第八六年		二十三年	伐宋		惠公夷吾卒		襄公茲父卒		

第二表

	周	魯	晉	楚	齊	秦	鄭	列國
第八七年	子帶作亂王出居于鄭	僖公 二十四年	晉人殺懷公秦納公子重耳於晉是爲文公	與宋平		納晉公	王來處于氾	宋與楚平
第八八年	晉侯納王朝王	二十五年	圍溫納王王賜以陽樊溫原攢茅之田晉始啓南陽	圍陳納頓子		將納王晉辭之與晉伐鄀		衛滅邢 邢亡
第八九年		二十六年 齊來伐		魯來乞師滅夔伐宋以其卽晉也	伐魯			夔始見 夔亡
第九〇年		二十七年 杞用夷禮來朝		率陳蔡鄭許圍宋				
第九一年	天王狩于河陽諸侯朝王于王所王策命晉侯爲侯伯	二十八年 始去楚卽晉	春侵曹伐衛四月遂率齊師宋師秦師與楚人戰于城濮楚敗五月會齊宋陳蔡鄭衛莒盟于	率陳蔡與晉戰于城濮敗績殺其大夫得臣衛侯來奔旋爲晉所執	從晉戰楚	從晉戰楚	五月從晉盟於衡雍去楚卽晉也	曹衛陳蔡皆去楚卽晉

			踐土陳蔡鄭始服 冬會魯齊宋蔡鄭陳莒邾秦于溫魯始服 天王狩于河陽晉召也 執衞侯歸之於京師 率諸侯圍許曹會焉曹始服 王策命文公爲伯始作三行以禦狄					
第九二年		二十九年 東夷介葛盧來朝	會諸侯盟于翟泉謀伐鄭鄭未服也					介始見
第九三年		三十年 襄仲聘晉初聘也	與秦師圍鄭秦私與鄭盟鄭旋求成許之 晉秦始交惡		狄來侵	與晉伐鄭先退	晉秦來伐秦先退立公子蘭求成于晉	衞殺元咺及公子瑕衞侯歸于衞
第九四年		三十一年 分曹濟西地	作五軍以禦狄					狄圍衞衞遷于帝丘

第九五年		三十二年	春始與楚平 冬文公重耳卒 子襄公立	請平于晉晉報 之 晉楚始通			衞來侵	衞人侵狄狄侵鄭
第九六年		三十三年 伐邾 朝齊 十二月公薨	四月率姜戎敗 秦師于殽 八月敗狄于箕 先軫卒 冬率陳鄭伐許	侵陳蔡陳蔡請 成遂伐鄭	狄來侵 魯來朝 弔狄難	入滑 晉敗我於殽	從晉伐許楚 旋來伐	滑亡 是歲陳蔡復去 晉即楚
第九七年		文公 元年	伐衞取戚以其 侵鄭也	商臣弑其父成 王自立	魯來聘			衞侵鄭晉伐之
第九八年		二年 晉來伐公遂朝 晉	二月秦來伐敗 之於彭衙 使陽處父盟魯 以恥之 會諸侯于垂隴 討衞衞請成 五月秦復來伐			五月伐晉晉不 出		
第九九年		三年	春率諸侯伐沈 以其服楚也沈 潰 秋伐楚救江 秦來伐取二邑	伐江晉來伐以 救江		伐晉晉不出遂 霸西戎		

第一〇〇年		四年	衛侯來朝	滅江				江亡
第一〇一年		五年	伐秦	滅六滅蓼		入都		六蓼始見　六蓼亡
第一〇二年		六年	趙盾始執政　八月襄公驩卒			穆公任好卒		
第一〇三年		七年　伐邾	趙盾立靈公敗秦師於令狐先蔑士會奔秦返衛侵地			送晉公子子雍于晉爲晉所敗		宋成公王臣卒昭公將去羣公子宋亂　徐伐莒
第一〇四年	襄王崩	八年	秦來伐			伐晉		
第一〇五年	頃王元年	九年　楚來聘	楚伐鄭救之不及	伐鄭遂伐陳鄭陳皆去晉即楚			楚來伐晉救不及遂與楚平	
第一〇六年		十年	春伐秦　夏秦伐我	會陳蔡鄭于厥貉謀伐宋宋服		春晉伐我夏伐晉		是歲宋鄭陳蔡皆即楚
第一〇七年		十一年　鄋瞞來侵		伐麇敗之				麇始見
第一〇八年		十二年	與秦戰河曲	圍巢		與晉戰河曲		巢始見
第一〇九年		十三年						

第一一〇年	頃王崩	十四年	會魯宋陳衞鄭許曹盟於新城陳鄭宋再即晉		公子商人弒其君舍		與晉盟新城	
第一一一年	匡王元年	十五年 齊侵我	六月伐蔡 十一月會諸侯盟于扈蔡服也		侵魯晉謀討之不果			是歲宋鄭陳蔡皆即晉
第一一二年		十六年		大饑戎蠻庸麋濮叛楚楚遂以秦人巴人伐庸滅之		從楚滅庸秦楚睦始此		庸亡 宋人弒其君杵臼
第一一三年		十七年 齊伐我	會諸侯于扈平宋		伐魯		晉行成	
第一一四年		十八年 公薨襄仲弒公子立宣公			弒其君商人			
第一一五年	匡王崩	宣公元年	伐宋討弒君宋受盟又會于扈將爲魯伐齊皆取賂而還晉始不競 鄭即楚伐之無功	侵陳宋晉伐鄭以救之		晉求成不報	受盟于楚	

第一一六年	定王元年	二年	率宋衛陳侵鄭以其伐宋也秦伐我趙盾弒其君			伐晉	受命于楚伐宋	
第一一七年		三年	春伐鄭鄭來平	伐陸渾之戎觀兵於周疆秋伐鄭			春晉伐我去楚即晉秋楚伐我	
第一一八年		四年		滅若敖氏冬伐鄭			公子歸生弒其君冬楚伐我	
第一一九年		五年	楚伐鄭陳及楚平晉救鄭伐陳	伐鄭　陳來平			楚伐我	陳及楚平
第一二〇年		六年	侵陳					
第一二一年		七年						
第一二二年		八年	率白狄伐秦	滅舒滅蓼				舒蓼亡
第一二三年		九年	救鄭	伐鄭				
第一二四年		十年	以諸侯之師戍鄭	伐鄭				陳弒其君
第一二五年		十一年	會狄於攢函	伐鄭鄭受盟遂侵宋			又即楚仍貳于晉	

				討陳弒君				
第一二六年		十二年	與楚戰于邲敗績	圍鄭克之遂及晉戰于邲晉師敗績　滅蕭		服于楚		自是陳鄭許皆服于楚　蕭亡
第一二七年		十三年	赤狄伐我	伐宋	伐莒			
第一二八年		十四年	伐鄭無功　楚 來聘	圍宋				
第一二九年		十五年　始卽楚	秦伐我　敗赤狄　滅潞	宋人來平			伐晉	自是魯宋皆服于楚
第一三〇年		十六年	滅赤狄甲氏及留吁鐸辰					
第一三一年		十七年						
第一三二年		十八年　公薨	郤克執政	莊王旅卒				
第一三三年		成公元年　復與晉盟	魯來盟					
第一三四年		二年　齊伐我	郤克會魯衛曹與齊戰于鞌	侵衛會魯宋秦陳蔡	與晉戰於鞌敗績歸魯汶陽之			

		六月會晉衞伐齊	師敗績	衞齊許曹邾薛鄫盟于蜀	田			
第一三五年		三年	以諸侯伐鄭　伐廧咎如　作六軍		朝晉		伐許　諸侯來伐	
第一三六年		四年	欒書執政					
第一三七年	定王崩	五年	會魯宋衞鄭曹邾杞盟於蟲牢　鄭服也				求成於晉	
第一三八年	簡王元年	六年　以晉命伐宋	遷都於新田　救鄭遂侵蔡	伐鄭　以申息之師救蔡				
第一三九年		七年	率魯齊宋衞曹莒邾杞救鄭	伐鄭				吳伐郯　吳始見　吳入州來
第一四〇年		八年	侵蔡遂侵楚使申公巫臣如吳晉吳始通以病楚	晉侵我	晉使魯歸汶陽之田			
第一四一年		九年	會魯齊宋衞鄭曹莒杞盟于蒲將會吳吳不至	伐莒入鄆			圍許　會楚於鄧	

			秦白狄伐我 鄭伯來朝以其 貳于楚執之					
第一四二年		十年	景公獳卒					
第一四三年		十一年	欲與秦成秦不 肯涉河各遣臣 就盟秦歸而背 之			與晉盟旋背之		宋華元謀合晉 楚之成
第一四四年		十二年	宋華元合晉楚 之成　五月晉 楚會于宋 晉楚交聘敗狄 于交剛	與晉會於宋				
第一四五年		十三年						
第一四六年		十四年	使呂相絕秦遂 率魯齊宋衛鄭 曹邾滕伐秦敗 之			晉伐我	伐許	
第一四七年		十五年	以諸侯之大夫 會吳于鍾離	侵鄭遂侵衛許 遷于楚			楚侵我亦侵 楚	吳會於鍾離始 通上國
第一四八年		十六年	鄭叛伐之與楚	救鄭敗于鄢陵			叛晉晉人來	

			鄭戰于鄢陵楚鄭敗績 率周魯齊邾再伐鄭遂侵陳蔡				伐	
第一四九年		十七年	夏秋兩伐鄭厲公殺三郤	滅舒庸			晉伐我	舒庸亡
第一五〇年		十八年 公薨	欒書中行偃弒厲公立悼公救宋				伐宋	
第一五一年	簡王崩	襄公元年	率魯齊曹邾杞侵宋 伐鄭韓厥執政				晉伐我	
第一五二年	靈王元年	二年	城虎牢以偪鄭	使鄭侵宋	伐萊		侵宋	
第一五三年		三年	會周魯齊宋衞伐吳 吳伐我 鄭莒盟於鷄澤 鄭服也 伐許					
第一五四年		四年	使魏絳和諸戎					
第一五五年		五年 季文子卒	吳來聘	伐陳陳服				
第一五六年		六年	會魯宋齊陳衞鄭曹莒邾滕薛吳鄫盟于戚 吳	伐陳晉救之	滅萊			莒滅鄫 萊亡 鄫亡

			始列盟會					
第一五七年		七年	知罃執政					
第一五八年		八年		伐鄭鄭人請成			侵蔡 冬楚伐我	
第一五九年		九年	會魯齊宋衛曹 莒邾滕薛杞小 邾伐鄭鄭受盟	伐鄭鄭人請成		侵晉	晉伐我請成 楚伐我	
第一六〇年		十年	會諸侯伐鄭戍 虎牢 滅偪陽以予宋	救鄭　伐宋 侵魯　圍蕭			侵衛宋魯 晉伐我	
第一六一年		十一年 作三軍分公室	會諸侯伐鄭鄭 請成同盟于亳 鄭旋伐宋諸侯 復伐鄭鄭請成 秦伐我	鄭請成於晉會 秦伐之		會楚伐鄭 伐晉	四月晉伐我 請成楚伐我 亦請成七月 晉伐我又請 成	
第一六二年		十二年	伐宋					
第一六三年		十三年	荀偃執政	共王薨卒 吳侵我敗之				吳始病楚
第一六四年		十四年	會諸侯會吳于 向謀楚 會諸侯伐秦	伐吳				吳季札辭國衛 人出其君

第一六五年	
十五年	
悼公周卒	會諸侯盟于戚

第三表

	周	魯	晉	楚	齊	秦	宋鄭	吳越	列國
第一六六年		襄公十六年 齊伐我	會諸侯於溴梁大夫盟執莒子邾子會諸侯伐許遂伐楚	晉伐我	伐魯				
第一六七年		十七年			伐魯		宋伐陳		衞伐曹
第一六八年		十八年	會諸侯伐齊	伐鄭	伐魯 晉會諸侯伐我				
第一六九年		十九年	士匄執政						
第一七〇年		二十年	會諸侯盟于澶淵齊成也						
第一七一年		二十一年	逐欒氏						
第一七二年		二十二年							
第一七三年		二十三年 季孫孟孫皆廢	欒盈以曲沃叛范氏討滅		伐衞遂伐晉還伐莒				

		長立少	之 齊伐我 魯救我						
第一七四年		二十四年 侵齊	伐齊　救鄭	伐吳伐鄭	魯侵我晉會 諸侯伐我		楚伐鄭	楚伐吳	
第一七五年		二十五年	伐齊受賂而 還與秦盟 趙武執政	吳伐我大敗 之遂滅舒鳩	崖杼弒其君 晉伐我受賂 而還	與晉盟	鄭伐陳	吳伐楚	
第一七六年		二十六年		伐鄭			楚伐鄭		衞寧喜弒其君
第一七七年		二十七年 同盟于宋	與楚及諸侯 盟于宋	與晉及諸侯 盟于宋	不與于宋盟 慶封滅崔氏	不與于宋盟	宋向戌倡弭 兵合晉楚及 諸侯之大夫 盟于宋	吳不與於宋 之盟	列國同盟者衞 陳蔡曹許滕邾
第一七八年	靈王崩	二十八年	諸侯以宋之 盟來朝	諸侯以宋之 盟來朝 康王卒	逐慶封陳氏 始大				
第一七九年	景王元年	二十九年		王子圍爲令 尹				吳季札歷聘 上國	
第一八〇年		三十年					鄭子產始執 政		
第一八一年		三十一年	吳來聘						

	第一八二年	第一八三年	第一八四年	第一八五年	第一八六年	第一八七年
公薨	昭公元年	二年	三年	四年取鄫	五年舍中軍四分公室	六年
	與楚及諸侯之大夫盟于虢修宋之盟趙武卒韓起執政歷聘各國					
	公子圍弒其君自立			會陳蔡鄭許宋徐滕頓胡沈小邾淮夷于申執徐子以諸侯伐吳遂滅賴	以諸侯及東夷伐吳越率師來會越始見	伐徐吳救之遂伐吳
						伐北燕
				秋楚伐吳冬吳伐楚	越會楚伐吳	

第一八八年		七年		魯來朝	與燕平	
第一八九年		八年		滅陳		
第一九〇年		九年	率陰戎伐周邑			
第一九一年		十年	平公彪卒		陳氏鮑氏滅欒氏高氏	
第一九二年		十一年	會諸侯於厥慭謀救蔡不果	滅蔡		
第一九三年		十二年	伐鮮虞	圍徐以懼吳王次於乾谿		納北燕伯
第一九四年		十三年	會諸侯盟于平丘執魯季孫晉霸遂隳	公子比弒其君公子棄疾殺比自立		
第一九五年		十四年				
第一九六年		十五年	伐鮮虞			
第一九七年		十六年		取蠻氏	伐徐	
第一九八年		十七年	滅陸渾之戎	與吳戰于長		

				岸					
第一九九年		十八年							
第二〇〇年		十九年							
第二〇一年		二十年					鄭子產卒		
第二〇二年		二十一年							
第二〇三年	景王崩	二十二年	滅鼓討王子朝納悼王						
第二〇四年	敬王元年王子朝之亂	二十三年		吳伐州來救之師敗令尹死焉囊瓦爲令尹城郢				吳伐州來楚救之吳敗楚頓胡沈蔡陳許之師於雞澤	
第二〇五年		二十四年		爲舟師以伐吳吳敗之				吳敗楚師滅巢及鍾離越從楚伐吳	
第二〇六年		二十五年公伐季氏敗孫于齊							
第二〇七年		二十六年	納敬王	平王卒	取鄆處魯侯				

第二〇八年		二十七年		吳伐我				吳伐楚不克公子光弒王僚
第二〇九年		二十八年	魏舒執政滅祁氏羊舌氏					
第二一〇年		二十九年						
第二一一年		三十年		受吳亡公子吳滅徐徐子來奔				吳滅徐作三師以病楚
第二一二年		三十一年		吳侵我				吳侵楚
第二一三年		三十二年公薨	會諸侯城成周					吳伐越
第二一四年		定公元年						
第二一五年		二年		伐吳敗於豫章				楚伐吳
第二一六年		三年	范鞅執政					
第二一七年		四年	盟召陵侵楚	吳伐我入郢昭王出亡				吳伐楚入郢

第二一八年		五年 楊虎執季桓子		秦來救昭王復國		救楚		吳師去楚越入吳	
第二一九年		六年	子朝餘黨作亂王來奔	徙都鄀			鄭滅許		燕簡公元年
第二二〇年		七年	納王		侵衞				
第二二一年		八年 齊伐我 陽虎叛	侵鄭衞		伐晉				
第二二二年		九年 陽虎奔齊	齊衞伐我						
第二二三年		十年 會齊於夾谷孔子相	圍衞		會夾谷返魯侵地				
第二二四年		十一年	魯始叛						
第二二五年		十二年 墮三都			魯來會				
第二二六年		十三年 孔子去魯	趙鞅以晉陽叛遂執政 齊衞伐我		伐晉			越王句踐立	
第二二七年		十四年	趙鞅伐范氏	滅頓				越敗吳於檇	衞太子蒯聵奔

			中行氏					李 吳子光卒	宋
第二二八年		十五年		滅胡				吳王夫差立	
第二二九年		哀公元年	趙氏圍范中行氏於朝歌	圍蔡	伐晉			吳入越越行成	
第二三〇年		二年	與齊鄭戰於鐵敗鄭						衛靈公卒孫輒立
第二三一年		三年							
第二三二年		四年							
第二三三年		五年	逐范氏中行氏						
第二三四年		六年		救陳				吳伐陳	
第二三五年		七年 會吳						魯會吳于鄫	
第二三六年		八年					宋滅曹	吳伐魯	曹亡
第二三七年		九年		伐陳			宋伐鄭		
第二三八年		十年	伐齊	伐陳				吳伐齊	
第二 九年		十一年						吳伐齊	

		孔子自衛反魯							
第二四〇年		十二年							
第二四一年		十三年	與吳　於黃池	伐陳				吳晉會黃池越入吳	
第二四二年		十四年 西狩獲麟春秋絕筆			田常弒簡公				

飲冰室專集之四十六

戰國載記

紀列國疆域形勢章第一

春秋史域惟在山西、河南、山東、湖北四省及江蘇北部、陝西東部之一小分。逮其晚年，則安徽、江西、浙江，漸見史蹟。戰國之世，除兩廣、福建、雲貴外，今各行省悉編版籍矣。其陝西省則曾分隸秦、魏、楚、趙四國。山西則曾分隸魏、趙、韓三國。直隸則曾分隸燕、趙、齊、衞、中山五國。山東則曾分隸齊、宋、衞三國，其間尤有泗上諸小侯國。河南則曾分隸周、韓、魏、楚、宋、衞六國。甘肅曾分隸秦、趙三國。四川曾分隸秦、楚二國。江蘇曾分隸宋、楚、越三國。安徽曾分隸楚、魏、宋三國。兩湖、江西曾全隸楚國。浙江曾全隸越國。後乃次第展轉入於秦。此其大較也。其先後離合既不常，故難以確指。僅就周及七雄示其初期領域之梗概。其諸要地之攻取，則分見於次章。

周

周疆域在各國中爲最狹，而三百年間，變遷較少。蓋其地既不足貪，亦憚於犯共主也。漢志（漢書地理志省稱，下同）稱河南、洛陽、穀城、平陰、偃師、鞏、緱氏皆周故地。蓋在今河南河洛道之東北偏，有洛陽、偃師、鞏、孟津四縣，沿隴海鐵路東盡鞏縣，西盡洛陽，北距河，南帶伊闕（即龍門）、轘轅（今偃師縣治南七十里），至宜陽、登封兩縣界而止。然且分爲二周，西周治洛，東周治鞏，時復侵閱，愈用局促。至季年蓋少分先入韓（一六六年即秦莊襄元年，韓獻成皋、鞏，見秦本紀，是鞏先已入韓也），既乃盡入於秦云。

魏

戰國之初。魏最强。蓋分地得晉中權。形勢雄要。故亦襲晉名。魏惠王語孟子所謂晉國天下莫强也、（史記戰國策凡稱晉者皆指魏）其都凡四遷。春秋晉獻公時。封畢萬於魏。即晉所滅之故魏國也。（今山西河東道芮城縣）悼子徙霍。故霍國也。（今河東道霍縣）昭子徙安邑。故夏都也。（今河東道夏縣）惠王徙大梁。即汴梁。後此五代宋金之建都也。（今河南省城）其地分四部。曰河東、河西、河內、河外。河西地在今陝西境。西距河。東據洛。今陝西關中道內舊同華商等州所屬諸縣。榆林道舊延安府綏德州所屬諸縣。及鄜州所屬北東境諸縣是也。其在今榆林道內者亦稱上郡。河西上郡之西邊。與秦爲界。有長城。南自今華縣鄭縣西北。過渭水濱洛水南岸向北。經鄜縣極北達榆林。蜿蜒千餘里。而上郡東鄙則界趙焉。河東地在今山西境。西距河。東據汾。今河東道境內舊蒲、絳、解、吉、隰、等州所屬諸縣。舊平陽府所屬之汾城縣。及冀寧道內舊澤州所屬之晉城陽城等縣是也。其故都安邑在焉。自汾城以北。與趙爲界。河東河內皆在大河之北。地勢本相屬。而有韓之上黨縱斷其間。故析爲二部。上黨西稱河東。上黨東稱河內。河內跨今河南直隸兩省。其在河南者。即故殷墟。有今河北道境內舊衞輝懷慶二府所屬諸縣。及舊彰德府所屬南境諸縣。其在直隸者。有今大名道境內舊大名府所屬諸縣。北與趙爲界。東與齊爲界。而衞實蝨於其間。衞雖褊小。然終戰國之世不亡。其地惟東界齊。北西南皆界魏。衞實在魏之封域中也。（衞地跨今直隸山東河南三省）河外在今河南境。西錯入安徽山東之邊。亦分兩部。不相聯屬。西部有今河洛道境內陝靈寶閿鄉、盧氏、諸縣。汝陽境內之舞陽縣。西界秦。南界楚。東部有今開封道境內舊開封府及許州所屬諸縣。（中與宋衞韓錯壤）今汝陽道境內舊汝南府所屬諸縣。（中與楚錯境）其極東乃至今山東濟寧道之菏澤曹縣。其極南乃至今安徽淮泗道之阜陽縣。（蘇秦說魏惠王云王之地南有新郪新郪故城在今阜陽縣西北）蓋東界齊宋。南界楚。新都大梁在焉。東西兩部之間。有韓周橫梗。以隴海鐵路所經明之商丘驛爲宋地。自是而西。歷甯陵睢縣杞縣陳留開封中牟鄭縣以東皆魏地。由鄭縣歷滎陽至鞏縣皆韓地。自鞏縣歷偃師至洛陽皆周地。西則新安黽池又爲韓地。更西則陝縣靈寶閿鄉又爲魏地。此魏形勢之大凡也。范睢曰。韓魏中國之處。而天下之樞也。頓子曰。魏天下之胸腹。司馬遷亦曰。昔唐人都河東。殷人都河內。周人都河南。夫三河在天下之中。若鼎足。王者所更居也。三河之樞。魏實綰之。魏之爲重於天下宜矣。然亦以處天下之中。環周皆强國。末由斥境以自廣。終戰國之世。魏地有釁而無闗。文侯嘗一克中山。前七三年（謂戰國前紀之第七十三年也後仿此參觀年表）不能有也。而卒歸於趙。不寧惟是。其國川原平曠。乏險可守。故張儀說惠王曰。魏地四平。諸侯四通輻湊。無名山大川之限。梁之地勢。固戰場也。齊攻其東。趙攻其北。韓攻其西。楚攻其南。四分五裂之道也。言雖恫喝。於勢實審。當其盛時。守在河西。足以自强。及與秦遇而不克支。失少梁。五十年（謂戰國本紀之第五十年也後仿此）失雕陰。七十一年盡納河西地。七十四年並及上郡。七十六年大河之勢全失。蓋自去安邑徙大梁以後。六十四年魏之命運定矣。地名今釋詳下文

韓

韓都五遷。晉封韓武子於韓原。今陝西關中道韓城縣宣子徙居州。今河南河北道泗陽縣貞子徙平陽。故堯都也。今山西河東道臨汾縣景侯徙陽翟。今河南開封道禹縣哀侯徙鄭。故鄭都也。今開封道鄭縣其地分二部。本部在今河南境。別部曰上黨。在今山西境。其本部當初分晉時。西境極今河洛道之西徼。逼近潼關。與秦魏爲界。黽池殽函皆在境內。黽池即今澠池縣二崤在縣境史稱秦攻商君殺之於鄭黽池鄭即韓也其時黽池猶爲韓地賈誼稱秦孝公據殽函之固蓋指潼關一隅耳說詳下東亦極今河洛道之東徼。登封臨汝縣境。與鄭爲界。北則與周魏爲界。南有舊河南府之南部。舊河南府除前條周四縣外皆韓地沿汝水與楚爲界。西南至今汝陽道之內鄉縣北境商城縣東境。各與楚秦爲界。其別部上黨則在大河以北。有今山西河東道境內舊平陽府之一部及冀寧

道境內舊潞安府澤州之全部。斗入魏境數百里而縱斷之。此戰國初之韓疆也。初三家分智伯地。段規謂韓康子曰。必取成皋。康子曰。石溜之地。安所用之。規曰。不然。一里之厚而動千里之權者。地利也。用臣言則鄭爲韓有矣。及入戰國。而韓卒滅鄭。（二十九年）兼有春秋鄭許二國地。跨今開封道之半。而東與魏爲界。自是韓亦稱鄭焉。（史記戰國策凡稱鄭者皆指韓）西扼桃林之塞。東據虎牢之險。虢略十邑。其八在韓。故頓子曰。韓天下之咽喉也。然其周遭見脅列强。不克展拓。乃甚於魏。加以地處四衝。自春秋來。久爲爭的。故其人儇巧善趨避而不武。戰國之世。七雄無歲不戰。各有武功可紀。惟韓獨無。而常首鼠於縱橫兩派之間。韓襲鄭名。信哉其肖鄭也。自宜陽武遂入秦。（九十七年一百〇一年）所謂天險者已資敵爲制我之資。蘇秦說趙王曰。秦攻韓魏。無名山大川之限。稍蠶食之。傅國都而止。又說楚王曰。韓魏所以重畏秦者。爲與秦接境。兵不出十日。而戰勝存亡之機決矣。張儀說韓王曰。大王不事秦。秦下甲據宜陽。斷韓之上地。（指上黨）塞成皋。則王之國分矣。其後秦之滅韓。果先取南陽。（此春秋之南陽非今之南陽說詳下）絕太行道。（一百五十一年）上黨遂不能守。轉以予趙。（一百五十三年）卒乃獻滎陽成皋。（一百六十五年）秦亦拔上黨。（一百六十七年）而韓遂爲秦藩矣。

趙　終戰國之世。能倔强與秦亢者。莫如趙。雖曰國有人焉。亦形勢然矣。趙始封於耿。（今山西河東道河津縣）成子居原。故原國也。（今河南河北道濟源縣）簡子居晉陽。（今山西省治）獻侯治中牟。（今河南河北道湯陰縣）後復居晉陽。肅侯徙都邯鄲。（今直隸大名道邯鄲縣）其地跨今山西直隸兩省。錯入河南山東。後拓境越陝西之西北。其在山西者。自今冀寧道之遼縣泗縣趙城石樓以北。北抵長城。而南與魏爲界。西阻河。界魏之上郡。其在直隸者。有今保定道之全境。（保定道內定曲陽深澤三縣本中山地武靈王滅中山地盡入趙）大名道之大半。（大名道除舊大名府屬與山東河南錯壤之數縣屬魏外其餘皆屬趙）津海道西偏舊河間府屬之諸縣。而東與燕齊爲界。其在河南者。有今河北道北偏諸縣。（臨漳內黃武安涉等縣）南與魏爲界。以京漢鐵路所經明之。則涿縣定興間。燕趙界也。湯陰淇縣間。趙魏界也。此戰國初趙疆域之大凡也。及武靈王廓境。（一九十八年至一百〇四年）置雁門代郡。則北盡山西之北境。（今雁門道全境）入察哈爾綏遠邊界。東北有直隸口北道西偏諸縣。（懷安陽原蔚縣等）西北至雲中九原。則有陝西榆林道以北。包河套。抵甘肅境矣。蘇秦說趙肅侯曰。當今山東之國。莫如趙強。地方三千餘里。其時之趙固已若是。（事在七十一年。距武靈王廓境前三十年）武靈所廓又不下千餘里。其強大可想。蘇秦又曰。秦所害於天下者。莫如趙。然而不敢舉兵伐趙者。畏韓魏之議其後也。故韓之南蔽也。雖韓魏翦滅後。秦猶無如趙何。先後間廉頗李牧去之。然後始能以得志。趙亦一世之雄哉。

燕

燕自周初建國。歷數百年。未嘗爲重於天下。入戰國。乃爲七雄之一。始都易。（今直隸津海道易縣）後幷薊地。遷焉。即今京師也。全境在今直隸。並跨奉天熱河。戰國初。有今京兆及津海道境內舊天津府及遵化州所屬各縣。昭王時。（百四十五年間）其將秦開破東胡樓煩。拓地千餘里。置上谷漁陽右北平遼東遼西諸郡。於是東北有津海道舊永平府所屬諸縣。更奄包遼東半島。逼距朝鮮。環今京奉鐵路安東鐵路以內。率皆燕地也。西北更有今口北道之泰半。（今口北道全境皆燕之上谷郡。初全屬燕。其後趙伐燕取三十六城。故有數縣屬趙。如前條所述）熱河屬之舊承德府各縣亦在焉。此燕境最恢之時矣。蘇秦說趙王曰。燕固弱國。不足畏也。其說燕王曰。秦之攻燕也。踰雲中九原。過代上谷。彌地踵道數千里。雖得燕城。不能守。秦之不能害燕亦明矣。故終戰國之世。燕常與齊趙相攻取。齊嘗墟燕。（九十年）燕亦嘗墟齊。（百三十年）與趙從親則安。否則恆有趙患。而齊趙亦恆視燕嚮背爲安危。故蘇代曰。天下戰國七。而燕處弱焉。獨戰不能。有所附則無不重也。然二百餘年間。秦兵未始一加於燕。及趙亡。則秦師不再舉而燕下矣。蘇秦又曰。秦之攻燕。戰於千里之外。趙之攻燕。戰於百里之內。夫始皇滅燕時。則固戰於百里之內也。

齊

齊表東海。在春秋即稱雄國。自獻公（周厲王時）居臨淄。（今膠東道臨淄縣）歷春秋戰國六百餘年不徙。諸國宅都之久。未若齊臨淄者也。戰國齊全盛時。奄有今山東省什之九。濟南東臨膠東三道皆隸焉。東三面襟海。北則跨直隸津海道內舊天津府滄州景州所屬各縣。北界燕。西界趙。今津浦鐵路北段所經。則滄縣以北為燕。其南為齊也。今山東濟寧道境。其舊沂州府全屬及舊兗州府屬之寧陽、汶上、鄒、滕、四縣皆齊境。餘則宋及泗上十二小諸侯地。十二小侯不能悉舉其名。魯、鄒、滕、薛、郳、等其可考者也。皆在舊兗州府屬。宋於七雄外最為强大。其地有山東濟寧道之菏澤、曹、定陶、單、武城、鉅野、金鄉、魚臺、等縣。有河南開封道之商邱、虞城、夏邑、永城等縣。有江蘇徐海道舊徐州府屬之全境。安徽淮泗道之宿、亳二縣。及齊楚魏分宋。（一二八一年）山東境內宋地盡入齊。齊於是奄有全省。其未入版圖者。舊兗州府泰安府屬一小分而已。（泗上小侯次第為宋所滅。分宋後地入齊）齊前此南與宋為界。至是則與楚為界。今津浦鐵路所經滕縣與徐州之間。則齊楚界也。田肯曰。齊有琅琊即墨之饒。南有泰山之固。西有濁河之限。北有渤海之利。地方二千餘里。持戟百萬。縣隔千里之外。此東秦也。秦之無如齊何。猶齊之無如秦何。故終戰國之世。秦加兵於齊者僅二度。（一二九四年一四四四年）而皆不能為齊病。齊之亡。則大勢既去。望風降服而已。

楚

楚當春秋之季。嘗一度大創於吳。然吳未能略楚寸地也。及趙滅吳而不能正江淮以北。楚取之地益廣。其後滅越分宋。又益廣矣。自七十一年至九十一年之時。楚版圖稱全盛。（七十一年滅越。九十二年秦取我漢中地）北有今河南汝陽道什之八九。與韓魏為界。京漢鐵路所經郾城西平間。則魏楚界也。（汝陽道舞陽縣以北屬魏。內鄉縣以北屬韓）其中權則全有湖北安徽江蘇三省。（時安徽江蘇尚有一部分屬宋見前條）南則有江西之潯陽廬陵豫章三道。（贛南未歸）湖南全省。東則有浙江之錢塘金華會稽三道。（甌海爲百越所散居）西則有陝西漢中道及四川東川道之半。（其時漢中道南鄭以西屬秦其東屬楚）當是時。楚地蓋半天下。自懷王喪師西境陝西四川之地去矣。（九十二至一〇六年）然旋復滅宋分其地。（一二八年）從燕伐齊取淮北。（一三〇年）於是盡有江蘇安徽餘境。且及山東舊濟寧道之舊泰安兗州二府地。此楚疆沿革之大凡也。淮南子曰。楚地南卷沅湘。北繞潁泗。西包巴蜀。東裹郯淮。潁汝以爲洫。江漢以爲池。垣之以鄧林。（今鄧縣）緜之以方城。（今裕縣）全楚盛時之形勢略具是矣。及漢中巴蜀既失。秦控上游以臨楚。楚始不競。韓魏臣服於秦。楚遂不可復守。蘇秦說楚曰。秦之所害於天下莫如楚。王不從親以孤秦。秦必起兩軍。一軍出武關。一軍下黔中。則鄢郢動矣。張儀說楚曰。秦下甲據宜陽。韓之上地不通。下河東。取成皋。韓必入臣於秦。韓入臣。魏則從風而動。秦攻楚之西。韓魏攻其北。社稷豈得無危哉。蘇代約燕王。秦正告楚曰。蜀地之中。輕舟出於汶。（汶山即岷山）乘夏水而下江。五日而至郢。漢中之甲。輕舟出於巴。乘夏水下漢。四日而至五渚。（在宛鄧間）寡人積甲宛。（宛城今河南南陽道南陽縣）東下隨。（今湖北江漢道隨縣）智者不及謀。勇者不及怒。凡此雖當時策士恫愒之言乎。而後此秦之幷楚。實遵斯道。地勢形便所繫之重如是夫。

秦　六國皆幷於秦。然秦當戰國初。境壤實視諸國最狹。其國界約自西經七度至十度。北緯三十三度半至三十五度耳。其地皆在今陝西。惟故都跨甘肅之東偏。而陝西亦與楚魏共之。秦所得僅三之一也。蓋東距洛水自今關中道東境白水郃陽間。蒲城朝邑間。高陵華縣間。藍田商縣間。與魏之河西地爲界。北自楡林道鄜縣甘泉間。與魏之上郡爲界。南則有漢中道內舊興安府屬北境諸縣。而西南與楚爲界。西則盡甘肅渭川道而止。其時秦地之廣。乃僅與韓宋燕比肩。獻孝惠武昭五世。（自二十年至百六十四年）銳意攻克。東侵韓魏趙楚。北滅義渠。南幷巴蜀。始皇初立。則既有今山西河東道全境及冀寧道之泰半。（舊太原汾澤潞所屬諸縣）河南舊懷慶衛輝（河北道）開封（開封）

道南陽汝南道四府所屬諸縣。湖北荊南道全境及襄陽道內舊鄖襄兩府所屬諸縣。西南奄舉全蜀。北及楡林。盡陝西北部。西北有甘肅之涇原道。天下形勢。盡在秦矣。越二十餘年。遂幷天下。荀卿曰。秦國塞險。形勢便。山林川谷美。天府之利多。此形勝也。田肯曰。秦帶河阻山。隔絕千里。地勢便利。其以下兵於諸侯。譬猶居高屋之上建瓴水也。嗚呼。先乎秦者有周。後乎秦者有漢。三代之興。皆以關中。關中誠重於天下哉。

紀六國興衰梗概章第二

戰國各國。各有其全盛時代。亦有中衰而復興者。前紀七十餘年中。各國率畫疆自理。無大事可紀。或史闕文而魏最先強。自前紀五十六七年至本紀三十二三年。約五十餘年間。魏之全盛時代也。實文侯武侯兩代。蓋魏分晉得故都。西據長河兩岸。以全河爲帶。東有南陽。此南陽爲故晉之南陽在今河北道溫縣濟源修武諸縣境非今南陽府屬地虢略。故虢略西部桃林塞其時屬魏東部則屬韓也形勝爲天下最。文侯一時令辟。享國久長。前紀五十六年即位本紀二十七年卒在位三十八年敬禮儒賢。器使才俊。師事子夏田子方。過段干木之廬必式。任李悝守上地。即上郡今陝西楡林道內舊延安府及綏鄜兩直隸州所屬諸縣皆是吳起守西河。即河西地今陝西關中道舊同華兩州境西門豹守鄴。今河南河北道臨漳縣及其附近一帶即漢之魏郡也李悝爲盡地力之敎。盛獎農穡。其言曰。地方百里。提封九萬頃。除山澤邑居三分去一。爲田六百萬畝。治田勤謹。則畝益三斗。不勤則損亦如之。地方百里之增減。輒爲粟百八十萬石。爲平糶法。觀數年之通。調節穀價。使農末交利。而禦荒有備。近世生計學者所稱社會政策。斯其嚆矢也。悝言糶甚貴傷民甚賤傷農善平糶者必謹觀歲歲有上中下熟上熟收四百石糶三而餘一中熟三百石糶二餘一下熟二百石糶一餘一使民食適足而穀價適平小饑則發小熟之所斂中饑大饑發中熟上熟之所斂而糶之而西門豹在鄴。亦鑿十二渠。引河漳之水以灌田。後世言水利者祖焉。悝又撰次諸國法。著法經六篇。秦漢采之。歷二千餘年。至明淸條例。雖代有增刪。然大綱則悝之舊也。悝之治蹟。存於史策者弗多。卽此數端。其規模弘遠可見。衞鞅本魏人。習見悝法治之效。采之以相秦。晉書刑法志云商鞅受李悝之法以相秦 秦用是强。吳起爲我國第一流名將。所著書與司馬穰苴孫武書同爲兵家祖。漢書藝文志有吳起四十八篇 初爲魯將。爲魯破齊。既而適魏，文侯以爲將。伐秦屢敗之。因使守西河以拒秦。起之爲將。臥不設席。行不騎乘。親裹贏糧。與士卒最下者同衣食。分勞苦。卒有病疽者。起爲吮之。故士戰不旋踵。咸爲死敵。起前後拔秦列城五。曰少梁。前六二六四年 曰繁。曰龐。前七十一年 曰洛陰。曰郃陽。前七十三年 皆大河以西要地也。凡與秦爭之地其今釋皆詳秦併六國章 東則伐中山克之。前七十三年樂羊爲將 南則敗楚於榆關。十三年 當是時魏威震天下。武侯承餘業。十八年至三十三年 値秦喪亂。十八至二十年秦有出公之亂 盡取河西地。於是與秦距洛爲境。擴地殆過晉全盛時矣。然魏之衰實自茲始。吳起既久在西河。武侯中王錯之譖召之還。起至岸門。回望西河。泣數行下曰。君誠使我畢能。秦可必亡。君今信讒。而不知我。西河之爲秦不久矣。魏其削乎。起懼誅。卒奔楚。起奔楚之年史失載綱目列之魏武侯元年當本紀十八年大約當在此後二三年間 時幸値秦獻初立。內難甫夷。未遑外略。故魏猶得席餘威以自雄。然前此與秦遇輒勝。後此與秦遇輒敗。蓋吳起去後。不二十年。而秦盡復其河西故地。不三十年。而魏西河且入秦矣。此魏之失計一也。文侯政策。常欲結三晉同盟以相保而自固。見次章 蓋魏地本橫亘韓趙之中。魏睦二國。二國自不能越魏以相殘。武侯初立。卽改其道。納趙公子朔之叛。而與之襲趙。十八年武侯元年 自是三晉睽渙。迭尋干戈。以爲秦資。此魏之失計二也。魏相公孫痤疾革。勸惠王舉國以聽衞鞅。否則殺之。惠王以爲老悖。既不能用鞅。而縱之入秦。四十三年惠王八年 習於魏故。既相秦則首以全力圖魏。此魏之失計三也。夫魏四戰之國。雖襲晉名。其形勢與全晉之時則大異。全晉雄據西北。如虎負嵎。莫有天下形勝。南嚮以臨諸國。兵法所謂能爲不可勝以待敵之可勝也。故春秋城濮之役。其謀議曰。戰而捷必得諸侯。若其不捷。表裏山河。必無害也。以晉形勝如彼。而其君臣之持重於戰事也特甚。終春秋之世。大戰三四而已。魏西有秦。東有齊。北有趙。南有韓楚。其地華離繡錯於列强之間。四面及腹心皆受敵。腹心謂韓之上黨故戰國諸國皆可戰。惟魏最不可戰。韓自知之。故始終未嘗以戰挑其鄰。魏則不然。惠王藉祖父之業。狃於盛强。不戢其武。致四鄰洶洶自危。環起與之爲難。此魏之失計四也。惠王者文侯孫武侯子。在位五十二年。三十五年立八十五年卒戰事見於史策者二十七。(一)三十四年（惠王元年下類推）與韓趙戰濁澤(二)三十五年敗趙於懷(三)同年敗韓於馬陵(四)三十六年齊伐我取觀(五)三十八年與韓伐秦敗績(六)三十九年伐宋取儀臺(七)四十年秦伐敗我於石門(八)四十一年秦攻我少梁(九)四十二年秦復敗我少師(十)同年敗韓趙師於澮(十一)四十四年與趙伐齊(十二)四十五年楚伐我決白馬之口(十三)四十七年伐韓取朱(十四)四十四年侵宋黃池(十五)五十年秦敗我元里取少梁(十六)同年伐趙圍邯鄲齊楚伐我以救趙明年齊敗我桂陵(十七)五十三年秦圍降我固陽(十八)六十一年趙攻我首垣(十九)六十三年伐韓齊救韓敗我於馬陵(二十)六十四年秦衞鞅伐我虜公子卬(廿一)同年齊趙伐我(廿二)六十五年與秦戰岸門(廿三)七十一年秦伐我取彫陰(廿四)七十四年秦圍我焦曲沃(廿五)七十九年韓趙伐我敗之(廿六)八十年秦伐我取陝(廿七)八十一年楚敗我襄陵其釁自魏啓者十焉。初立二十年間。無戰事者四年而已。魏之不競。始於五十年桂陵之敗。其禍自魏之伐趙拔邯鄲也。時秦方取魏少梁。惠王失於西而欲取償於東。乃大舉伐趙。韓則朝魏以驕之。魏圍邯鄲申不害謂韓昭釐侯曰我執珪於魏魏得志於韓必外靡於天下矣宋則虛與爲援。魏徵師於宋宋使請於趙曰請受邊城徐其攻而留其日以待下吏之有城而已趙王曰善宋因舉兵入趙境圍一城魏王大悅謂宋助我攻矣惠王遂圍邯鄲。經年。趙乞救於齊楚。皆緩救以待魏趙之兩敝。明年。五十一年惠王十八年邯鄲拔。而齊田忌用孫臏之謀引兵疾襲魏都。魏還自救。遇於桂陵。今山東濟寧道曹縣境師覆焉。自是今山東境內無魏地。楚亦乘虛取睢濊之間。睢即睢水汴河支流濊即澮水睢濊之間今河南開封道睢縣甯陵商邱一帶魏東南孔道遂塞。今徐州至開封鐵路前此自商邱以西皆屬魏後此自陳留以西皆屬楚邯鄲終不能有。而東陲驟蹙。而魏乃大創。自是與秦趙和會。五十三年與秦盟漳水上五十六年與趙會陰晉無兵事者垂十年。越十二年。六十三年惠王三十年而復有馬陵之敗。其禍自魏之伐韓也。史記魏世家作伐趙六國表及戰國策皆作伐韓今從表策魏使龐涓伐韓。五戰而五勝。韓東委國以請救於齊。齊使田忌田嬰田盼將。

孫臏爲師。聲言將襲魏都以救韓。龐涓去韓奔命。魏更起境內衆。使太子申將以禦齊。齊師入魏境。故示怯弱。以誘魏。逐利。龐涓果棄其步軍。率輕騎倍日幷行逐之。齊伏兵馬陵。今山東東臨道濮縣境本衛邑也時衛服屬於魏魏師暮夜至。萬弩驟發。魏師大亂相失。龐涓死焉。齊乘勝大破魏。虜太子申。蓋桂陵之役戰河南。今戰河北。而皆大敗於齊。魏元氣彫悴盡矣。孟子所謂梁惠王以土地之故。糜爛其民而戰之。大敗。指圍邯鄲及桂陵之敗將復之。恐不能勝。故驅其所愛子弟以殉之也。指伐韓及馬陵之敗夫魏之敝。則秦之利也。明年。六十四年秦遂伐魏。虜公子卬。大敗魏師。獻河西地七百里於秦以講。故都安邑不可復居。東徙大梁。實惠王卽位後之三十一年也。蓋戰國初元六十年間。史蹟中樞皆集於魏。自茲以往。魏惟日憂秦患。自救不贍。不復爲重於天下矣。其末年有公子無忌最賢。力殆足以復振魏國。然卒以讒廢。魏遂首爲秦滅。語在秦幷六國章也。

與魏代興者。惟楚與齊。楚當春秋之季。旣創於吳。旋有內難。百年間不聞有事於中原。蓋魏方强於北。而越在其東。越絕書稱句踐霸後卽治琅琊至楚成王滅越殺王無彊而無彊子孫居琅琊者猶二世琅琊今山東膠東道諸城縣境也然則春秋末戰國初越地蓋跨浙江江蘇山東三省沿海各州縣楚尚未能獨有江蘇也巴蜀在其西。常爲楚患。二十七年（楚肅王四年）蜀伐楚取茲方於是楚作扞關以拒之（見史記）扞關在今四川東川道奉節縣又華陽國志稱戰國初巴楚數相攻伐故置江關陽關水經注於此三關外尚有弱關皆巴楚防守地攻爭之烈可想而楚貴族頗橫恣。政出多門。是以不能北嚮。吳起之去魏奔楚也。悼王以爲相。起明法審令。捐不急之官。廢公族以養戰士。徙貴人往實廣虛之地。黜游說之言縱橫者。於是南平百越。北卻三晉。西伐秦。諸侯皆患楚之强。以上據史記吳起傳及呂氏春秋其事當在十八年至廿二年之五年間然六國表楚世家及戰國策皆不著此五年間有卻晉伐秦事當是闕文旣而悼王卒。貴戚大臣共攻殺起。肅王嗣位。盡誅爲亂者。夷七十餘家。二十三年起雖死。而楚政則自茲一新矣。越四十餘年。威王滅越。實爲楚全盛時代。威王以六十五年卽位。蓋魏徙大梁之次年。其滅越在七十年。則蘇秦約從之前一年也。先是越三世弑君。國大亂。至是越王無彊立。先伐齊。既而伐楚。適齊魏爲會以相王。威王怒。伐齊。敗之於徐州。遂移師伐越。大敗之。殺王無彊。盡取吳故地。東至於浙江。越以此敗。諸公族爭立。或稱王。或稱君。濱於海上。朝服於楚。威王又使將軍莊蹻將兵循江上。略巴蜀黔中以西。蹻至滇池。地方三百里。旁平地肥饒數千里。以兵威定屬楚。欲歸報。會秦擊奪楚巴黔中郡。道塞不通。因還以其衆王滇。變服從其俗以長之。雲南之通上國。自茲始也。蘇秦說秦王曰。楚西有黔中。（今湖南武陵辰沅兩道全境及湖北荆南道之長陽公安五峯等縣皆楚黔中地）巫郡。（今四川東川道舊夔州府所屬各縣及湖北荆南道之巴東恩施建始三縣皆楚巫郡地）東有夏州。（今漢口）海陽。（舊說謂指揚州海陵即今江蘇淮揚道之泰縣也此蓋泛指徐揚一帶）南有洞庭蒼梧。（蒼梧舊說但稱零陵南其包及今廣西境與否不敢斷）北有陘塞。（今河南開封道許昌縣）郇陽。（今陝西漢中道洵陽縣）地方數百里。帶甲數百萬。車千乘。騎萬匹。粟支十年。此霸王之資也。蓋在當時諸國中。幅員之廣。莫如楚。故入戰國九十年間。秦不敢有所加於楚。誠憚之也。及九十一年。懷王見欺於張儀。召秦兵以自取敗。十二年間。三喪其師。上流形勝。盡入於秦。楚幾不國矣。百三十六年。秦遂入郢都。楚東徙於陳。距懷王初戰秦時。四十五年耳。語並在秦幷六國章。楚以五百年積累之業。懷王一朝瞀惑而顛墜之。此屈原所爲發憤自沈。而司馬遷所謂王之不明。豈足福也。懷王既客死於秦。子頃襄王嗣。嘗彷徨於縱橫兩策之間。楚日以削。

齊在戰國。始終不衰。而威宣之間尤強。自二十六七年至百二十七八年。約一百年間。齊之全盛時代也。（二十六年威王立九十年宣王卒百二十八年湣王滅宋）齊自春秋以來。即爲大國。席山海之利。厲工商之業。冠帶衣履天下。數百年。入戰國後。以遠在海東。不罹兵革之苦。故齊之繁榮。莫與京焉。蘇秦之說宣王曰。臨淄七萬戶。其民無不吹竽鼓瑟擊筑彈琴鬬雞走犬。六博蹋踘者。臨淄之途。東轂擊。人肩摩。連袵成帷。舉袂成幕。揮汗成雨。家敦而富。志高而揚。此雖專言齊都之盛美。而全齊可概矣。自桂陵馬陵兩度挫魏。（桂陵之役當威王二十六年馬陵之役當宣王二年）東方諸國。無復能與齊抗顏行者。秦既不能越三晉以病齊楚亦不復勤遠略．越雖嘗雄據齊東．今蓋衰落．不足數矣．故此百餘年間．中原蜩唐沸羹而山以東．乃極驪虞閑暇．儒墨方術游談之士．咸集於稷下．孟軻鄒衍鄒奭淳于髡等其最著也．於是齊爲學藝之淵藪焉．齊北與燕爲鄰．宣王末年．燕王噲孌信其臣子之．既任爲相．旋讓與國．而自爲之臣．燕人弗服也．宣王伐燕．五旬而擧之．殺王噲．醢子之．孟子勸王謀於燕衆．爲置新君．王弗能用也．欲遂有燕國．既而燕人畔．楚趙胥謀救燕．齊終不克有燕．而宣王亦尋卒．齊自此衰．（八十九年至九十年）宣王卒之前五年．（八十六年）六國合縱伐秦．齊亦與焉．無功而還．是爲秦齊交兵之始．然終以東西隔絕．更數十年未被秦禍．（百二十九年秦伐齊取河東九縣爲秦加兵於齊之始）湣王繼世．席累葉之業．猶雄於諸侯．先是宣王以田嬰爲相．封於薛．至是嬰子文襲封．繼爲相．號孟嘗君．能以禮下士．士多歸之．與魏之信陵君．趙之平原君並名．齊深藉以爲重．湣王末年．秦來致帝號．稱東西帝．（百二十六年）旋滅宋．與楚魏分其地．（百二十八年）於是齊威張甚．然過此則驟替矣．宋故春秋名國．入戰國則介楚魏間．其地四戰．本處不競之勢．乃其末主偃．忽圖稱霸．滅滕伐薛．東敗齊．取五城．南敗楚．取地三百里．東敗魏軍．乃與齊魏爲敵國．八十六年．遂自立爲王．實六國合縱伐秦之歲也．稱王後益狂暴．乃至射天笞地．曰威服天下鬼神．有諫者輒殺之．諸侯號曰桀宋．如是者逾四十年．至是齊伐之．其民散亡．莫或城守．王偃奔魏．死焉．齊南割楚之淮北．西侵三晉．鄒魯之君皆稱臣．諸侯恐懼．然燕人已竊竊議其後．越二年．（百三十年）燕樂毅遂以五國之師來伐．齊國爲墟．而湣王亦與宋偃同命矣．然旋以田單之力．齊復振者猶數十年．

與齊楚代興者．惟燕趙．燕自王噲既死．太子平立．是爲昭王．實齊破燕後之三年也．（九十三年）昭王有報齊之志．顧燕弱小．且新見殘．艱厄實甚．昭王乃卑身厚幣以招賢俊．築黃金臺．尊事郭隗．以樹風聲．於是樂毅自魏往．鄒衍自齊往。劇辛自趙往。昭王弔死問孤。與百姓同甘苦。休養十年。民忘其勞矣。東胡者。春秋之山戎。自齊桓時已病燕。霸政之興。其燄少戢。入戰國後。復大爲邊患。至是燕將秦開大破之。（自百零一年至百〇四年）拓地千里。置上谷（漢上谷郡今直隸口北道之宣化龍關懷來蔚縣延慶涿鹿六縣及京兆之昌平縣皆其地漢郡因秦秦郡殆因燕也下同）漁陽（漢漁陽郡今京兆之武清寶坻順義密雲平谷五縣及熱河所屬舊承德府全境皆其地）右北平（漢右北平郡今京兆之薊縣直隸津海道之灤縣豐潤一帶皆其地）遼西（漢遼西郡今直隸津海道之盧龍遷安撫寧昌黎灤縣奉天遼瀋道之錦縣及熱河之土默特二旗界皆其地）遼東（漢遼東郡今奉天遼瀋道遼陽遼中北鎮義縣海城蓋平一帶皆其地）等郡。朝鮮亦役屬焉。東北拓境之廣。實自燕始。昭王卽位二十八年。（百三十年）日夜撫循其民。益以富實。而齊湣王矜滅宋之功。驕淫愎諫。賢士去之。民不堪命。昭王乃與樂毅謀伐齊。毅以齊霸國之餘業。獨攻未易決勝。毅乃自使於趙。且因趙結秦。別使使者約楚魏。咸得當。昭王悉起兵。以樂毅爲上將軍。秦與三晉會之。毅幷將秦魏韓趙之兵伐齊。戰於濟西。（今東臨道臨清堂邑聊城一帶）齊師大敗。樂毅遣還秦韓之師。分魏師以略宋地。部趙師以收河間。身率燕師長驅逐北。遂入臨淄。湣王奔莒。爲淖齒所弒。昭王封毅爲昌國君。留徇齊地。六月之間。下七十餘城。皆郡縣焉。是時燕威動天下。梁啓超曰。秦之西侵也。皆稍蠶食。閱數十百年。然後舉其國。東方諸國之相攻伐反是。恆一舉而夷之。越之滅吳也有然。楚之滅越也有然。齊之滅宋也有然。而燕齊之迭相滅而旋恢復者。各兩度。皆一戰之效也。齊地旣盡入燕。獨湣王子法章保莒。宋人田單保卽墨不下。樂毅留鎭齊五年。而昭王卒。子惠王立。（百三十六年）初人有讒樂毅於昭王。謂其欲頓兵自王者。昭王曰。吾求能報齊者。尚欲與之共燕國。今樂君親爲寡人破齊。塞先仇。齊國固樂君所有。非燕所得也。汝何敢言。乃斬之。而遣立毅爲齊王。毅皇恐不受。以死自誓。毅旣感昭王恩。齊人亦服毅之義。而諸侯畏其信。故克有功。至是惠王新立。齊田單廣爲蜚語間構之。惠王召樂毅。而使騎劫代之將。毅奔趙。燕將士由是憤惋不和。單之守卽墨也。身操版鍤。與士卒分勞。妻妾編行伍。飲食盡以饗士其人既感激於國恥而服單之教單乃出奇兵夜襲燕軍殺騎劫遂北至河上旬日之間七十餘城皆復爲齊迎太子於莒返臨淄立爲襄王於是齊復興而燕日替

當燕昭王東北拓境之日正趙武靈王西北啓宇之年三家分晉趙得地最寒瘠半春秋時之狄疆也故其興較晚而其運亦較長當魏盛時曾拔趙邯鄲微齊趙幾亡矣魏寖衰趙亦寖强蘇秦約從時而趙肅侯爲約長（七十一年）趙漸見重於天下然僅與秦魏齊爲疆場之爭未獨有所表異也至武靈王而趙浡興武靈王以七十九年卽位修內治者十餘年九十七年乃大集朝臣肥義樓緩等議變法胡服曰今中山在我腹心北有燕東有胡西有樓煩林胡秦韓之邊而無强兵之救是亡社稷也夫有高世之名必有遺俗之累吾欲胡服騎射以教百姓雖驅世以笑我胡地中山吾必有之時貴族諸臣雖有疑沮以王之英斷懇諭卒悅服奉行趙兵驟强既滅中山遂攘羣胡中山者春秋鮮虞白狄遺種也春秋之季晉用兵數十年未能克入戰國益大前紀六十七年武公自立齒於羣侯其地全在今直隸保定道境內（有唐完獲鹿井陘平山靈壽無極定新樂行唐曲陽諸縣地）東北界燕西南界趙魏文侯曾攻拔其都不能有也趙敬侯時戰敗之於房子獻四邑請和（廿八廿九年）趙成侯時築長城防趙（三十五年）其後恃齊援侵趙引水圍鄗幾於不守（鄗故城在今直隸大名道柏鄉縣）此肅侯時事也（史失載今據武靈王告公子成語）至是武靈年年攻略中山乘勝致羣胡而挫之九十七年（武靈十九年）北略中山地至房子遂之代北（代本北狄國前紀六年滅於趙至是百六十年矣其地跨今山西代縣至直隸易縣界所謂代北者則出雁門關以北也）至無窮（卽無終春秋時爲北狄國今直隸保定道淶源縣）九十八年（二十年）略中山地至甯葭西略胡地至楡中（今陝西楡林道楡林縣外邊城）其後三年（自九十九年至百零一年）連攻中山中山獻邑請和暫休兵百零四年（二十六年）復攻中山攘地北至燕代西至雲中九原（見下）明年武靈王傳位少子何是爲惠文王使大臣傅之自稱主父主父使子治國身胡服將士大夫西北略胡地而欲從雲中

九原直南襲秦。乃詐自爲使者入秦。察地形。且觀秦王爲人。秦昭王不知。已而怪其狀甚偉。非人臣度。使人逐之。則已脫關出矣。秦人大驚。百零七年。（惠文王二年）主父行新地。遂出代西。遇樓煩王於西河。而致其兵。明年。遂滅中山。遷其君於膚施。（今縣屬陝西榆林道）悉破林胡樓煩。置雁門。（今山西雁門道自雁門關之西北大同山陰朔縣渠原應縣右玉左雲平魯等縣及察哈爾舊鑲藍旗界皆漢雁門郡地漢因秦秦因趙也）代郡。（今直隸口北道之陽原褱安蔚縣保定道之淶源縣山西雁門道之大同陽高天鎭廣靈邱繁峙等縣及察哈爾之舊正黃旗鑲藍旗界皆漢代郡故地）雲中。（今綏遠歸化城西托克及鄂爾多斯旗界一帶皆漢雲中故地）九原。（漢改稱五原今綏遠沿河以北自包頭鎭至五原一帶皆漢五原郡故地）諸郡。還歸行賞。大酺五日。梁啓超曰。吾觀古今中外諸大小國之君主。其颯爽瑰特。未有過趙武靈王者也。然以廢長立少。故其長子作亂。攻惠文王。敗往依主父。主父庇之。遂爲王臣李兌所弒。實百零九年。楚懷王客死於秦之次年也。時韓魏日削弱。秦禍漸中於趙。然趙人習武靈之敎。矜氣節。右武善戰。有平原君廉頗藺相如趙奢李牧先後爲之將相。皆一時之傑也。故歷數十年與秦爲勍敵。秦以間去此數賢。僅乃得志。語在秦幷六國章。而李牧卻匈奴之功。終趙世不衰。

之五國者各有其盛時。大抵第五十年以前。魏之盛時也。第六十五年至第九十年。楚之盛時也。第三十年至第百三十年。齊之盛時也。第九十三年至第百三十五年。燕之盛時也。第八十年至第百五十三年。趙之盛時也。惟韓無特盛之時可稱述者。必强舉之。則自第五十一年至第七十年。約廿年間。昭侯爲君。申不害爲相。不害本鄭之賤臣。其學黃老刑名。相韓十五年。國內以治。諸侯不來侵伐云。然其治蹟之見於策者。不過敎韓朝魏以驕魏弱魏而已。韓故鄭也。其外交襲鄭轍跡。良非得已。抑申不害亦誠鄭人哉。

紀秦創業次第章第三

樹久大之規畫。懸鵠校程。以圖進取。百折不撓。而卒貫其初志者。其惟秦乎。秦之創業也。蓋自穆公至始皇四百餘年間。未嘗一日息。雖緣外力抵抗之强弱。而屢有屈伸。顧未嘗或一退轉。其步驟亦未或一淩亂。嘻。謀國若是。信難能而可貴者哉。秦之圖中原也。始於穆公之索晉賂。以納惠公。晉惠公之入。賂秦以河外列城五。南至華山。東盡虢略。（事在春秋第七十三年）其地蓋西自今陝西關中道之華縣華陰。踰潼關。包有今河南河洛道之閿鄉靈寶陝縣。東盡澠池洛寧。蓋自新安以西至潼關四百八十里。皆古殽函地。亦稱桃林之塞。河流翼岸。巍岸插天。絕谷深委。險甲天下。秦圖中原必爭之地也。晉惠急於得國。乃投秦所最欲者以爲餌。秦誠得此。則翱翔東嚮。貲莫之能制也。然晉之君臣。固見及此。故旋即背約。所謂許君焦瑕。（二邑皆今河南河洛道陝縣。焦故城在縣治南二里。即古焦國。後并於晉。瑕在縣治西南三十二里。有曲沃城。文十三年左傳稱晉使詹嘉處瑕以守桃林之塞。即其地也）朝濟而夕設版也。（鄭燭之武說秦穆公語。見僖三十年左傳）秦既見欺。不得逞。越二十年。會晉圍鄭。（春秋第九十三年。僖三十年）冀有所獲。猶前志也。鄭燭之武說之曰。越國鄙遠。君知其難。又曰。若舍鄭以爲東道主。行李之往來。供其困乏。蓋知秦久蓄憾於晉。又窺其東侵之念未息。故聳以利害而言遽入也。越三年。（春秋九十六年）潛師襲鄭。而晉敗之於殽。滅滑而不能有也。（滑在今河南河洛道偃師縣南二十里。有緱氏故城。即其地）蓋秦銳意經略此地者二十餘年。至是乃知其未可圖矣。故晉先軫謂一日縱敵。數世之患也。既不得志於東。乃折而圖南。晉人亦思洩於彼。以緩吾衝。故春秋八十八年。（僖二十五年）晉人秦人伐鄀。越十三年。（春秋百零年）秦遂入鄀。（今河南汝陽道內鄉縣境）然亦不能有也。卒以資楚。（何年入楚。史失載。然楚以定六年徙都於鄀。當秦入鄀後百十八年。想楚早滅之以爲邑矣）夫秦通中原。阨塞有二。東則函關。南則武關也。秦得之可以控制天下。他國得之。卒以阨秦。（豪傑亡秦時。沛公從武關入。項王從函關入）武關在春秋爲少習。而始終屬楚。（武關在今陝西關中道商縣南百八十里。哀四年左傳楚人告陰晉大夫將通於少習以聽命。即其地）秦得虢略鄭滑。則函關舉矣。得鄀則武關舉矣。然既厄於晉。復厄於楚。此秦所爲疾首而痛心也。自是秦轉北趙。以求東出之道。其與晉疆埸之爭。多在河汾交流直西之境。若少梁。（在今韓城縣境本秦地春秋百零六年晉取之）若北徵。（在今澄城縣境本晉地同年秦取之）若彭衙。（在今白水縣境本秦地春秋九十八年晉取之）若刳首。（在今郃陽縣境春秋百零三年晉伐秦至其地）若令狐。（今山西河東道猗氏縣境與刳首陽河相望春秋百零三年秦伐晉至其地晉敗之）若輔氏。（今朝邑縣境春秋百廿九年百六十年秦兩次伐晉至其地）皆兩國迭相攻取之區也。概括言之。則穆公以前。秦晉爭河南。（所爭爲今陝西與河南接壤諸地）穆公以後。秦晉爭河西。（所爭爲今陝西與山西接壤諸地）然終不能以大得志。春秋之季。晉威稍替。秦始能盡河而守。晉秦爲成時。（春秋百四十三年）晉大夫盟秦伯於河西。秦大夫盟晉侯於河東。是爲長河之險。兩國共之。終春秋之世。秦所得止此矣。入戰國之初。而秦中衰。盡失其河西地。孝公初立。下令曰。會往者厲躁簡公出子之不寧。國家內憂。未遑外事。三晉攻奪我先君河西地。諸侯卑秦。醜莫大焉。三晉奪地之事。史闕有間。今參錯鉤稽之。百零八年。趙武靈王遷中山君於膚施。（今縣）則知是年以前。延安以北。尚爲趙地。七十一年。秦取魏彫陰。地在今甘泉縣。西濱洛水。則知是年以前。洛東尚有魏地。至春秋時。秦晉歷爭諸地。今屬韓城郃陽澄城白水朝邑一帶者。則正吳起所守之西河。魏之重鎭也。（前紀六十二年六十四年魏兩次城少梁今韓城境六十九年魏圍秦繁龐出其民今澄城白水境七十二年魏伐秦築臨晉元里今朝邑境七十三年魏伐秦築洛陰合陽今郃陽境孝公所謂奪河西地者殆即指此諸役）其在河渭以南者。則華縣華陰一帶。爲魏陰晉地。七十二年。魏始納陰晉。則知是年以前。仍魏地也。商縣爲魏上雒地。秦策記楚魏戰於陘山。魏許秦以上雒。（戰陘山之年失考當在魏惠王時）則前此之商縣。仍魏地也。然則戰國之初。函關屬魏。而陰晉更在函關西百里。武關屬楚。而上雒更在武關西北百二十里。北境則自子午嶺以北皆趙。而自洛以東皆魏也。秦之蹙狹。可想見矣。蓋秦自前紀第四年悼公之卒。迄本紀第二十年獻公之立。約一百年間。中經厲、躁、懷、靈、簡、惠、出七公。內亂頻仍。秦自建國以來。惟此時最爲衰弱。而魏文侯以一世之賢豪。適亢起于其間。秦之不競於魏以此。然其間秦滅大荔。亦春秋戰國之交一大事也。大荔戎也。地在今縣。并包有蒲城朝邑兩縣境。本晉地而沒於戎。及秦滅之。自秦得此。而魏之河西及陰晉地乃中梗而爲二。（秦滅大荔年代不可確考。大抵爲時甚長。前紀第二十年秦伐大荔。取其王城。大荔之大受創自此。然至本紀第六十六年。大荔猶圍秦郃陽。距取王城時百一十年矣。秦殆先後歷百餘年始盡滅之也）獻公以後。秦漸張矣。獻公以第二十年立。明年。卽城櫟陽徙都之。前此秦都雍。爲今鳳翔縣治。今徙櫟陽。則臨潼縣東北五十里也。蓋東下已四百二十餘里。孝公下令所謂獻公鎭撫邊境。徙治櫟陽。且欲東伐復故地也。前此秦與三晉遇屢敗。（參觀年表）至第四十年。（秦獻二十一年）伐魏。韓趙救魏。秦敗之於石門。斬首六萬。天子致賀。秦威始振。越三年。孝公嗣位。秦帝業草創矣。

秦之創業。略分五期。一曰商鞅時代。當孝公之世。二曰張儀司馬錯時代。當惠王世。三曰樗里疾甘茂時代。當惠王武王世。四曰魏冉時代。五曰范雎時代。皆當昭王世。五者各應其時而效其策。秦用是興。今於是章敍述前三期。其後二期則語在第五章也。

孝公以四十三年卽位。六十六年卒。凡在位二十五年。與魏惠王齊威王同時。初立卽下令求賓客羣臣能出奇計强秦者。衞公孫鞅自魏往。一見而授以政。鞅少好刑名。事魏相公叔痤。明習魏故。悅服李悝治法。痤且死。薦諸惠王。惠王弗能用。至是挾其術以强秦。鞅之言曰。民不可與慮始。而可與樂成。論至德者不和於俗。成大功者不謀於衆。苟可以强國。不法其故。苟可以利民。不循於禮。故主變法。又曰。農者寡而游食者衆。則其國貧危。凡治國者患民散而不可摶也。民避農則輕其居。輕其居則不爲上守。聖人必令民歸心於農。則民樸而可正也。故主貴農。又曰。戰者民之所惡也。能使民樂戰者王。强國之民。父遺其子。兄遺其弟。妻遺其夫。皆曰不得無返。（言無所獲則勿返。以此相遺勉也）又曰。失法離令。若死我死。（言將連坐也）民固欲戰。又不得不戰。是爲重强。故主厲戰。又曰。以殺去殺。雖殺可也。以刑去刑。雖重刑可也。國之亂也。非其法亂也。非法不用也。國皆有潛法。而無使法。必行之法也。刑用於將過。則大邪不生。賞施於告姦。則細過不失。刑重者民不敢犯。則無刑矣。故主峻刑。鞅之言論。見於今所傳商君書者。其要旨皆類此。孝公既納鞅議。於是徙都咸陽。（今縣）集小都鄉邑聚爲縣。凡四十一縣。皆置令丞。爲田開阡陌。封疆而賦稅平。平斗桶權衡丈尺。僇力本業耕織致粟帛多者復其身。事末利及怠而貧者舉收以爲孥。民有二男以上。皆別居。違者倍其賦。有軍功者各以率受上爵。（秦本有計首虜賞功之制。鞅更嚴密定其法）爲私鬬者各以輕重被刑。令民爲什伍而相收司連坐。不告姦者腰斬。告姦者與斬敵同賞。匿姦者與降敵同罰。宗室非有軍功論。不得爲屬籍。明尊卑爵秩等級。各以差次名田宅臣妾衣服。有功者顯榮。無功者雖富無所芬華。行之十年。秦民大說。道不拾遺。山無盜賊。家給人足。民勇於公戰。怯於私鬬。秦以驟强。鞅又以秦土廣民稀。不能盡地力。三晉土狹民稠。今以草茅之地徠三晉之民。使之事本。（本謂農業對末業言）此其損敵。與戰勝同實。於是下令凡諸侯之民來歸者。給以田宅。復其三世。（復謂免賦稅）三晉民歸之若水赴壑。秦資其力以事農。而秦民悉數屬於戰。故兵莫强焉。梁啓超曰。戰國之世。人不稱士。殆爲公患。梁惠王愬於孟子。謂鄰國之民不加少。寡人之民不加多。然則欲徠民者非獨秦也。而商鞅得其道矣。孝公立之八年。（五十年）伐魏。取少梁。少梁本秦地。而入於晉。晉分屬魏。至是二百六十一年矣。秦始復之。越三年。（五十三年）鞅親伐魏。圍固陽降之。固陽在今陝西榆林米脂縣。蓋魏築長城距秦。此其極北之塞也。至是秦與魏始復距河而守。長河千里之險。彼我共之矣。同年城商塞。（今商縣）擴境及河渭以南。梁啓超曰。函關武關。何時入秦。史策無考。吾參稽之。宜在孝公之世。崤函數百里。當時固非能全有。（詳下文）然蓋已自大荔出朝邑至今潼關。故賈誼亦謂孝公據崤函之固也。（秦函關即今潼關。漢函關乃東徙今新安縣界。距秦故關三百里）其南境則史文於城商塞一事外他無紀。商塞所在。雖未明言。

然商於十五邑爲鞅封地。則今之商縣商南一帶。必在其內。而商塞卽爲武關。蓋可斷言。既有二塞。秦制天下。天下莫復能制。秦六十四年。秦孝二十二魏惠三十一齊新敗魏於馬陵。鞅說孝公曰。秦之與魏。譬人之有腹心疾。非秦幷魏。魏卽幷秦。今魏新破諸侯畔之。因此伐魏。魏不支。必東徙。東徙。秦據山河之固。東嚮以制諸侯。此帝王業也。孝公乃使鞅將以伐魏。鞅乃以詐虜魏將公子卬。大敗魏師於岸門。是卽四十年前魏吳起回望西河泣數行下之地也。岸門卽今永濟縣之風陵渡與潼門隔岸相對魏於是去安邑。徙都大梁。獻河西地以和。楚封鞅以商於十五邑。號曰商君。鞅之初變法也。秦民囂然議其不便。於是太子犯法。鞅曰。法之不行。自上犯之。太子君嗣。不可施刑。刑其傅公子虔。黥其師公孫賈。太子怨之。及其詐殺公子卬。太子益疑其行。六十六年。孝公卒。太子立。是爲惠王。鞅懼誅。亡走魏。魏不納。惠王卒車裂之以徇。司馬遷曰。商君其天資刻薄人也。余讀其書。與其人行事相類。卒受惡名。有以夫。賈誼曰。秦孝公據崤函之固。擁雍州之地。君臣固守。以窺周室。商君佐之。內立法度。務耕織。修守戰之備。外連衡而鬬諸侯。於是秦人拱手而取西河之外。又曰。商君遺禮義。棄仁恩。幷心於進取。行之二歲。秦俗日敗。然幷心而赴時。猶曰蹙六國。兼天下。功成求得矣。終不知反廉愧之節。仁義之厚。信兼幷之法。遂進取之業。天下大敗。衆掩寡。智欺愚。勇成怯。壯陵衰。其亂至矣。劉向曰。商君極身無二慮。盡公不顧私。故令行而禁止。法出而姦息。書曰。無偏無黨。詩云。周道如砥。其直如矢。秦所以强六世而幷諸侯。皆商君之謀也。然亦詐取三軍之衆。故諸侯畏而不信。梁啓超曰。商君功罪不相掩。於秦有殊功。而於世風有深罪。當國與國競之正劇。謀國迫切者。恆以國爲主。公以人民爲械器。主公以其時所最利便於己者。制置其械器。不適今用。雖善必芟。其適。雖惡必奬。故能搏挽其民。若範型。毆而用之。無不如志。以與任運之民相遇。蔑弗勝矣。然而拂民之性。夭閼其一部分之良能。況其所奬者。必功之急。而利之近者也。故每導民於惡。發揚其近於禽獸之初性。末流乃不勝其敝。豈惟商君。吾於今世之名國且見之矣。雖然。商君之於秦則誠忠也。感激主知。厲行所信。不惜買怨以種後禍。其視公孫衍張儀輩險側取容者何遠哉。鞅奚負秦。乃爲魏報怨。秦之不中蹶。幸耳。

右第一期先定內治基礎。訓練國民。完成外競之實力。其對外也。則集全力以與魏爭河西。奪據函關武關二要塞。爲不可勝以待敵之可勝。此秦業之始基也。第二期自第六十七年至第九十二年約二十餘年間。秦主爲惠王。其臣最有力者曰張儀。曰司馬錯。與秦交涉最繁之國。曰楚。魏。魏則惠王襄王。楚則懷王也。其間大事有四。曰繼蹙魏。曰始謀楚。曰滅巴蜀。曰翦義渠。魏既大創於岸門。安邑不可復居。狼狽東徙。安邑卽今山西河東道附郭首縣。地處河汾之間。當時魏河西河東河南三部。皆以此爲中樞。魏之安邑。則非惟河西。卽河東河南亦失其控馭之方。勢所必然也。秦之戰略。則先擾其河南河東。以竟河西之功。既全有河西。而復致全力於河南。岸門之敗。魏納河西數邑。（史未指何邑。然河西地其廣非一次所盡。故七十四年史復有納河西語）越六年。（七十一年）取魏彫陰地。在今甘泉縣。與十八年前所取之固陽相策應。於是魏河西之上郡南北兩端要塞皆入於秦。七十四年。圍魏焦曲沃。（卽春秋時晉惠公賂秦之焦瑕二邑。曲沃卽瑕。非山西境之曲沃也。今陝縣西南有曲沃城）魏盡納河西地以請成。明年降焦曲沃。渡河取汾陰（今榮河縣）皮氏。（今河津縣）又明年取蒲陽。（今隰縣。以上三地皆屬今山西河東道）魏納上郡十五縣請成。乃歸魏蒲陽。又明年。（七十七年）歸魏焦曲沃。此四年間秦之蹙魏也。取其河南數邑。而脅之以求西河。取其河東數邑。而脅之以求上郡。（魏故河西地合西河上郡兩部之通名也）取之以示威。而歸之以市恩。魏情見勢絀。但求能與秦畫河而守。乃並陰晉（今華陰縣）而納之。蓋自七十六年以後。今陝西境內無魏寸土矣。自爾秦魏息兵者四年。八十年。張儀復伐魏取陝。（今陝縣）九十年。再拔焦。（前以歸魏易取上郡。越十三年再取之）至是而魏河南西部之地盡。今陝縣靈寶閿鄉盧氏等縣皆入秦矣。（魏河南地分東西兩部周韓梗其間自陝以東則韓地矣）梁啓超曰。自晉惠賂秦穆以焦瑕。秦不能有。至是閱三百有七年。始乃得之。秦之樹業。吁其艱哉。然西得陰晉。東得焦陝。殽函形勝。什九在秦矣。魏既日蹙。東諸侯始洶懼。縱横論乃大昌。而張儀最善爲秦謀。語在紀縱横章。縱横論之方興也。秦之國論亦分二派。張儀之徒主東窺中原。司馬錯之徒主西關隴蜀。八十八年。（秦惠王後八年）巴蜀相攻。俱告急於秦。秦欲伐蜀。慮道險陿難至。而韓又來侵。猶豫未決。司馬錯請伐蜀。張儀請伐韓。儀之言曰。親魏善楚。下兵三川。攻新城宜陽。臨二周之郊。據九鼎。按圖籍。挾天子以令天下。此王業也。不爭此而爭於戎翟。去王遠矣。錯之言曰。今秦地小民貧。願先從事於易。蜀僻而亂。以秦攻之。譬猶狼逐羊。得其地足以廣國。得其財足以富民。繕兵不傷衆。而彼已服焉。拔一國而天下不以爲暴。利盡西海而天下不以爲貪。是一舉而名實附也。今攻韓劫天子。惡名也。而未必利也。不如伐蜀完。惠王卒從錯言。蜀與巴皆殷周古國。春秋時。巴嘗服屬於楚。而蜀僻遠不通於諸侯。戰國初。蜀稱王。而別封其弟葭萌於漢中。號苴侯。蜀巴苴三國分峙川中川東川北。而苴密邇秦封域及陝西境。故夙與秦構難。第十七年。（秦惠公十三年）秦伐蜀。取南鄭。蜀實苴也。至是苴侯與巴王爲好。巴與蜀仇。故蜀王怒伐苴侯。苴侯奔巴求救於秦。秦遂伐蜀滅之。還軍滅苴巴。自是今四川始內屬。而秦亦益强。富厚輕諸侯。秦既得蜀。更圖踰隴。義渠者本西戎國。數爲秦邊患。先是七十三年。義渠內亂。秦定之。七十七年。義渠稱臣。滅蜀後二年。（九十年）因伐義渠。取其二十五城。雖未能滅之。然秦自是無西北憂。（百四十三年秦滅義渠）秦地在甘肅境者。前此惟有今渭川道之半。至是則涇原道隸版圖矣。（舊慶陽府全境皆故義渠國境）張儀本計伐韓。既得巴蜀。形勢轉便。乃先謀弱楚。儀察楚懷王之貪愎而昏。欲致其師以挫之。而合縱論方盛。慮齊爲之援。乃佯去秦。厚幣委贄事楚。謂懷王曰。秦甚憎齊。齊與楚從親。楚誠能絕齊。秦願獻商於之地六百里。

（史記戰國策皆作秦欲伐齊故先紿楚啓超案當時韓魏未服越兩國境以攻齊秦不如此之愚蓋得巴蜀後即發心弱楚故設此辭愚楚以致其師耳）懷王信之．遂絕齊．使使如秦受地．儀曰．儀與王約六里．不聞六百里．楚使怒去．歸告懷王．懷王怒．大興師伐秦．秦發兵擊之．大敗楚師於丹析．（丹今浙川縣析今內鄉縣皆在河南汝陽道西南境）斬首八萬．虜楚將屈丐．遂取楚漢中地．（漢中當時本分屬秦楚今道治之南鄭縣前此早已屬秦至是並取楚地秦乃全有漢中矣）懷王益悉發國中兵以深入擊秦．戰於藍田．（今陝西關中道屬西距秦部咸陽僅百餘里）魏聞之．襲楚至鄧．（今縣河南汝陽道屬）楚兵懼．自秦歸．而齊竟怒不救楚．楚大困．楚自威王以來．擴地及中國之半．雄鎭南服．至是幾一蹶不復振矣．

既挫魏楚．乃全力壓韓．而時出擾趙．是爲秦創業之第三期．韓之弱固不足畏也．然其地則足貪．韓之重鎭曰宜陽．二殽澠池在焉．（宜陽今縣屬河南河洛道然當時宜陽實不止此戰國策云宜陽城方八里材上十萬粟支數年名爲縣其實郡也漢書地理志宏農郡有宜陽縣故在澠池括地志云宜陽城在洛州福昌縣東此韓之大郡伐取之三川路乃通參稽諸說今宜陽澠池新安三縣地當時統名宜陽也）秦非得之．則無以蠹殽函之險．而通三川之道．故十三年曾一攻宜陽．六十九年拔宜陽．而不能守．蓋有魏之陰晉焦瑕爲之屏蔽．秦末由越境而據也．當魏盛時．申不害以韓事魏．秦欲弱魏．策宜毋急韓使合於魏．故終商君之世．未嘗伐韓．自張儀取陝．而韓患日亟矣．未幾．六國合從擯秦．韓魏繼伐秦．秦樗里疾敗韓於修魚．追北至濁澤．（修魚地失考濁澤或作觀澤在今河南開封道長葛縣殆秦追北至此）秦大創韓．自此．張儀遂欲伐韓．會有蜀之役．繼以再戰楚．韓亦新敗之後．謹事秦．以太子入質．故得免秦兵者垂十年．九十三年．秦惠王卒．張儀免．九十五年．秦武王以樗里疾甘茂爲左右丞相．明年．樗里出相韓．其年．甘茂圍韓宜陽．踰年．而遂拔之．秦之將圍宜陽也．先結魏．既久圍．趙楚屢議救．而猶豫不能決．故卒拔．宜陽拔而殽函天險全入秦．秦且興師臨周以求九鼎矣．時恰當戰國史之半．亦史蹟上一大結束也．（戰國凡百九十五年是年爲九十七年）此期間秦亦始略趙地．八十八年．伐趙取西都中陽．九十一年．伐趙取藺陽．然非其主力所萃也．

紀縱橫策章第四

自秦商鞅見僇以後范雎得政以前約七八十年間有所謂縱橫家者出騁辭說以鼓扇世局萬乘之主立談而爲之迴慮甕牖之夫徒步而徑取卿相此實戰國時代獨有之異象非直中國前後古今之所無卽泰西千餘年列國並立外交迭相鉤距然以此譸張迄未嘗睹也其人大抵佻薄傾側嗜富貴挾意氣勇於趨私利苟達所嚮不擇其術談說無定旨惟所遭值投棲無定主惟所豢畜天下之可厭賤莫此輩若也然既已衍爲一時風氣而其力足以震撼左右天下故論世者不得而廢之所謂縱橫論者合六國擯秦謂之合縱連六國事秦謂之連衡主其說者相呼以縱人橫人焉夫縱橫說皆所以說六國也由後世觀之事秦惟爲秦利而不爲六國利則持橫說以入六國宜不能容立然事實適得其反縱人敗而橫人勝也合縱之鍵在三晉當時有說趙王者曰三晉合而秦弱三晉離而秦强此天下之所明也虎將卽禽禽不知虎之卽己也而相鬪兩罷而歸其死於虎今山東之主不知秦之卽己也而尙相鬬兩敝而歸其國於秦何秦之智而山東之愚也（見戰國策趙策不著爲誰氏說亦不紀其年代）其言可謂博深切明然而六國終以此共命而不能自拔也其故可思也春秋以來秦所以垂三百年不得逞者徒以有晉也晉分則旣無以禦秦夫旣分矣三晉各自有其利害强聯合之勢固不可久明矣昔魏文侯最知三晉利害之當相共也韓趙相難韓乞師於魏伐趙文侯曰寡人與趙兄弟不敢從趙來乞師謝之亦然二國始怒而後皆感之魏地亘兩國之間兩國不能越魏而相伐故以魏和韓趙而三晉合終文侯之世三晉未嘗交訌常一致以待秦楚文侯卒武侯立五年而三伐趙（十八年廿一年廿二年）一致趙積憤而以楚伐魏（廿三年）三晉之離魏實啓之及武侯之卒

韓趙伐喪而謀分魏。三十四年則韓趙之過也。自是三晉互爲仇讎矣。魏惠王恃其强。數侵陵韓趙。韓趙不得不結齊秦以自救。時各國所公患者。非秦而魏也。及魏屢敗衂。秦拱手享其成利。東諸侯乃竊竊懼秦。縱横論囂然作矣。縱人之健者曰蘇秦。蘇秦始欲爲横。說秦惠王不報。乃一反而爲縱。蘇秦之爲縱也。初說燕。銜燕命以說趙。銜趙命以說韓。說魏。說齊。最後而說楚。其說燕文侯也。聳之以不親趙之害。而因以合燕於趙。其言曰。夫安樂無事。不見覆軍殺將。無過燕者。以趙蔽其南也。秦攻燕。戰於千里之外。趙攻燕。戰於百里之內。願王與趙從親。天下爲一。則燕無患矣。時燕在諸國中最小弱。西偪趙而南畏齊。故文侯深納其言。資之於趙。趙者蘇秦所欲倚以爲縱長也。故說趙肅侯用全力而多危詞。全局之規畫寓焉。其言曰。當今山東之建國。莫彊於趙。秦之所害。亦莫如趙。而秦不敢伐趙者。畏韓魏之議其後也。秦攻韓魏。無名山大川之限。稍蠶食之。傅國都而止。韓魏不支。必入臣於秦。秦無韓魏之隔。禍必中於趙。夫秦下軹道。則南陽危。劫韓包周。則趙氏自操兵。據衛取淇。則齊必入朝秦。秦欲已得乎山東。必舉兵嚮趙。秦甲渡河踰漳。據番吾。兵必戰於邯鄲之下矣。臣按天下諸侯之地。五倍於秦。諸侯之卒。十倍於秦。爲大王計。莫如一韓魏齊楚燕趙以擯秦。令天下將相會盟洹水上。約曰。秦攻一國。五國各出銳師。或撓秦。或救之。有不如約者。五國共伐之。則秦甲必不敢出函谷以害山東矣。肅侯大悅。厚賜賚之。以約於諸侯。先至韓。韓孱國也。久畏秦欲事秦。蘇秦乃怵以害而激其恥。說韓宣惠王曰。大王事秦。秦必求宜陽成臯。今茲効之。明年復求割地。與則無地以給之。不與則棄前功受後禍。王地有盡。而秦求無已。以有盡之地。遂無已之求。此所謂市怨結禍者也。且不戰而地已削矣。諺曰。寧爲鷄口。無爲牛後。夫以大王之賢。挾强韓之兵。而有牛後之名。竊爲大王羞之。於是韓王勃然作色。攘臂瞋目。按劍仰天太息曰。寡人雖不肖。必不能事秦。次乃至魏。魏新喪敗苶怯。橫人日惆愓其側。蘇秦乃爲壯語以厲之。說魏惠王曰。越王句踐以敝卒三千禽夫差。武王以車三百乘制紂。今大王之國。武士二十萬。蒼頭二十萬。奮擊二十萬。廝徒十萬。車六百乘。騎五千匹。其過句踐武王遠矣。乃聽羣臣之說。而欲事秦。夫事秦必割地以効。兵未用而國已虧矣。夫爲人臣而外挾强秦之勢。內劫其主。以求割地。破公家以成私門。願大王熟察之。惠王許之。因東說齊。蘇秦之說趙也。極言秦之可畏以聳之。其說齊也。極言秦之不足畏以侈之。謂齊宣王曰。齊四塞之國。地方二千餘里。帶甲數十萬。粟如丘山。卽有軍役。未嘗倍泰山絕清河涉渤海者也。韓魏所以重畏秦者。爲與秦接壤也。戰而勝秦。則兵半折。四境不守。不勝。危亡隨其後。秦攻齊則不然。倍韓魏。過衛陽晉。經亢父之險。百人守險。千人不敢過也。秦雖欲深入。則狼顧。恐韓魏之議其後也。故恫疑虛喝。而不敢進。秦之不能害齊亦明矣。夫不深料秦之無奈齊何。而欲西面事之。是羣臣之計過也。齊王聽之。最後乃南說楚。時楚方盛强。秦曲意與之交驩。蘇秦乃歆之以與秦爭霸之利。說楚成王曰。秦之所害莫如楚。楚强則秦弱。秦强則楚弱。其勢不兩立。爲大王計。莫如從親以孤秦。大王誠能聽臣。臣請令山東之國。奉四時之獻。以承大王之明詔。委社稷。厲兵士。在大王所用之。故從親則諸侯割地以事楚。橫合則楚割地以事秦。兩策相去遠矣。故趙王使臣効愚計。奉明約。楚王亦許之。於是蘇秦爲從約長。并相六國。北報趙。車騎輜重。擬於王者。趙遂會五國盟洹上。投從約書於秦。秦深憚之。（史記及六國表皆不記洹上之會然蘇秦游說本以此爲明約後張儀說魏亦述諸侯約爲昆弟刑白馬盟洹水上則此事果已實行也故補記之又戰國策言蘇秦約縱後秦兵不敢出函谷者十五年史記蘇秦張儀傳皆有此語考諸秦本紀六國世家六國表殊不然今不采）時維第七十一年。魏徙大梁後之七年。商鞅死後之五年。楚懷王卽位之前五年也。既而秦使公孫衍欺齊魏與共伐趙。以敗從約。趙肅侯讓蘇秦。秦恐。請使燕。必報齊。蘇秦去趙。而從約皆解。然盟洹後十五年。（八十六年）六國嘗聯軍一伐秦。至函谷無功而還。而蘇秦卒以陰構齊燕見殺。秦雖死而合縱論尚盛於六國中者數十年。

横人之健者曰張儀。儀始與蘇秦同學。秦用事於趙。儀上謁。秦辱謝之。儀遂入秦爲横。已而相秦。六國伐秦函谷之明年。（八十七年）秦敗魏於濁澤。諸侯振恐。而魏已失西河上郡。境土日蹙。儀乃說魏襄王曰。梁地方不至千里。卒不過三十萬。地四平。無名山大川之限。卒戍楚韓齊趙之境。守亭障者不過十萬。梁之地勢。固戰場也。夫諸侯之約從盟於洹水之上。結爲兄弟以相堅也。今親兄弟同父母。尚有爭錢財相殺傷。而欲恃反覆蘇秦之餘謀。其不可成亦明矣。大王不事秦。秦下兵攻河外。（按此河外指河南東部）據卷衍酸棗。劫衞取陽晉。則趙不南。趙不南則梁不北。梁不北則從道絕。從道絕則大王之國欲毋危不可得也。魏王乃倍從約。因儀以請成於秦。事在八十八年。即司馬錯滅蜀之年也。越四年。而儀紿楚懷王以致楚師。楚是以有丹析藍田之敗。語在前章。戰藍田之明年。秦告楚請以武關以外易黔中地。楚王曰。不願易地。願得張儀而獻黔中地。儀遂入楚。因其嬖臣靳尚寵姬鄭袖以說王。復赦張儀。厚禮之。儀因說楚王曰。夫爲縱者無異驅羣羊攻猛虎。不格明矣。王不事秦。秦劫韓驅梁而攻楚。則楚危矣。秦西有巴蜀。治船積粟。浮岷江而下。一日行五百餘里。不十日而拒扞關。扞關驚則境以東盡城守矣。黔中巫郡。非王之有。秦舉甲出武關。則北地絕。秦兵攻楚。危難在三月內。楚待諸侯之救。在半歲外。王誠聽臣。臣請令秦楚長爲兄弟之國。無相攻伐。楚王已得張儀。而重出黔中地。乃許之。儀遂之韓。說韓王曰。韓地險惡山居。國無二歲之食。見卒不過二十萬。秦被甲百餘萬。以攻不服之弱國。無異垂千鈞之重於鳥卵之上。必無幸矣。大王不事秦。秦下甲據宜陽。塞成皋。則王之國分矣。爲大王計。莫如事秦以攻楚。以轉禍而悅秦。韓王許之。張儀歸報。秦封以六邑。號武信君。復使東說齊湣王曰。齊蔽於三晉。地廣民衆。兵强士勇。雖有百秦。將無奈齊何。大王賢其說而不計其實。今秦楚嫁女娶婦。爲昆弟之國。韓獻宜陽。梁效河外。趙王入朝。割河間以事秦。大王不事秦。秦驅韓梁攻齊南地。悉趙兵度清河。指博關。臨菑卽墨非王之有也。國一日見攻。雖欲事秦。不可得也。齊王許之。張儀西說趙武靈王曰。大王收率天下以擯秦。秦兵不敢出函谷關十五年。大王威行山東。敝邑恐懼。繕甲厲兵。力田積粟。愁居懾處。不敢動搖。唯大王有意督過之也。今以大王之力。舉巴蜀。幷漢中。包兩周。守白馬之津。秦雖僻遠。然心忿含怒之日久矣。今秦有敝甲凋兵。軍於澠池。欲渡河踰漳。據番吾。會邯鄲之下。願以甲子合戰。正殷紂之事。謹使使臣先聞左右。今楚與秦爲昆弟之國。而韓梁稱東藩。齊獻魚鹽之地。此斷趙右肩也。夫斷右肩而與人鬭。失其黨而孤居。求欲毋危。得乎。今秦發三將軍。其一軍塞午道。告齊使度清河。軍邯鄲東。其一軍軍成皋。驅韓梁軍於河外。一軍軍澠池。約四國爲一以攻趙。趙報四分其地。臣竊爲大王計。莫如與秦王面相約而口相結。常爲兄弟之國。趙王許之。乃北之燕。說燕昭王曰。今趙王巳入朝。効河間以事秦。大王不事秦。秦下甲雲中九原。驅趙而攻燕。則易水長城非王有也。且今時齊趙之於秦。猶郡縣也。不敢妄舉師以攻伐。王事秦。長無齊趙之患矣。燕王請獻常山之尾五城以和。蘇秦之合縱也。先燕。次趙。次韓。次魏。次齊。次楚。張儀之連衡也。先魏。次楚。次韓。次趙。次燕。皆審地勢時勢。以爲先後。蘇秦用趙爲從約主。燕則入趙之階耳。其最難致者莫如韓魏。次則楚。韓魏皆密邇秦。韓積弱而魏累創。與言擯秦。談何容易。蘇秦引方輿之趙。以壯其聲援。而激其羞惡。是以動聽。然蘇秦與韓魏極言事秦之害。而於其不事秦之害。則匿而不言。其說非能完也。齊本與秦無患無爭。燕與三晉既合。齊自易動。楚則一嚮一背。利害立見。當蘇秦時爲楚謀者。固宜以超然無所倚爲長計。故秦之至楚。楚士經月不見之。（見戰國策）誠不願與爲緣也。秦亦僅能利用其侈心以與秦爭霸歆之。故蘇秦之合縱也。其論鋒在燕趙最强。齊次之。在楚較弱。韓魏尤甚。張儀之時。魏楚皆經鉅創。不復能鼓勇以與秦爲難。魏襄楚懷又皆昏闇。儀首從事於此。橫基植矣。楚魏下則取孱韓如拾也。其最難者。莫如趙。武靈王一世之雄。而趙有韓魏爲之蔽。其視秦蔑如也。故蘇張游說之辭。皆在趙爲最費。各出全力以搏之。儀欲服趙而先撓齊。其說齊也曰。韓獻宜陽。梁效河外。趙入朝。割河間。當時寧有是事。皆誑詞虛喝而已。齊於縱橫兩策。利害本皆非迫切。故漫然許之。儀乃復假之以虛喝趙。其說趙曰。齊獻魚鹽之地。斷趙右肩。此又寧有是事。夫武靈王固非易受恫喝者。然方將有事於中山。卻胡闢地。雅不願顯與秦示敵。故儀說得行焉。齊趙無異辭。燕更何有。此張所以能有功也。然儀說魏楚韓之言。尚多實錄。其說齊趙燕。則皆虛聲也。蘇秦縱約成。逾年而解。張儀橫約成。歸報秦。未至咸陽。秦惠王卒。武王立。武王自爲太子時不說張儀。諸侯聞儀與秦王有隙。皆畔橫復合縱。

並時及其後言縱橫者猥多。大抵襲儀秦說。而陳軫公孫衍蘇代最著。軫出入於秦楚。而衍出入於秦魏。衍當蘇秦時。首爲秦間齊趙以敗從約。張儀死後。又嘗佩五國相印爲縱長。蘇代在燕。釀子之之亂。召齊伐燕。其後復爲燕昭王畫策破齊。燕復使約諸侯從親。如蘇秦時。此皆縱橫家之觥觥者也。儀秦衍軫輩皆與大國之主周旋。得聲名。致富貴。汲其流者更爲一時之權要。封君作鷹犬效奔走。風益下矣。然當時若齊孟嘗君田文。趙平原君趙勝。魏信陵君公子無忌。楚春申君黃歇之徒。皆以好客相競。藉國力以養游士。故展轉相扇。其燄益張。以終戰國之世。惟信陵君頗能延攬志節之士。自餘則無識焉爾。或問孟子曰。公孫衍張儀豈不誠大丈夫哉。一怒而諸侯懼。安居而天下息。孟子曰。是焉得爲大丈夫乎。以順爲正。妾婦之道耳。司馬遷曰。言縱橫者大抵皆三晉人。蘇秦長於權變。顧被反間以死。天下共笑之。張儀行事。甚於蘇秦。秦先死。而儀振暴其短。要之此兩人眞傾危之士哉。

梁啓超曰。吾刺述史文。備列兩人之言論行事。則論世者自得之矣。蘇秦之詆橫人曰。夫橫人者皆欲割諸侯之地以事秦。秦成則高臺榭美宮室。聽竽瑟之音。前有樓闕軒轅。後有長姣美人。國被秦患而不與其憂。是故橫人日夜務以秦權恐愒諸侯。以內劫其主。罪無過此者。張儀之詆縱人曰。夫縱人多奮辭而少可信。言其利不言其害。說一諸侯而成封侯。故天下之游談士。日夜搤腕言縱之便。猝有秦變。不與其憂。彼其所互相訐者皆是也。同一肺腸。故交揭之無遁形也。范雎爲秦散縱曰。秦於天下之士非有怨也。相聚謀秦者。欲富貴耳。投骨於地。羣犬相牙。乃遣載金以適東方。散不能三千金。而天下之士。大相與鬬。嗚呼。以政論爲資生之具。其流毒如此。其極也。雖然。若儀秦之言。則誠辯矣。於大局之見狀及趨勢。若燭照而數計。後此六國以縱散而致亡。一一如蘇秦言而秦之攻取方略次第。又一一如張儀言也。時主之徊徨眩惑。進退無據。有以也夫。

終戰國之世。列國聯軍戰秦者十。其一。三十八年。韓魏伐秦。敗於洛陰。其二。四十年。秦伐魏。韓趙救之。敗於石門。其三。八十六年。楚爲從長。合趙韓魏燕齊伐秦。軍於函谷。無功而還。其四。八十七年。三晉伐秦。敗於濁澤。其五。百有六年。齊魏韓伐秦至函谷。秦割河東三城以講。其六。百二十二年。韓魏伐秦。敗於伊闕。其七。百二十八年。趙李兌約五國伐秦。兵未合而罷。其八。百五十七年。秦圍趙。魏楚救之。魏信陵君全趙師敗秦邯鄲下。其九。百六十七年。秦伐韓。魏信陵君率五國之師敗之於河外。其十。百七十三年。楚魏韓趙燕伐秦。敗於函谷。通二百年形勢觀之。六國誠合秦。必不能得志。此事理之易明者。雖然。此則安能。秦人固料之矣。曰彼六國者。猶連雞不能並棲。夫本已處難合之勢。而秦復日夜構扇之。宜其益渙閡。以爲秦資也。時有說齊王者曰。天下爲秦相割。秦曾不出刃。天下爲秦相烹。秦曾不出薪。有說魏王者曰。以地事秦。猶抱薪救火。薪不盡。火不滅。由此觀之。利害昭然。五尺之童。所共能解。然在當時大聲疾呼。日聒於耳。而時主不寤。則利害有所蔽。而意氣有所中也。雖然。天下之趨統一。勢也。不統於秦。亦統於他國。而統一之愈於分爭。則明甚也。天將假手於秦以開漢以後之局。夫誰能禦之。而秦與他國。又何擇焉。

續紀秦創業章第五

自是賡續述秦創業之第四期。其主則昭王。其執政則穰侯魏冉也。起九十八年。訖百三十八年。都凡四十年。張儀連橫方成之年。而惠王卒。武王立。武王立四年。而拔韓宜陽。其年卒。無子。異母弟稷立。是爲昭王。昭王母曰宣太后。后有異父弟曰魏冉。自惠武時任職用事。至是唯冉力能立昭王。昭王即位。以冉爲將軍。衞咸陽。誅大臣及諸公子之謀亂者。王少宣太后任事。魏冉爲政。威震秦國。梁啓超曰。母后垂簾。外戚柄國。前無聞焉。有之自秦宣后穰侯始。此無他故。貴族政制之國。人主不能以政權私其所親愛。春秋以前諸國。多此類也。秦建國以來。即爲君主獨裁政制。國土愈廓。獨裁力亦愈張。則凡與此政制相緣之弊。不期而自生。母后其一也。外戚其一也。宦官亦其一也。而皆作始於秦。其後趙惠文后韓太后齊君王后皆臨朝用事。而秦實最初行之。遂歷二千年與獨裁制相終始。悲夫。

穰侯相秦之功績。曰收魏河東。馴伏魏韓。曰蹂躪半楚。迫之東徙。曰挑攖強趙。始務北侵。先是魏西河上郡已盡入秦。秦復渡河而南略地至陝。自是魏地在今陝西境內者。及在今河南西北隅濱河與陝西接壤者。皆爲秦有。再進則及河東矣。（魏河東地即今山西河東道沿汾水兩岸之地北兼有冀寧道之汾水流域參觀第一章魏疆域）秦之經略河東也。始於七十五年之取汾陰、

（今滎河）皮氏。（今河津）其地分峙汾水入河處之南北兩岸。與隔河之少梁（今韓城）相對。由河西入河東第一門戶也。明年。復取蒲陽。地爲今隰縣。稍北進矣。已而歸之以易上郡。八十二年。取曲沃平周。（此曲沃與前文所云焦曲沃者爲兩地彼在河南陝縣境此在河東）（今聞喜縣與曲沃縣之交平周則今冀寧道介休縣境）則渡汾而東。筦汾城南北兩要衝矣。此皆秦惠王時事也。時魏猶全力欲保河東。乘秦昭初立。內亂未靖。奪還皮氏。（九十九年魏城皮氏）百有一年。（秦昭四年）秦伐魏。取蒲坂。（今垣曲縣）晉陽（此非太原之晉陽也亦作陽晉今虞鄉縣）封陵。（今永濟縣即岸門所在地）則沿河之北岸東下。安邑在包抄中矣。然秦究以主少國疑。未敢殫力於外。明年。歸魏蒲坂。百有六年。魏與齊韓伐秦至函谷。秦復歸魏封陵。（竊意晉陽亦當同時歸魏史略之耳既歸永濟自不能越永濟而有虞鄉也）蓋自秦昭三十年間。不能大有所獲於魏。其在韓亦然。拔宜陽之年。（九十七年）並渡河城武遂。（武遂今地不可確指舊說謂在平陽附近必不然其地當時非韓屬也更屢以宜陽武遂連舉地必相近但宜陽在河南武遂在河北耳以意度之當在今澠池新安兩縣隔河北岸韓上黨最南境也）明年。歸之。百有一年。復取之。（與取封陵三邑同時）百有六年。復歸之。（與歸封陵同時）蓋此十年間。爲秦稍韜斂之時。且亦方有事於楚。不得不暫弛韓魏也。百有八年。魏襄王韓襄王同時卒。明年。秦伐魏至襄城。（見下）伐韓取武始。（今地待考大約當在今河洛道東南偏漢書地理志魏郡有武始縣其地乃在今直隸大名道邯鄲縣西南當時絕非魏韓地）兵鋒驟深入今河南之東境。蓋乘喪侵之。且欲以致兩國之師也。明年。復伐魏。敗之於解。（今縣與安邑東境接壤此又用兵於河東也）又明年。（百一十一年）韓魏果伐秦。穰侯薦白起爲將。擊敗之於伊闕。（今洛陽縣南）斬首二十四萬。取韓五城。（時秦已得陝縣宜陽故戰線移於洛陽以南今河南省之中央矣）白起率師自此始。實戰國後半期發端之一大事也。明年。起復伐魏。取垣。（即蒲坂前以歸魏今復取之）又明年。伐韓取宛。（今河南汝南道南陽縣）百十四年。魏遂納河東地四百里。韓納武遂二百里。明年。起與司馬錯伐魏至軹。（今河南河北道濟源縣當時河東地最東境）取城大小六十一。百十八年。司馬錯攻魏河內。魏遂納故都安邑於秦。至是魏河東地盡矣。此十年中。秦志在全有魏河東。而頻擾其河南河內。魏力窮於抗圍。乃更爲斷腕全軀之計。猶前之棄河西以保河東也。於是秦魏息兵十年。

（中間惟百二十一年秦由武關出師伐魏安城地在今河南汝南府汝南縣蓋魏南鄙也與秦魏戰爭大局所關甚微）百二十九年。伐魏。圍大梁。魏割溫以和。（溫今縣屬河南河北道）百三十一年。復伐魏。走芒卯。魏割南陽以和。（史於割南陽下有實修武一語漢修武縣屬河內郡兼有今河北道修武獲嘉兩縣境此南陽郡即春秋時周襄王賜晉文公以溫原十二縣之田晉於是始啓南陽也與今之南陽府不相蒙三國分晉南陽分屬魏韓韓之南陽當即武遂一帶至是并得魏南陽秦遂置南陽郡）河內之半。又入秦矣。韓則自納武遂。後二十年不被秦兵。（其間惟百十八年秦敗韓夏山小戰無關輕重也）蓋當時秦之於魏韓。略其要地。使之屈伏。而不肯蹙之於極窘。毋使鋌而走險。因得留吾力以嚮他方。此穰侯當國四十年待魏韓之方略也。

與韓魏息兵之時。正經略楚趙之日。初楚懷王敗藍田後。（九十二年懷王十七年見第三章）納張儀連橫說。與秦約和。會秦惠卒。猶豫未決。齊湣復遣與約縱。遂合於齊。時秦兵方與韓距於宜陽。未遑事楚。而武王暴卒。昭王新立。厚賂楚。歸楚上庸。（今湖北襄陽道竹山縣地與敗丹析時爲秦所取至是歸之）與結婚姻。齊韓魏以楚負從約伐之。楚質太子於秦。秦救楚。三國兵解。（百有一年）既而楚太子與秦重臣私鬬。殺之亡歸。百有三年。秦遂與齊韓魏共伐楚。敗之於重丘。（今河南汝陽道泚源縣）殺其將唐昧。是爲秦楚再交兵之始。上距藍田之役十年也。明年。復伐楚。取襄城。（今縣屬河南開封道）殺其將景缺。又明年。誘懷王入武關。要以割地。懷王不許。卒割八城。又明年。伐楚。取析等十六城。（漢析縣屬弘農郡在今河南汝陽道內鄉縣西北時秦所取諸侯史不具載其名大約舊南陽府所屬諸縣皆在其內也又楚世家僅載本年取十六城事秦本紀僅載前年取八城事六國表兩載之今從表）此卽齊韓魏伐秦至函谷。秦割三城以講之年也。當是時。彼三國縱約頗堅。秦實嚴憚之。苟非楚背縱。秦或不敢逞。而楚進退失據。四年之間。坐喪名城數十。可歎也。懷王遂客死於秦。頃襄立。與秦絕。百十二年。秦伐楚。取宛。（今河南汝陽道南陽縣其年史又記秦伐韓取宛蓋宛分屬楚韓也）取葉。（今縣屬汝陽道）取穰。（今汝陽道鄧縣史表載秦於十年前伐韓取穰國策載是年伐楚取穰當亦分屬兩國）明年取鄧。（今縣）楚南陽地盡矣。頃襄王不支。復與秦和親。自是不被秦兵者亦十年。百二十四年。楚頃襄復遣使諸侯約縱。謀伐秦。秦聞之。驟攻楚黔中。楚割上庸（今竹山縣）及漢北地（今自鄖西至光化凡漢水以北諸縣以講。明年。秦遂大舉伐楚。一軍陸行出武關取襄陽。一軍舟行自巴渝浮江而下取江陵。其出關之師拔鄢。今湖北襄陽道襄陽宜城兩縣其下江之師拔西陵。今湖北荊南道宜昌縣泝江二十里入峽口處又明年。遂會師拔楚郢都。今江陵縣燒夷陵。即宜昌毀其先王陵廟。楚遂東徙陳。今河南開封道淮陽縣治實魏獻安邑後之八年。於是六國故都入秦者二矣。又明年。益詰拔楚巫黔中地。楚巫郡有今荊南道之巴東建始恩施諸縣黔中道則湖北長陽公安湖南則自洞庭以西之華容西南括武陵辰沅兩道全境皆其地也大抵藍田戰役以後。楚盡失其陝西境內之地。重丘戰役以後。楚失其河南境內舊南陽府屬之地。此役以後。楚盡失其湖北境內今襄陽荊南兩道湖南境內辰沅道全道及武陵道之泰半。洞庭以西至是楚所餘者。尚有今安徽江西江蘇浙江四省之全境。湖北之江漢道。湖南之湘江道。及武陵道之小半。而河南之汝陽道與秦共之。開封道與魏共之。此楚疆變遷之一大結束也。自春秋八十八年。秦伐鄀以圍荊襄。至是歷三百五十七年。卒乃得之。其堅忍不拔。可敬也哉。

秦之弱趙。始於七十六年攻取離石。今縣在山西冀寧道原名永寧縣民國三年改實魏納上郡十五縣之年。地與上郡密邇秦。因取之。八十八年。取西都中陽。中陽今縣原名寧鄉民國三年改九十一年。取藺陽。今臨縣諸地皆在河東。而與魏接壤。秦正有事於河東。故取之以臨魏也。然正值武靈即位十有餘年。趙奮迅蹈厲。勢方全盛。秦不敢攖其鋒。趙亦正勤遠略。不與秦校。故秦趙無兵戰者二十五年。武靈王躬微行詗秦。欲從雲中九原掎其背。時趙之謀秦。蓋猛於秦之謀趙也。會武靈王卒。百有八年趙威日替。而秦方大捷於伊闕。百十一年韓魏納土。秦全有魏河東地。百十四至百十八年自是禍中於趙矣。百十六年。秦拔趙梗陽。今山西冀寧道榆次縣與太原東南接壤明年。拔新垣曲陽。今山西河東道垣曲縣百二十二年。拔兩城。史闕其名明年。拔石城。今河南東臨汾縣又明年。拔代光狼城。今冀寧道高平縣秦謀趙日亟。雖然。趙固非易與者。趙俗本矜懻勇健。而武靈益厲之。地盡直北數千里。居高臨下。形勢殊不弱於秦。武靈雖沒。而平原君公子勝爲相。以賢聞於諸侯。廉頗藺相如趙奢皆一時俊傑。內贊樞機。外司專閫。取光狠之明年。（百二十五年）秦王告趙王願爲好會於澠池。（今澠池縣本韓地時已入秦）廉頗藺相如計曰。王不行。示趙弱且怯也。趙王遂行。相如從。頗送至境。與王訣曰。王行度道里會遇之畢。不過三十日。過此不還。請立太子以絕秦望。王許之。及會飲酒。秦王請趙王鼓瑟。趙王鼓之。相如請秦王擊缶。秦王不肯。相如曰。五步之內。臣得以頸血濺大王矣。左右欲刃相如。相如瞋目叱之。左右皆靡。秦王不懌。爲一擊缶。罷酒。秦終不能有加於趙。趙人亦盛爲備。秦不敢動。趙王歸。以相如爲上卿。位在頗右。頗自以多戰功。相如素賤。不平。揚言將衆辱之。相如避匿。其舍人以爲恥。相如曰。相如敢廷叱秦王。獨畏廉將軍哉。顧吾念之。秦所以不敢加兵於趙。徒以吾兩人在。今兩虎共鬬。勢不俱生。吾爲此者。先國家之急而後私讎也。頗聞之。肉袒謝罪。遂爲刎頸交。趙奢初爲田部吏。收租稅。平原君家不肯出。奢以法殺其用事者九人。平原君怒。奢曰。君於趙爲貴公子。今縱君家而不奉公則法削。法削則國弱。國弱則諸侯加兵。是無趙也。平原君以爲賢。言於王。使治國賦。國賦大平。民富而府庫實。百三十四年。秦伐韓。圍閼與。（閼與地有二皆今山西冀寧道境內一在和順縣當時爲趙地一在武鄉縣當時爲韓地此戰在武鄉之韓閼與也）趙王召羣臣問之。皆曰。道遠險陿難救。奢曰。道遠險陿。如兩鼠鬬穴中。將勇者勝。王乃令奢將兵救之。出邯鄲。（趙都）三十里而止。堅壁不行者二十八日。秦將以爲怯。不爲備。奢乃卷甲趨。一日一夜而至閼與。大破秦師。圍解。秦歸師反攻幾。（幾今地失考史記正義云在相潞之間）廉頗復大敗之。實澠池會後之九年。秦破楚郢都後之八年也。秦自孝公商鞅以來。九十年中。戰無不克。始見挫者。此役而已。故終穰侯之世。不得志於趙。

穰侯執政四十年。秦所獲實至豐。其恃兵力攻取者半。其恃智術操縱者亦半也。自張儀連橫。日以秦權恐喝諸侯。儀雖死。秦襲用其術不衰。其兵謀常昌言之不諱。往往先聲而後實。諸侯受其劫持者。則割地以事之。得數年或十數年不被兵。不受劫耶。近者則如其所昌言之兵謀實施而膺懲之。以明吾虛喝之言。非無驗也。遠者爲己兵力所未能遽及。則陷他國以利助力而嗾使鬭之。以待其兩敝也。故其於各國忽攻伐。忽盟會。術售於甲。則力加於乙。力既足。威術復行焉。如環無端。以駭眩其敵。各國時或以自救。故冀移秦禍於他國。或欲附秦弱他國。而分有所獲。或失於秦。而欲向他國取償也。故惟秦之所操縱。無不如志。會澠池之前兩年。秦召燕王。燕王欲往。蘇代極陳秦二三十年欺脅諸侯之往蹟。以尼其行。其言雖未必盡實錄。然穰侯時代秦之所得於戰功外者。略可睹矣。蘇代說燕王曰秦之行暴正告天下告楚曰蜀地之甲乘船浮於汶乘夏水而下江五日而至郢漢中之甲乘船出於巴乘夏水而下漢四日而至五渚（按此言後兩年即已實行）寡人積甲宛東下隨智者不及謀勇士不及怒寡人如射隼矣楚王爲是故十七年事秦秦正告韓曰我起乎少曲一日而斷太行（按此言後十八年實行）我起乎宜陽而觸平陽二日而莫不盡繇我離兩周而觸鄭五日而國舉韓氏以爲然故事秦正告魏曰我舉安邑塞女戟韓太行絕我下軹道南陽封冀包兩周決滎口魏無大梁決白馬之口魏無外黃濟陽決宿胥之口魏無虛頓丘陸攻則擊河內水攻則滅大梁（按後此秦滅魏兵略次第皆如此）魏氏以爲然故事秦秦欲攻安邑恐齊救之則以宋委於齊已得安邑因以破宋爲齊罪欲攻韓恐天下救之則以齊委於天下已得宜陽因以破齊爲天下罪欲攻魏重楚則以南陽委於楚及魏棄與國而合於秦因以塞鄳阨爲楚罪必令言如循環用兵如刺蜚秦所殺三晉之民數百萬今其生者皆死秦之孤也秦禍如此其大而燕趙之爲秦者猶以爭事秦說其主此臣所大患也燕王乃止不行故此數十年中。凡韓魏楚等國。不被秦兵之年。大抵皆受秦欺脅。供秦利用之年也。穰侯更番用此策。以弱六國。而强秦然亦坐是爲范雎所齕而奪其位。

穰侯之時。秦力足以亡楚。魏韓更無論矣。而穰侯之計。欲存之以鬭東侯。百二十六年之破郢而楚東徙也。秦軍將遂窮追滅楚。楚人黃歇說秦。謂毀楚實以强韓魏而益齊。其言曰今王妒楚之不毀而忘毀楚之强韓魏也秦無德於韓魏而有累世之怨焉韓魏父兄子弟接踵死秦者十年矣今秦資之以攻楚不亦過乎且秦攻楚將安出兵將借路於仇敵之韓魏乎兵出之日憂其不返也不借路必攻隨水右壤此皆廣川大水山林谿谷不食之地也是有毀楚名無得地之實也（按此時楚已還陳故形勢如此）且秦楚之兵構而不離魏氏將出而攻留方與銍湖陵碭蕭相故宋必盡齊必南攻楚泗上必舉此皆平原四達膏腴之地是王破楚以肥韓魏而勍齊也秦乃釋楚。百三十一年之破魏師走芒卯也。秦遂圍大梁。魏人須賈說穰侯以大梁之不易拔。而可以少割收也。秦乃割魏南陽而解梁圍。時穰侯方增封於陶。（今山東濟寧道定陶縣）乃合魏楚之師伐齊取剛。（今濟寧道寧陽縣）壽。（今東臨道壽張縣）以廣陶邑。時正秦喪師於閼與之年也。穰侯柄政四十年。威名翕赩。昭王固已畏惡其偪。及是釋楚魏於累勝之後。人有議宣太后本楚產而私徇楚。（見秦策）穰侯本魏產而私徇魏者。（韓非子初見秦篇云穰侯用一國之兵而欲以成兩國之功）加以伐趙失利。故甚者益得而中之。范睢者魏人也。為魏相魏齊所虐。奔秦窺昭王旨。多為危詞以構穰侯。百三十八年。（秦昭四十一年）秦遂相范睢而逐穰侯。宣太后旋卒。自是入第五期。司馬遷曰。穰侯昭王親舅也。而秦所以東益地。約諸侯。天下皆西鄉稽首者。穰侯之功也。一夫開說。身折勢奪而以憂死。況於羇旅之臣乎。司馬光曰。穰侯援立昭王。除其災害。薦白起為將。南取鄢郢。東屬地於齊。秦益强大。雖其專恣驕貪足以買禍。亦未至盡如范睢言。若睢者亦非能為秦忠謀。直欲得穰侯之處。故搤其吭而奪之耳。遂使秦王絕母子之義。失舅甥之恩。要之睢眞傾危之士哉。

范睢所標幟之政策。當時成功。而後人且樂道不衰者。所謂遠交近攻是已。實則此策殊非睢所自創。自商君張儀以來。既累世行之。雖穰侯亦然。特最近以韓魏楚既賓服。欲資之以圖齊趙。故睢初說昭王。即乘此為間。其言曰。穰侯越韓魏而攻齊。非計也。齊湣王攻楚。再闢地千里。而尺寸無得焉者。形勢不能有也。諸侯見其罷敝而伐之。齊幾於亡。以其伐楚而肥韓魏也。今王不如遠交而近攻。得寸則王之寸也。得尺亦王之尺也。秦王大說。睢漸用事。而韓魏之禍。益煎迫矣。

范睢以韓魏為天下之樞。必收韓魏。乃能制楚趙。既為客卿用事後二年。（百三十六年）併力以謀魏河內。首伐魏拔懷。（今河南河北道武陟縣）明年拔邢丘。（今溫縣魏世家作郪丘六國表作廪丘皆誤此據秦本紀及秦策）邢丘拔而魏附秦。遂以睢為相。睢說昭王曰。秦韓地形。相錯如繡。秦之有韓。若木之有蠹。人之病心腹。天下有變。爲秦害者。莫大於韓。今擧兵而攻滎陽。則成皋之路不通。北斬太行之道。則上黨之兵不下。其國斷而爲三。則韓服而霸成矣。睢爲相後一年。（百三十九年）伐韓取少曲。（今河北道濟源縣西）明年。取陘及汾旁五城。（凡連山中斷者皆稱陘。河北八陘。軹關陘太行陘白陘滏口陘皆在韓境。此未知所指。要之自汾以東河以北沿太行山脈要道也）因城河上廣武。（今開封道中牟縣）又明年。拔野王。（今河北道沁陽縣。舊稱河內縣）及其旁九城。於是韓南陽地盡。（晉南陽地分屬韓魏。百三十四年魏割南陽與秦和。此次所拔魏之懷及邢丘。亦魏南陽地前未割盡者。野王等十城則韓南陽地也）上黨路絕。是役也。秦用兵於韓三年。其主力軍屯河北。以圖上黨。（取少曲汾陘野王皆此軍也）而以出河南阨成皋者。爲牽制之師。（城廣武者即此軍。蓋阨中牟鄭縣之間。則新鄭之韓都及其東南長葛鄢陵扶溝等縣之韓地皆隔絕矣）上黨守馮亭與其民謀曰。鄭道已絕。（韓都新鄭。自上黨趣鄭。由野王渡河。今秦拔野王。且駐兵廣武。故鄭道絕）秦兵日進。韓不能應。不如以上黨歸趙。趙受我。秦必攻之。趙被秦軍。必親韓。韓趙爲一。可以當秦。遂以上黨降趙。明年。秦在河南之師。拔韓緱氏。（今縣。屬河南河洛道。此地蓋分屬周韓）藺。（今河洛道登封縣西南。漢之綸氏縣。即其地。與趙之北藺異）而王齕之河北軍亦拔上黨。上黨民走趙。趙廉頗軍於長平。（今山西冀寧道高平縣）以按據上黨民。先是秦取韓少曲之年。同時伐趙。取三城。趙得齊救。兵乃解。至是王齕因伐趙。趙軍數戰不勝。遣使與秦媾。秦厚禮其使。以間趙與國。使毋救趙。而陰持趙益急。而廉頗長平軍堅壁不出。趙王以爲怯。數譙讓之。范睢又使人行千金於趙爲反間曰。秦獨馬服君之子爲將耳。廉頗易與。且降矣。馬服君趙奢也。已前卒。初奢子括少學兵法。自以天下莫能當。嘗與其父言兵事。奢不能難。然不謂善。括母問其故。奢曰。兵死地也。而括易言之。趙若將括。軍其破矣。至是趙王中秦間。欲將括。藺相如諫曰。括徒能讀父書。不知合變。不可用。王不聽。卒以括代頗。秦聞括已爲趙將。乃陰使白起爲上將軍。而王齕裨屬之。括至軍。悉更約束。易置軍吏。出兵擊秦。白起佯敗走。張二奇兵劫之。括乘勝追造秦壁。壁堅拒不得入。奇兵二萬五千人絕趙軍後。又五千騎絕趙壁間。趙軍分爲二。糧道絕。括因築壁。

堅守待救。秦王自如河內發民年十五以上悉詣長平。益遮絕趙救兵及食道。趙軍飢守四十六日。人相食。欲突圍不得。括自出銳卒搏戰。秦人射殺之。趙師大敗。卒四十萬人皆降。白起曰。秦已拔上黨。上黨民不樂爲秦而歸趙。趙卒反覆。恐爲亂。乃挾詐盡坑殺之。遺其小者二百四十人歸趙。趙人大震。時百四十四年九月。上距閼與之戰恰十年。（秦昭四十七趙孝成四）是役也。合兩軍兵數蓋逾百萬。（秦力能抗趙卒數十萬其兵必更多於趙觀前文秦王發民年十五以上悉詣長平可知）相持將一年。戰事之劇。開闢訖茲。未嘗有也。（初齊田單嘗問趙奢曰單聞帝王用兵不過三萬而天下服今將軍必負十萬二十萬之衆乃用之此單所不服也奢曰君不明時勢也古者四海之內分爲萬國城雖大無過三百丈人雖衆無過三千家而以集兵三萬距此何難哉今取古之爲萬國者而爲戰國之七千丈之城萬家之邑相望也不能具數十萬之衆曠日持久數歲何以爲戰單乃歎服啓超案此春秋與戰國之用兵所爲絕異者也）秦趙交兵以來。勝負恆略相當。過此以往。趙始爲秦弱矣。

長平一役。爲秦帝業成敗最大關鍵。國史上第一大事也。趙所以敗。其近因固由不能堅守。平原君廉頗持久之策。臨陣易將。爲秦所乘。（趙初受韓上黨之時慮召秦兵平原君曰白起可與持久難與爭鋒廉頗勇鷙而愛士知難而忍恥與之野戰則不如持久則足以當之是頗之堅壁不出乃趙之原定計畫也故秦必以間去頗乃能取勝）其遠因實由魏附秦弱韓。秦無魏憂。故得幷力於趙也。當兩軍相持於長平也。楚趙皆約魏合從。秦則約割韓垣雍平都地（見今釋下）予魏。勸共伐韓。魏安釐王異母弟信陵君公子無忌極陳利害。謂韓亡則秦地與大梁鄰。禍且不測。秦亡韓後。兵必不先加於楚趙而先加於魏。勸王速納楚趙之約。相與擯秦。其言於當時前後數十年之事勢。若燭照數計焉。（其略曰秦與戎翟同俗貪戾好利無信不識禮義德行苟有利焉不顧親戚兄弟若禽獸耳故秦太后母也以憂死穰侯舅也功莫大焉竟逐之兩弟無罪而再奪之國於親戚若是而況仇讎之國乎今王與秦共伐韓而益近秦患臣甚惑之夫韓氏以一女子奉一弱主內有大亂外受强秦魏之兵王以爲不亡乎韓亡秦有鄭地與大梁鄰王以爲安乎王欲得故地今負彊秦之親王以爲利乎秦非無事之國也韓亡之後必將便事便事必就易與利就易與利必不伐楚與趙矣何也夫越山踰河絕韓上黨而攻强趙是復閼與之事秦必不爲也若道河內倍鄴朝歌絕漳滏水與趙兵決於邯鄲之郊是智伯之禍也秦又不敢伐楚道涉而谷行三千里而攻危隘之塞所行甚遠所攻甚難秦又不敢也若道河外背大梁右蔡左召陵與楚兵決於陳郊秦又不敢故曰秦必不伐楚與趙矣又不攻衛與齊矣夫韓亡之後兵出之日非魏無攻矣秦固有懷地邢丘城垝津以臨河內河內共汲必危有鄭地得垣雍決滎澤水灌大梁大梁必亡昔秦在河西去梁千里有河山以闌之有周韓以間之從林軍以至於今秦十攻魏五入國中邊城盡拔文臺墮垂都焚林木伐麋鹿盡而國繼以圍又長驅梁北東至陶衛之郊北至平監所亡於秦者山北河內河外大縣數十名都數百秦乃在河西晉去梁千里而禍若是矣又況於使秦無韓有鄭地無河山而闌之無周韓而間之去大梁百里禍必百此矣異日者縱之不成也楚魏疑而韓不可得而約也今韓受兵三年秦撓之以講識亡不聽投質於趙請爲天下雁行頓刃楚趙必集兵皆識秦之欲無窮也非盡亡天下之國而臣海內必不休矣是故臣願以從事王王速受楚趙之約而挾韓之質以存韓而求故地韓必効之此士民不勞而故地得其功多於與秦共伐韓而又無與強秦鄰之禍也夫存韓安魏而利天下此亦王之大時已魏王不能用。故趙孤而韓益不支。戰長平之明年。秦分兵爲三。王齕攻趙武安。今縣屬河南河北道皮牢。今地失考史記正義謂皮牢故城在絳州龍門縣通鑑注謂秦兵已至上黨不應復回攻絳州之皮牢啓超案史明言分軍爲三蓋白起王齕司馬梗各領其一王齕軍攻武安所以橫斷邯鄲與大梁之聯絡使趙魏不能相救若同時攻武安又攻相去數百里之絳州豈非齕軍又分爲二邪史記正義說必誤皮牢當在武安附近也拔之。司馬梗北徇太原。白起既復定上黨地。欲遂圍邯鄲。求益軍糧。韓趙恐。使蘇代厚幣說范雎。謂白起功高。秦帝業成。且爲三公。起之進。本由穰侯。雎固惎之。乃言於昭王曰。秦兵勞。請許韓趙割地以和。且休士卒。昭王亦徵震於起之勛名。史記鄒陽傳云衛先生爲秦畫長平之事太白蝕昴而昭王疑之蘇林曰白起破長平軍欲遂滅趙遣衛先生說昭王益兵糧爲應侯所害事竟不成乃許韓割垣雍。趙割六城以和。垣雍者。今河南河北道原武縣與魏之卷安城河陽接壤。卽秦先以許魏之地也。至是自取之。其年。百四十五年正月。秦兵悉罷歸。白起由是與范雎有隙。雎前以伐三晉之功。既受封爲應侯。遂藉秦權。恣報恩怨。至是威名極盛。謀所以自固其位。故韓趙之間得行焉。

趙既許秦割六城。既而用虞卿之謀。轉以賂齊。故其年九月。秦復伐趙。武安君白起謝病不行。使五大夫王陵率師。師出數月屢失利。明年正月。強起白起。起曰。邯鄲實未易攻也。且諸侯之救日至。雖秦勝於長平。士卒死者過半。國內空。遠絕河山而爭人國都。趙應其內。諸侯攻其外。破秦軍必矣。王與范雎迭造勸。起終謝疾。乃以王齕代王陵。趙王使平原君求救於楚。初。楚東徙於陳。戰長平前十八年藉黃歇游說之力。移秦禍於韓魏。以其閒收東地兵得十餘萬。復取秦所拔江旁十五邑爲郡以拒之。楚復振。戰長平之前二年。楚頃襄王卒。其太子方質於秦，黃歇以計歸之。立爲考烈王。歇遂輔政。封春申君。至是趙平原君勝聘楚。門客毛遂從。勝謁楚王約從。久不決。毛遂按劍歷階進。面折楚王。從遂定。歇率師救趙。平原君至楚約從日出言之日中不決毛遂按劍上謂平原君曰從之利害兩言而決耳楚王怒叱曰胡不下吾乃與而君言汝何爲者毛遂按劍而前曰王之所以叱遂者以楚國之衆也今十步之內王不得恃楚國之衆也王之命縣於遂手吾君在前叱者何也且以楚之强天下弗能當白起小豎子耳率數萬之衆戰楚一戰而舉鄢郢再戰而燒夷陵三戰而辱王之先人此百世之怨趙之所羞而王弗之惡焉合從者爲楚非爲趙也吾君在前叱者何也楚王曰唯唯謹受歃約遂定兵未至。而秦急圍邯鄲。平原君盡散其家財饗士卒。令夫人以下分功城宋。魏王亦使晉鄙將兵十萬救趙。然實畏秦。止晉鄙留兵壁鄴。持兩端。又使新垣衍說趙。欲共尊秦爲帝。以卻其兵。齊人魯仲連方在圍城。徑造衍責之。曰秦卽爲帝。連惟有蹈東海死耳。不忍爲之民。秦梁俱據萬乘之國。各有稱王之名。奈何睹其一戰之勝。欲從而帝之。卒就脯醢之地乎。衍遽謝。不敢復言帝秦。秦將聞之。爲卻軍五十里。而圍終不解。平原君夫人。魏信陵君姊也。至是平原使者冠蓋相屬於魏。請救。頗責讓信陵。信陵數請魏王勅晉鄙救趙。及賓客辯士游說萬端。王終不聽。信陵焦悚。乃屬賓客約車騎百餘乘。欲赴鬭以死於趙。初信陵君仁而下士。士有隱於夷門監者。曰侯嬴。年七十矣。信陵敬事之。執禮甚恭。至是嬴爲信陵畫謀。使王所幸如姬竊王臥內虎符。復薦力士朱亥從行。信陵君至鄴。出符代晉鄙軍。晉鄙疑焉。朱亥袖四十觔鐵錐。錐殺鄙。信陵遂勒兵。下令軍中曰。父子俱在軍者父歸。兄弟俱在軍者兄歸。獨子無兄弟者歸養。得選兵八萬人。將之而進。於是王齕圍邯鄲旣兩年矣。久不拔。諸侯之救至。白起曰。王不聽吾計。今何如矣。秦王聞之怒。强起之。起遂稱病篤。乃免爲士伍。遷之陰密。旋賜死。秦人憐之。鄉邑皆祀焉。秦益發卒軍汾城旁。爲齕聲援。

百四十七年。秦昭五十年魏安釐二十年十二月。魏信陵君公子無忌帥師大破秦軍於邯鄲下。秦將王齕走。鄭安平以二萬人降趙。時上距長平之役三年耳魏自失吳起後迄茲垂百三十年與秦交兵大小數十遇輒敗秦見創於魏惟茲一役天下共歎誦魏公子之賢而傑也然公子遂不敢歸與賓客留居趙使將將其軍還魏焉趙王率平原君自迎公子於界平原君負韊矢先引不敢自比於人趙王掃除饗宴執主人禮引公子就西階公子側行辭讓從東階上自言罪過已負魏而無功於趙趙王欲獻五城爲公子湯沐邑侍酒至暮不敢出口以公子退讓也公子聞趙有處士毛公隱於博徒薛公隱於賣漿家欲見之兩人不肯見乃閒步從之遊平原君聞而非之公子曰吾聞平原君之賢故背魏而救趙今君所與遊徒豪舉耳非求士也以無忌從此兩人游尙恐其不我欲也平原君乃以爲羞乎爲裝欲去平原君免冠謝乃止平原君欲封魯連連不受又以千金爲壽連笑曰所貴於天下士爲人排患釋難解紛亂而無所取也即有取是商賈之行也遂辭去終身不復見而侯嬴既送魏公子往計數公子至晉鄙軍之日遂北鄉自刎以謝公子也

秦軍既破於邯鄲而鄭安平降安平范雎所舉也秦法任人而所任不善者各以其罪罪之於是雎罪當收三族秦王不忍誅既而雎所舉河東守王稽坐與諸侯通棄市雎益不自安遂謝病免相而秦將軍摎猶伐韓取陽城負黍（陽城今河南河洛道登封縣負黍失考）斬首四萬又伐趙取二十餘縣斬首虜九萬周赧王恐欲與諸侯約從將天下銳師出伊闕攻秦令無得通陽城秦使將軍摎攻西周赧王入秦頓首受罪盡獻其邑三十六口三萬秦受其獻歸赧王於周是歲赧王崩周自武王克殷傳二十七王八百六十七年而亡實戰國之第一百四十八年民國紀元前之二千一百六十七年也

秦昭王在位五十六年饗國之久古今罕匹（前此惟殷太戊在位七十五年後此惟淸聖祖在位六十一年高宗在位六十年較此爲更久了）秦之帝業啓之者

孝公享之者始皇而成之者實昭王第四第五兩時代史績皆昭王史績也秦兵雖挫於邯鄲然趙已罷敝非復秦敵韓則上黨既失成皋中斷國華離割裂不復能守故周亡後二年韓王入朝於秦魏則環大梁四周皆秦地舉國以聽秦命楚更積弱畏偪東徙鉅陽（今安徽淮泗道阜陽縣）百五十三年昭王卒至是三晉與楚半爲秦役矣繼之者爲孝文王在位僅一年莊襄王在位僅三年承昭王餘烈遂滅東周（西周赧王已前降至是使呂不韋併滅東周置三川郡）其年伐韓拔滎陽成皋（成皋今滎陽縣滎陽今屬河南開封道）韓人獻鞏（今鞏縣）於是韓虎牢之塞入秦明年伐趙取榆次狼孟等二十七城（榆次今縣狼孟今陽曲縣東北二十里幷屬山西冀寧道）於是趙晉陽故都入秦又明年王齕徇韓上黨諸城悉定之（邯鄲敗後上黨諸城多畔秦者）蒙驁遂率大兵伐魏拔高都汲（高都今山西冀寧道晉城縣汲今縣屬河南河北道）魏師數敗魏王患之乃使人請信陵君於趙信陵君畏得罪不肯還誡門下毋爲魏使通賓客莫敢諫毛公薛公入見曰公子所以重於諸侯者徒以有魏也今魏急而公子不恤一旦秦人克大梁夷先王宗廟公子當何面目立天下乎語未卒信陵君色變趣駕還魏魏王持之而泣以爲上將軍信陵君使人求援於諸侯諸侯聞信陵君復爲魏將皆遣兵救魏信陵君率五國之師敗蒙驁於河外（此河外指大河以南也對魏都河內言非戰國初之河外彼時河外指河西也）蒙驁遁走信陵君追至函谷關抑之而還此魏第二度破秦軍也秦人患信陵君使人行萬金於魏以間之求得晉鄙客令說魏王曰公子亡在外十年矣今復爲將諸侯皆屬天下徒聞信陵君不聞魏王秦王又數使人賀信陵君得爲魏王未也魏王日聞其毀不能不信乃使人代信陵君將兵信陵君自知再以毀廢乃謝病不朝以酒色自晦四歲而卒越十八年而秦虜魏王屠大梁其後漢高祖每過魏輒遣祠祭信陵君爲置守冢世世不絕云梁啓超曰戰國之局魏實爲樞故秦魏交兵最繁數見於史者蓋四十五役焉（並聯軍計參觀年表）次則韓二十一役次則趙二十役次則楚十三役燕齊乃一舉亡之耳魏自文侯時戰秦皆勝過此則皆

敗。信陵君力能振之。然以母弟之親。賢能使後王起敬。而當世不免憂廢。甚矣魏之勇於自絕也。

紀秦幷六國章第六

秦帝業成於始皇。亦終於始皇。然舊史以爲始皇固非秦人也。孝文王之爲太子也。所愛妃曰華陽夫人。無子。庶孼子二十餘人。有名異人者出質於趙。秦數伐趙。趙人不禮之。異人以庶孫無內援。車乘進用不饒。陽翟大賈呂不韋適邯鄲見之。曰此奇貨可居。乃資異人以金。使結賓客。復爲西入秦。厚奉華陽夫人。因得立爲嗣。而不韋爲之傅。不韋娶邯鄲諸姬絕美者與居。知其有身。異人從不韋飲。見而請之。不韋佯怒。既而獻之。孕期年而生子政。異人遂以爲夫人。未幾。昭王卒。孝文王立。異人歸自趙爲太子。一年而繼立爲莊襄王。政爲太子。三年而繼立。即始皇也。始皇以百五十八年即位。年十三矣。實周亡後之十年。自莊襄王時。呂不韋既爲相國。封文信侯。至是更號仲父。國政一以委之。其所進之邯鄲姬。則秦太后也。其後太后以淫亂廢。不韋免相。遷於蜀。始皇立十年而始親政。

楚之上蔡人李斯者。從荀卿學帝王之術。學成而入秦。因呂不韋進說始皇。以遂滅六國。謂若怠而不圖。脫諸侯復强。相聚約從。雖有黃帝之賢。不能并也。先是始皇親政前之四年。楚趙韓魏燕嘗合兵伐秦。至函谷。秦擊走之。是爲合縱聯軍之最末次。秦威役諸侯。雖已六世。猶有所憚。不敢墟人國而覆其宗。斯窺始皇雄略。故以爲言。始皇乃拜斯爲客卿。聽其計。陰遣謀士齎持金至以游說諸侯。諸侯名士可以下以財者。厚遺結之。不肯者利劍刺之。乃使良將隨其後。其將王翦王賁蒙驁蒙武蒙恬。皆一時之傑也。行此策十餘年。六國盡滅。

首滅韓。韓之削也。初失宜陽。次失南陽上黨。次失滎陽成臯鞏。當秦昭王之末年。韓已比關內侯。故昭王卒。韓王衰服入弔。執臣禮焉。入始皇時。韓所有者。僅今鄭、新鄭、禹、密、洧川、尉氏等數縣。河北陽武原武之間。亦稍有餘壤而已。百六十年。（始皇三年）秦復伐韓。取十三城。百七十一年。（始皇十四年）韓王安使韓非使於秦。韓非者。韓之諸公子也。善刑名法術之學。數以書干韓王。王不能用。非乃觀往者得失之變。著書五十六篇。十餘萬言。至是銜命入秦。說以存韓。且爲秦陳取天下之術。非本與李斯同學於荀卿。斯自謂不及。至是始皇頗悅非。斯妒。急譖殺之。百七十四年。（始皇十八年）遂滅韓。虜王安。若摧朽焉。

次滅趙。趙自長平大敗。邯鄲久圍。國力彫耗略盡。然民善戰而多良將。在諸國中。猶最爲倔强。晉陽先已入秦。始皇初立之年。晉陽畔秦。秦復定之。根本之地去矣。然廉頗尚存。李牧新用。皆名將也。故於其間猶能伐魏取繁陽。（百五十九年）伐燕。取武遂方城。（此武遂非韓武遂此方城非楚方城）又卻燕師。取其軍二萬。（百六十一六十二年）破殺匈奴十餘萬騎。（約自百五十七年至百五十九年）然自悼襄王以樂乘代廉頗。頗奔魏。（百六十年）後雖欲復之。而卒以讒止。頗遂卒於楚。趙失一長城矣。百六十四年。秦攻魏急。魏以鄴（今河南河北道臨漳縣）予趙。越四年。趙方伐燕。秦遂拔鄴安陽（今縣屬河南河北道）等九城。別軍下閼與。（此趙閼與在今山西冀寧道和順縣非前此趙奢破秦軍處）百七十年。桓齮攻趙平陽。（亦在今臨漳縣非河東之平陽）殺趙將扈輒。斬首十萬。趙更以李牧爲大將軍。復戰於宜安肥下。（今直隸保定道藁城縣）大敗之。桓齮奔還。後二年。秦大舉伐趙。一軍抵鄴。一軍自太原狠孟趨番吾。（番吾今直隸保定道平山縣此軍拊邯鄲之北抵鄴軍扼其南也）李牧再敗之。當是時。秦軍所嚮披靡。頓其鋒者。惟一李牧。百七十五年。王翦將上郡兵下井陘。（今縣屬直隸保定道）楊端和將河內兵下鄴。共伐趙。趙李牧司馬尚禦之。秦人多與趙王遷嬖臣郭開金。使毀牧及尚。王遷母倡也。嬖於悼襄王。王廢適子嘉立之。遷素無行。信讒。竟誅牧。廢尚。李牧之初爲將也。常居代雁門備匈奴惟敎所部習騎射，謹烽火，多閒諜，匈奴入寇，輒收保不與戰，如是數歲，匈奴以爲怯，士曰得賞賜而不用，皆願一戰，牧乃選精騎部勒以計致匈奴，大破之，後世言制匈奴之策，莫良於牧云，牧既以閒死，明年，（始皇十九年）秦遂滅趙，虜王遷，而公子嘉猶帥其宗數百人奔代，自立爲代王，趙之亡，大夫稍稍歸之，與燕合兵軍上谷，（秦上谷郡跨今直隸口北道及京兆境上谷故城在今懷來縣東北百里）距秦十年，

次滅魏，魏自信陵君既沒，則待亡而已，然秦用兵猶六度，百六十年，拔暘有詭，（二地今失考）百六十二年，拔酸棗，（今延津縣）虛，（同上）頓丘，（今濬縣）燕，（今滑縣以上四地皆屬今河南河北道）長平，（今淮陽縣此非趙長平）雍邱，（今杞縣以上二地屬今河南開封道）等二十城，明年，拔朝歌，（今河南河北道淇縣）又明年，拔汲，（見前）百六十六年，拔垣，（今河北道封邱縣）衍，（今開封道鄭縣）蒲陽，（今直隸大名道長垣縣）於是魏地殆盡，百七十九年，（始皇二十二年）秦王賁遂引河溝灌大梁城，城壞，虜魏王假，如信陵君言，

次滅楚，楚自徙陳以後，不被秦兵者垂四十年，非有所愛於楚，蓋秦攻楚新都，必踰黽阸之塞，（亦稱冥厄）即今武勝關也，度險以求，不可倖勝，秦固不爲，假道兩周，背韓魏以攻楚，秦又不敢，楚於其間得以苟安，而春申君柄國侈恣，方大治宮室於吳故地，楚力益殫矣，秦既拔魏垣衍，魏鄢陵，（今鄢陵縣）許，（今許昌縣）等地相次入秦，楚於是復東徙壽春，（今安徽淮泗道壽縣）蓋至是而黽阸之險已無所用也，百六十九年，秦驅魏伐楚，敗之，百七十九年，既滅魏，遂大舉伐楚，始皇問李信，吾欲取楚，於將軍度用幾何人，信曰，二十萬，問王翦，翦曰，六十萬，始皇以爲怯，遂用李信及蒙恬，王翦謝病，信攻平輿，（今汝陽道汝南縣）蒙恬攻寢，（今開封道沈邱縣）屢破楚軍，信遂引兵而西，與恬會城父，（今河洛道郟縣）楚將項燕尾之，三日三夜不頓舍，入李信軍壁，大破之，秦楚交兵以來，楚之勝秦，此其最始，亦其最終矣，始皇彊起王翦，予兵六十萬，明年，翦率之以擊楚，楚人悉國中兵禦翦，翦堅壁不與戰，日休士洗沐，而善飲食，撫循之，親與士卒同食，久之，翦使

人問軍中戲乎。對曰。方超石投距。翦曰。可用矣。楚既不得戰。乃引而東。翦追破之。令壯士擊大破楚師。殺項燕。翦乘勝略定城邑。又明年。（百八十一年始皇廿四年）翦與蒙武遂滅楚。虜其王負芻。初秦既以計誘楚懷王至幽死。楚與秦交數十年特恭順。而入郢之役秦夷燒楚陵廟。至是秦伐楚師尤無名。楚人怨憤積焉。楚有道之士曰南公者。常爲預言曰。楚雖三戶亡秦必楚也。

次滅燕。并滅代。燕夙與秦不相犯也。有强趙以爲之蔽也。及趙亡而燕既無以自存。燕太子丹質秦逃歸。欲圖秦。問其傅鞠武。鞠武請西約三晉。南連齊楚。北媾匈奴。共圖之。太子病其曠日彌久。衛人荆軻沈深而任俠。太子聞其賢。卑辭厚禮請見之。謂軻曰。今秦已虜韓王。又舉兵南伐楚。北臨趙。趙不能支秦。則禍必及燕。燕小弱。數困於兵。何足以當秦。諸侯服秦莫敢合從。丹之私計。誠得天下勇士使秦。劫秦王悉反諸侯侵地。不可則因而刺殺之。彼大將擅兵於外。而內有亂。則君臣相疑。以其間諸侯得合從。破秦必矣。唯荆卿留意。荆軻許焉。太子乃舍軻於上舍。日造門下。所以奉養無不至。及王翦滅趙。太子懼。欲軻速行。先是秦有將軍樊於期得罪亡至燕。秦人購其首千金。而太子丹庇之。至是荆軻曰。誠得樊將軍首與燕督亢之地圖奉獻秦王。則秦乃得見。臣乃有以報太子。太子曰。樊將軍窮來歸丹。丹不忍也。軻乃私見樊於期語以己意。於期曰。此臣之日夜切齒腐心也。遂自刎。太子聞之。奔往伏哭。然已無及。遂以函盛其首。太子豫求天下之利匕首。使工以藥焠之。以試人。血濡縷無不立死。乃裝爲遣荆軻。以燕勇士秦舞陽爲之副。入秦。百七十七年。（始皇二十年）荆軻至咸陽。因寵臣蒙嘉卑辭求見。始皇大喜。朝服設九賓見之。軻奉圖進。圖窮而匕首見。因把王袖而揕之。未至身。王驚起袖絕。軻逐王。王環柱走。羣臣皆愕。卒起不意。盡失其度。而秦法羣臣侍殿上者。不得操尺寸兵。左右以手共搏之。且曰。王負劍。負劍。始皇遂拔以擊軻。斷其左股。軻廢。乃引匕首擿王。中銅柱。遂體解荊軻以徇。始皇大怒。益發兵詣趙。就王翦以伐燕。與燕師代師戰易水西。大破之。明年。冬十月。王翦拔薊。今京師 燕王及太子率其精兵東保遼東。今奉天南境 李信急追之。燕王斬太子以謝秦。不許。百八十二年。始皇二十五年 大興兵使王賁攻遼東。虜燕王喜。遂攻代。虜代王嘉。司馬遷曰。荊軻刺秦。雖不成。然較然不欺其志。名垂後世。豈妄也哉。

最後滅齊。初。齊太后柄國。遇秦謹。與諸侯信。齊亦東邊海上。秦日夜攻三晉燕楚。五國各自救。以故齊王建立四十餘年不受兵。及太后且死。戒王建曰。羣臣之可用者某。王曰。請書之。太后曰。善。王取筆牘受言。后曰。老婦已忘矣。太后卒。后勝相齊。多受秦間金。賓客入秦。秦又多與金。客皆為反間。勸王朝秦。不修戰備。不急五國之難。故秦得滅五國。王建將朝秦。雍門司馬前曰。立王者為社稷耶。為王耶。王曰。為社稷。司馬曰。王何以去社稷而入秦。齊王還軍。即墨大夫聞之。見王曰。齊地方數千里。帶甲數百萬。三晉大夫不欲事秦。而在阿甄之間者百數。王收而與之百萬之師。使收楚故地。即武關可以入矣。如此則齊威可立。秦國可亡。豈特自保哉。齊王不聽。百八十三年。始皇二十六年 王賁自燕南攻齊。猝入臨菑。民莫敢格者。秦使人誘齊王。約封以五百里之地。齊王遂降。秦遷之共。今河南河北道輝縣 處之松柏之間。餓而死。六國之亡。除韓本已無力抵抗外。其最苦鬭者則趙矣。瀕亡猶致秦兩巨創焉。亡後猶保邊境十年。次則楚。瀕亡一敗秦。次則燕。刺秦不成。其志可哀也。魏固憊矣。然其亡也。必俟決水灌大梁。則力殫始屈。可知也。齊始終未嘗一被秦患。數千里之地。數百萬之衆。一旦拱手而獻之。王建其非血氣之倫哉。抑由陳氏之取齊。本不以其道也。

始皇既并六國。自以為德兼三皇。功過五帝。乃更號曰皇帝。命為制。令為詔。自稱曰朕。廢謚法。自為始皇帝。欲自一至萬傳之無窮。實戰國第百八十三年。始皇即位後之二十六年。周武王克殷後之九百零一年。周平王東遷後之五百四十九年。民國紀元前之二千一百三十二年。西歷紀元前之二百二十一年也。司馬遷曰。秦起襄公。章於文穆。獻孝之後。稍以蠶食六國。百有餘載。至始皇乃能幷冠帶之倫。蓋一統若斯之難也。梁啓超曰。後之讀史者。雖五尺之童。咸知哀六國而憎秦。夫疾强暴。愍微弱。人性宜然矣。雖然。假長此不獲統一。歲歲交糜爛其民而戰之。其慘狀將伊於胡底。而在六七專制君主之下。重以各地大小之封君。徭役供億。民又何以堪命。其他若曲防遏糴。關譏市征。各自爲政。民之患苦。亦何可量。故孔子尊大一統。孟子稱定於一。秦幷六國。實古代千餘年大勢所趨。至是而始成熟。非始皇一人所能爲。並非秦一國所能爲。其功罪尤非一人一國所宜任受也。

始皇自建號爲皇帝。以迄崩殂。凡十二年。蓋無日不有所興作。其自刻金石。則盛稱功德。漢史則多述其淫侈事。意存詆貶。平心論之。功罪不相掩也。今舉其犖犖大者。一曰銷兵器。六國旣滅。始皇示不復用兵。收天下兵器。聚咸陽。銷以爲鐘鐻（同簴）。鑄金人十二。各重二十四萬斤。其鐘鐻高三丈。鐘小者猶容千石云。二曰墮名城。各國都會堅城及國境間之城障。皆毀壞之。（賈誼過秦論有墮名城一語。碣石門刻石有墮壞城郭。夷去險阻二語。所墮之城名失載。今考當時國境多築城爲防。魏有兩長城。一曰固陽長城。在今陝西境由今華縣達榆林南北千餘里。二曰滎陽長城。在今河南境。由陽武達密縣南北數百里。齊亦有長城。在今山東境由平陰達諸縣之琅琊盡海濱東西千餘里。燕亦有兩長城。一曰外長城。由今直隸之懷來達奉天之遼陽東西二千里。一曰內長城。在今直隸易縣西南。延袤數里。趙則有扞關。在今陝西膚施西北（北扞胡。西扞秦）。長千五百里。楚則有方城。自春秋初已有之。入戰國益增築。在河南境。以今方城縣爲中樞（春秋時所築在此）。南經南陽達泚陽北達葉縣魯山縣。亦有遺蹟屈曲數百里。除燕之外長城及趙扞關之一部。用以防匈奴外。其餘皆各國境上之障堡也。楚漢戰爭時。已無復此等痕跡。其爲始皇所墮無疑。各國名都墮者當亦不少。惜不能徧考）三曰徙豪富。六國之豪傑及富室。强徙之於咸陽者。十二萬戶。此三事者。其本意雖不過欲以弱故宗。杜反側。然固有不可厚非者。蓋偃武息兵。實當時天下共想望。各國境上城障。遮絕不通。毀之殊便民。各國豪富。徙聚京師使得交相熏習。去畛域通情感。其於鑄冶國民性。效至宏也。四曰。確立郡縣制。郡縣制起於春秋。盛於戰國。而整齊畫一。通全國著爲定制。則自始皇。始皇初并天下。丞相王綰以燕齊楚地遠。請立諸子爲王以鎮之。李斯議爲不可。始皇從斯議。乃分天下爲三十六郡。（三川河東南陽南郡九江鄣郡會稽潁川碭郡泗水薛郡東郡琅琊齊郡上谷漁陽右北平遼西遼東代郡鉅鹿邯鄲上黨太原雲中九原雁門上郡隴西北地漢中巴郡蜀郡黔中長沙凡三十五郡並京畿之內史爲三十六郡）郡置守尉監。守掌治。尉佐守典武職甲卒。監以御史時出巡視。監郡守焉。郡下爲縣。置令丞。此實我國國家組織之一大變革。所爲能統一以迄今茲也。雖封建餘燼。歷漢晉尚存。然亦僅與郡縣參錯。且不旋踵而廢。今二千年間所率由。實秦制也。五曰。同文字。六國時各國言語異聲。文字異形。至是李斯乃奏同之。罷其不與秦文合者。取周史籀大篆。頗省改之。作爲小篆。又初有隸書。以趣簡約。（此據許慎說文解字序所謂言語異聲文字異形者非全異不相通特有不與秦文合者耳說詳志略卷）其所創篆隸。亦三千年書體所沿襲也。六曰。壹度量衡。官爲程式。銘以詔書。至今其遺物尚多存於世。往往間出也。七曰。頒法典。用李悝商鞅法經之舊。有所損益。頒諸天下。遂爲漢律所本。因襲亦逾千歲也。（始皇本紀載之罘刻石云建定法度顯著綱紀又云普施明法永爲儀則會稽刻石云始定刑名顯陳舊章初平法式又載李斯奏云欲學法令者以吏爲師又載趙高教胡亥獄律令法事知當時秦律必勒爲成書頒布全國君民共學之晉書刑法志云漢承秦制蕭何定律除參夷連坐之罪增部主見知之條合爲九篇知漢律實秦之舊也）八曰。決隄防。興水利。前此各國各謀自利。互爲曲防。以鄰爲壑。始皇盡決去之。民食其賜焉。（碣石門刻石有決通川防恩肥土域二語以是爲功德之一考漢書溝洫志云隄防之作近起戰國壅防百川各自爲利齊與趙魏以河爲竟趙魏瀕山齊地卑下作隄去河二十五里河水東抵齊隄則西泛趙魏趙魏亦爲隄去河二十五里雖非其正水尚有所游盪時至而去則塡淤肥美民耕田之大水時至漂沒則更起隄防以自救云云觀此可見當時互相抵制防礙水利之情狀又白圭自稱善治水孟子責其以鄰國爲壑蓋各國分立務壟利於己而嫁害於鄰無怪其然也秦皇以決防爲功德誠一大功德哉）先是始皇初即位。韓人欲疲秦。使無東伐。乃使水工鄭國爲間於秦。鑿涇水爲渠。並北山東注洛。中作而覺。秦人欲殺之。鄭國曰。臣爲韓延數年之命。然渠成亦秦萬世利也。乃使卒爲之。引水溉舄鹵地。關中益饒。至是決隄。則爲全國謀也。九曰。更田制。令黔首自實田。蓋前此土地。皆國家所有。君主用賜其臣爲食采。以愛憎爲予奪。力穡之氓。僅爲佃作。故禮記有田里不鬻之文。至是始皇乃開放之。許民私有也。十曰。獎產業。有烏氏倮以畜牧致富。始皇使奉朝請。比封君。有寡婦清能殖財自衞。始皇爲之築女懷清臺。其於獎勵殖業。若三致意焉。此七事者。皆當時一種規畫。革變古來之制度思想。雖流弊在所不免。然規模抑宏遠矣。

始皇最偉之業有二。曰卻匈奴。築長城。曰定百越。開五嶺道。匈奴種族。自黃帝時之獯鬻。周宣王之玁狁。久爲邊患。入春秋則爲翟狄。爲山戎。繹騷河北。所至荼毒。晉齊創霸。始予懲艾。屛諸塞外。而種落亦漸孳繁。及戰國之末。天下冠帶之國七。而秦燕趙三國。邊於匈奴。趙武靈王李牧燕秦開咸膺懲匈奴。垂名國史。而秦始皇與蒙恬功最高。百八十九年。即秦幷六國後六年。（三十二年）遣蒙恬發兵三十萬人北伐。恬斥逐匈奴。自楡中（今甘肅蘭山道皐蘭縣）並河以東。屬之陰山。收河南地爲四十四縣。（顏師古曰河南地當北地之北黃河之南啓超案今綏遠特別區域伊克昭盟全境也）築長城。因地形用制險塞。起臨洮。（今甘肅蘭山道岷縣）至遼東。（今山海關）延袤萬餘里。於是渡河據陽山。（今綏遠特別區域狼山烏拉山一帶）逶迤而北。設重防。築亭障。而蒙恬常居上郡統治之。（秦上郡故城在今陝西楡林道綏德縣）威振匈奴。大抵今河套一帶之地。自趙武靈拓境。曾一度及此。趙中衰。復爲匈奴游牧往來。至是恬悉規復奠定之。雖有長城。並非守在關內。故賈誼稱之曰。卻匈奴七百餘里。胡人不敢南下而牧馬。此始皇在西北之功績也。南越之地。（今廣東）昔爲蠻種所居。春秋時。越滅吳。吳子孫有避越嶺外者。始築南武城於廣州。戰國時。楚滅越。越人公師隅復入粵。增修其城。是爲江南人士入廣東之始。始皇北伐匈奴之年。同時發諸嘗逋亡人贅壻賈人爲兵。略取南越陸梁地。（史記索隱曰謂南方之人其性陸梁漢書高帝功臣表有陸量侯須無詔使置吏令長受令長沙王注家謂陸量即陸梁是實有其地也但今難確指）置南海。（漢南海郡因秦舊今廣東粵海道之南海番禺清遠四會等縣潮循道之博羅龍川揭陽等縣皆其地）桂林。（秦桂林郡漢爲鬱林蒼梧兩郡今廣東粵海道之高要新興德慶封川等縣廣西之蒼梧柳江南甯三道及桂林道之平樂富川荔浦等縣湖南衡陽道之永明江華等縣皆其地象郡。漢日南郡今越南國地以謫徙民五十萬人戍五嶺。五嶺

者大庾始安臨賀桂陽揭陽也與越雜處。其郡惟置尉不置守。以任囂爲南海尉。兼轄他二郡焉。秦郡制守掌民治尉典戎而職居守下惟此三郡無守以一南海尉統之史稱東南一尉是也漢志於鬱林郡下明言秦桂林郡屬尉佗日南郡下但言秦象郡不言所屬考漢高帝十一年立尉佗爲南越王王此三郡故知秦時必以一尉統三郡也此釆極廣漢之軍民合治制與內地各郡異蓋新闢邊境宜然也兩粵入版圖。有中原人種來與雜居自茲始。此始皇在東南功績也。

始皇最爲後世詬病之事。曰焚書坑儒。百九十一年。始皇三十四年始皇置酒咸陽宮博士七十人。奉觴上壽有淳于越者。請復封建。始皇下其議。李斯曰五代不相復。三代不相襲。各以治非其相反。時變異也。異時諸侯並爭。厚招游學。今天下已定。法令出一。百姓當家則力農工。士則學習法令避禁。今諸生不師今而學古。以非當世。惑亂黔首。相與非法教。人聞令下則各以其學議之。入則心非。出則巷議。夸主以爲名。異主以爲高。率羣下以造謗。如此弗禁。則主勢降乎上。黨與成乎下。禁之便。臣請史官非秦記皆燒之。非博士官所職。天下敢有藏詩書百家語者。悉詣守尉雜燒之。有敢偶語詩書。棄市。以古非今者族。吏見知不舉者與同罪。令下三十日不燒。黥爲城旦。所不去者。醫藥卜筮種樹之書。若有欲學。以吏爲師。制曰。可。此焚書之原委也。坑儒之事。在其次年。時始皇方求神仙。所尊顯有盧生徐市等。皆無驗。然畏罪逋去。始皇大怒曰。盧生等吾尊賜之甚厚。今乃誹謗我。諸生在咸陽者。吾使人廉問。或爲妖言以亂黔首。於是使御史悉案問諸生。諸生轉相告引。乃阬四百六十餘人於咸陽。此阬儒之原委也。梁啓超曰。二事同爲虐政。而結果非可以一概論。坑儒之事。所坑者咸陽四百餘人耳。且禍實肇自方士。則所坑者什九皆當如漢時文成五利之徒。漢武帝時方士左道欺罔。邪諂以易富貴。在法宜誅也。即不然。襲當時縱橫家餘唾。揣摩傾側。遇事風生。即不然。如叔孫通之徒。迎合意旨。苟以取榮。觀當時奉觴上壽七十人可知也凡若此輩。皆何足惜。要

之當時處士橫議之風，實舉世所厭棄。雖其間志節卓犖、道術通洽之士，亦較他時代爲特多，然率皆深遯巖穴，邈與世絕矣。其僕僕奔走秦廷者，不問而知其爲華士也。始皇一阬，正可以埽滌惡氛，懲創民蠹，功逾於罪也。若夫焚書則不然。其本意全在愚民，而其法令施行，徧及全國。（至漢惠帝時始除挾書律，則始皇此令歷三十年有効可知也。）當戰國之末，正學術思想磅礴勃興之時，乃忽以政府專制威力，奪民衆研學之自由，夭閼文化，莫此爲甚。而其禍最烈者，尤在滅絕諸國史記。蓋令中雖並禁詩書百家語，然限於非博士官所職，則博士所職，不燒甚明。其後入漢，首傳尚書之伏生，卽秦博士，可證也。（叔孫通亦秦博士，張蒼則秦御史主柱下方書，此皆秦廷儒生考見於後者，可知秦皇李斯並非絕學，特欲私其學於官府耳。）且詩書六藝，受習者皆口說相承，百家之言，亦傳諸其徒，遞相誦習，故雖遭秦焚，末由滅絕。觀漢書藝文志六藝略、諸子略、兵書略所載先秦百家遺書尚富，又可證也。惟周室及諸侯史記，則一燼無復餘。（史記六國表序云：秦燒天下書，諸侯史記尤甚，詩書所以復見者，多藏人家，而史記獨藏周室，以故滅。惜哉惜哉！獨有秦記，又不載日月，其文略不具。）自三代春秋以來，學術淵海，實在史官。故春秋士夫言學者，必取正於史，雖以孔子之聖，猶適周讀柱下書，始敢言述作也。（莊子有孔子繙百二十國寶書語。）秦燔史記，而千餘年先民進化之總記錄，一舉而盡。漢後學者乃不得不抱殘守缺，悴心力於摭拾考據，否則爲空衍冥漠之論而已。學術正始敷榮而摧窒之，是始皇之罪也夫。

始皇尤有一大事當紀者，則治馳道也。漢賈山述之曰：爲馳道於天下，東窮燕齊，南極吳楚，江湖之上，瀕海之觀畢至。道廣五十步，三丈而樹，厚築其外，隱以金椎，樹以青松。馳道制度之壯麗，略可想見。其道線則舊史不詳載。（史記始皇本紀於二十七年紀云：治馳道。於三十五年記云：除道，道九原，抵雲陽，塹山堙谷，直通之。）徵諸巡狩所經，而可知也。始皇第一次出巡，（百八十四年，始皇廿七年。）巡隴西北地，出雞頭山，過回中。（今甘肅涇原道固原縣。）則此路線當由長安循涇水旁西北，趨達甘肅固原以西也。第二次出巡，二十八年東行郡縣。上鄒嶧山。今山東濟寧道鄒縣遂上泰山。今濟南道泰安縣南登琅琊。今膠東道諸城縣還過彭城。今江蘇徐海道銅山縣乃西南渡淮之南郡。南郡今湖北荊襄一帶浮江至湘山自南郡由武關歸則此路線當由長安經華縣出潼關歷洛陽開封。以達濟寧由濟寧至泰安由泰安至諸城直窮海濱由海州經徐州至臨淮南渡復由鳳陽西趨經信陽至襄陽折而東南浮江至漢陽岳州以達湘陰長沙其歸途則經沙市江陵襄陽入紫荊道商縣返長安也第三次出巡。二十九年東游經陽武。今縣屬河南河北道登之罘。今山東膠東道福山縣遂之琅琊。道上黨入則此線路當由長安經同州渡河而東沿河之北岸經蒲州懷慶東昌抵濟南道青州至烟台復循海南下至諸城其歸途則取道彰德經潞安循太行山脈歷臨汾韓城返長安也第四次出巡。三十二年東北至碣石。今直隸津海道昌黎縣巡北邊從上郡入。秦上郡今陝西綏延一帶此路線出時所經。史無可考或當巡燕魏趙故都則經安陽邯鄲至今京師東北趨海濱。抵山海關秦皇島其歸途則沿長城道榆林膚施歸長安也。三十五年除道道九原通甘泉九原爲今綏遠特別區域地此道成始皇似未經行第五次出巡。三十七年至雲夢。雲夢澤在湖北境今監利石首枝江荊門沔陽鄖縣黃岡麻城安陸等縣皆有雲夢故跡浮江下觀藉柯。今釋失考渡海渚。疑指鎮江過丹陽。今縣屬江蘇金陵道至錢塘。今浙江錢塘縣臨浙江。水波惡乃西百二十里從狹中渡。蓋今餘杭上會稽。今浙江會稽道紹興縣還過吳從江乘渡。今江蘇金陵道句容縣並海上北至琅琊之罘遂渡河而西至平原津。今山東臨道平原縣及沙邱。今直隸大名道平鄉縣而遂不歸此路線舟行最多蓋由巴東循江而行既游雲夢復循江直下經金陵至鎮江折而南掠太湖至杭州由餘杭至紹興旋經蘇州從句曲儀徵間渡江津北歷淮徐更遵東海繞膠東半島一周自齊東渡河歷臨邑平原武城鉅鹿將取道邯鄲以歸而遂崩於沙邱也都凡十二年中五度巡遊歷十二省數萬里之地。陝西甘肅河南山東直隸山西江蘇安徽浙江湖北湖南四川自古迄今帝王之車轍馬迹未或能過也而所經皆治馳道則道線延袤之境可考推矣在當時爲厲民府怨之一大虐政此無待言然後世驛站官道半因襲之斯固交通之一大業矣。始皇發祥之地。崎嶇山谷。而雄心常寄於海。故三攬琅琊。兩巡之罘。一臨碣石。若有餘慕焉。嘗立石東海上朐界中（今山東膠東道臨朐縣）命爲秦東門。示表海建國也。始皇東巡所至刻石自頌功德。其文字傳於史志者凡七。曰嶧山。曰泰山。曰琅琊臺。曰之罘。曰之罘東觀。曰碣石門。曰會稽。今皆亡佚。所存者泰山殘石十字而已。（圖第　之罘之罘東觀碣石會稽四刻久亡嶧山唐時亡於野火泰山存二十九字清乾隆五年燬於火後再覓得殘石僅餘十字惟琅琊臺一刻巋然久存在諸城海神祠中清宣統失去或云燬於雹或云墮海今惟存泰山十字尚疑爲後人摹本也）始皇博採六國圖像。大營宮室於咸陽。其阿房宮尤絕壯麗。又自營陵墓於驪山。備極人巧。今蹟雖不存。然據史傳所記。猶可想見當時建築術之盛美焉。語在志略中。然縱欲無度。用民不惜其力。自滅六國時。民肝腦塗地。既數十歲。統一之後。謂得蘇息。乃大役歲興。久而彌厲。計墮城決堤諸役。興作已匪細。築長城治馳道之勞費。又數倍之。巡狩供張稱是。卻匈奴開百越之勞費。又數倍之。此猶得曰關繫國家之大業也。若乃騁生前之游觀。侈死後之霾藏。使天下之民。父母妻子兄弟不相保。以從事力役。則無道至是而極。據舊史所載。役於阿房驪山者。蓋各七十餘萬人。初以犯罪處徒刑者充之。不足則發賈人贅壻。不足則入閭而發其左。蓋鋒鏑孑遺之丁壯。更爲一人土芥視。惴惴然不知命在何時。始皇益爲嚴刑峻法以督責之。事無大小。皆自裁決。至以衡石量書。網益密而罪益繁。天下囂然。喪其樂生之心久矣。而始皇方日日耽慕神仙。求長生不死之藥。方士盧生韓終侯公石生徐市輩。屢以欺謾亡匿。而始皇不寤也。益營宮觀。恣遠遊。當第三次出巡時。經陽武博浪沙中。爲俠者狙擊。誤中副車。大索十日。不能得主名。蓋故韓諸公子張良之所爲也。初、始皇既并天下。三年而三巡。自是稍節。八年間兩巡而已。百九十四年。（始皇三十七年）始皇第五次東巡。左丞相李斯從。右丞相馮去疾居守。始皇二十餘子。未有所立。長子扶蘇賢。因諫諍忤旨。使出監蒙恬軍於上郡。少子胡亥最愛。請從。許之。始皇既歷雲夢。渡浙江。刻石會稽。復造琅玡之罘。歸途至平原津而病。始皇惡言死。羣臣莫敢言死事。病益甚。乃令中車府令苻璽事趙高爲書賜扶蘇曰。與喪會咸陽而葬。書已封。在趙高所。未付使者。秋七月。甲寅。始皇崩於沙丘平臺。卽八十五年前趙武靈王餓死之地。而其臺址實八百餘年前殷紂之所建。丞相斯以帝崩在外。恐諸公子及天下有變。乃祕不發喪。棺載轀輬車中。所至上食百官奏事如常。獨胡亥趙高及親幸官者五六人知之。、初蒙氏自驁武恬三世爲秦將。始皇特寵任之。蒙恬任外將。蒙毅常居中參謀議。咸著忠信。諸將相莫敢與爭。趙高者生而隱宮。（俗稱天閹）始皇聞其强力。通獄法。擧爲中車府令。使敎胡亥決獄。胡亥幸之。趙高有罪。始皇使蒙毅治之。毅當高法應死。始皇以高敏於事。赦之。高既雅得幸於胡亥。又怨蒙氏。乃說胡亥請詐以始皇命誅扶蘇。而立胡亥爲太子。胡亥然其計。高乃謀諸李斯。斯初不從。高聳以危言。乃從。乃更爲書賜扶蘇。數以不能闢地立功。士卒多耗。數上書誹謗怨望。將軍恬不矯正。知其謀。皆賜死。以兵屬裨將王離。扶蘇卽自殺。恬慮有詐。不肯死。使者以屬吏。繫諸陽周。喪車遂徑井陘抵九原。從直道至咸陽發喪。（直道卽三十五年蒙恬所治之馳道始皇死乃行之）太子胡亥襲位。是爲二世。遂殺蒙毅蒙恬。恬曰。自吾先人積功位於秦三世矣。今臣將兵三十餘萬。身雖囚繫。其勢足以倍畔。然自知必死而守義者。不敢辱先人之敎。以負先帝也。二世李斯趙高益盡戕殺羣公子及公主。二世立七月。而陳涉發難。三年而秦亡。其間趙高復譖殺李斯。旋弑二世。秦末帝子嬰乃誅趙高也。語並在漢載記。賈誼曰。秦以區區之地。千乘之權。招八州而朝同列。百有餘年。然後以六合爲家。殽函爲宮。一夫作難而七廟墮。身死人手。爲天下笑者何也。仁義不施。而攻守之勢異也。梁啓超曰。秦始皇寧爲中國之雄。求諸世界。見亦罕矣。其武功焜燿衆所共知不必論。其政治所設施。多有皋牢百代之概。秦之政書。無傳於後。而可藉漢以窺見之。漢高起草澤。百事草創。未遑制作。文景謙讓。不改其度。故漢制什九皆秦制。紬繹漢書表志可見也。夫漢制雖非盡善美乎。而治二千年來之中國。良未易出其範圍。後世所改。率每況愈下。然則始皇可厚非乎哉。其所短者。主我意力强過乎度。狃於成功。謂君權萬能。天下萬事萬物可以隨吾意所欲變置之。含生之儔。悉吾械器。驕盈之極。流爲侈汰專恣之餘。重以忌刻。此其所以敗也。

附　戰國年表

史記六國起周元王元年。實獲麟後五年也。表以敬王四十四年爲元王元年近儒多糾正其誤今改正。資治通鑑起周威烈王二十三年。實獲麟後七十七年也。通鑑於戰國勢成託始焉。史記於春秋運絕託始焉。今兩采之。爲前紀本紀二表。前紀史闕有間。故不著國別。如春秋表例。本紀至秦始皇稱帝終焉。

表一　前紀

第一年	周敬王四十年	魯哀公十五　齊平公元齊政由田氏　晉定公三十二　秦悼公十一　衞出公十三　陳湣公二十二　蔡成侯十一　鄭聲公二十一　燕獻公十三　吳王夫差十六
第二年	四十一年	孔子卒　衞莊公蒯聵元　楚白公勝作亂死
第三年	四十二年	楚滅陳　越敗吳於笠澤
第四年	四十三年	齊田常滅鮑氏晏氏及公族之强者　秦悼公卒
第五年	四十四年	越侵楚　楚伐東夷　王崩　秦厲共公元年　衞出公後元年　吳伐楚
第六年	元王元年	越圍吳　晉定公卒　晉趙簡子卒　晉趙襄子滅代　蜀人聘秦　晉智瑤伐鄭取九邑
第七年	二年	越聘魯始通使於上國　晉出公元年
第八年	三年	越滅吳吳王夫差自殺　越會諸侯於徐州　越以江北地至泗上與楚以泗東地與魯歸吳所侵宋地
第九年	四年	

第一〇年	五年	魯哀公朝越　義渠聘秦
第一一年	六年	
第一二年	七年	王崩
第一三年	貞定王元年	魯哀公將以越伐魯去三桓不克出奔越
第一四年	二年	魯悼公元
第一五年	三年	
第一六年	四年	
第一七年	五年	晉智伯趙襄子圍鄭智趙始相惎
第一八年	六年	
第一九年	七年	
第二〇年	八年	秦伐大荔取其王城
第二一年	九年	
第二二年	一〇年	
第二三年	一一年	晉智伯與趙韓魏分范中行氏之地爲己邑出公告齊魯欲伐四卿四卿反攻公公奔齊道死政由智氏
第二四年	一二年	
第二五年	一三年	
第二六年	一四年	

第二七年	一五年	
第二八年	一六年	晉智伯與韓魏圍趙氏　晉陽趙約韓魏反攻智氏滅之分其地自是稱三晉
第二九年	一七年	
第三〇年	一八年	秦城南鄭
第三一年	一九年	
第三二年	二〇年	
第三三年	二一年	
第三四年	二二年	楚滅蔡
第三五年	二三年	
第三六年	二四年	楚滅杞
第三七年	二五年	秦伐義渠執其君
第三八年	二六年	秦厲共公卒　躁公元年
第三九年	二七年	
第四〇年	二八年	王崩子去疾立是爲哀王立二月弟叔弑之自立是爲思王立五月弟嵬弑之自立是爲考王　秦南鄭反
第四一年	考王元年	
第四二年	二年	
第四三年	三年	晉幽公元年

第四四年	四年	晉幽公反朝於韓趙魏公室獨有絳曲沃二邑餘皆入三晉
第四五年	五年	
第四六年	六年	
第四七年	七年	
第四八年	八年	
第四九年	九年	
第五〇年	一〇年	楚滅莒
第五一年	一一年	義渠伐秦至渭陽
第五二年	一二年	秦躁公卒
第五三年	一三年	秦懷公元年
第五四年	一四年	
第五五年	一五年	王崩　西周惠公封少子班於鞏是爲東周
第五六年	威烈王元年	晉趙襄子卒立兄之孫獻子爲後徙治中牟襄子弟桓子逐獻子自立於代　韓康子卒子武王立　魏桓子卒子文子立　秦人弒懷公
第五七年	二年	秦靈公元年　晉趙桓子卒趙人迎獻子復位
第五八年	三年	晉韓武子伐鄭殺幽公鄭人立其弟繻公
第五九年	四年	

第六〇年	五年	
第六一年	六年	盜弒晉幽公魏文子誅亂者立烈公
第六二年	七年	魏城少梁
第六三年	八年	秦魏戰於少梁實秦魏交兵之始
第六四年	九年	魏復城少梁
第六五年	一〇年	趙城平邑
第六六年	一一年	秦城籍姑　秦靈公卒
第六七年	一二年	中山武公初立　秦簡公元年
第六八年	一三年	齊伐晉毀黃城　圍陽狐　魏敗秦於鄭下
第六九年	一四年	魏圍秦繁龐出其民
第七〇年	一五年	
第七一年	一六年	韓趙以王命伐齊入長城　齊敗趙取平邑
第七二年	一七年	魏伐秦築臨晉元里　韓武子卒子虔立　趙獻子卒子籍立
第七三年	一八年	魏伐中山克之　魏伐秦築洛陰郃陽
第七四年	一九年	
第七五年	二〇年	魏以吳起守西河李悝守上地西門豹爲鄴令又師事子夏敬禮段干木四子方李悝作盡地力之敎魏稱最强

第七六年	二一年	魏以公孫成爲相
第七七年	二二年	

表二　本紀國次依史記六國表

	周	秦	魏	韓	趙	楚	燕	齊
第一年	威烈王二三年	簡公十二年	文侯二二年始列爲諸侯	景侯六年始列爲諸侯	烈侯六年始列爲諸侯	聲王五年	閔公三一年	康公二年
第二年	二四年王崩					盜殺聲王	僖公元年	
第三年	安王元年	伐魏至陽狐	秦伐我至陽狐			悼王元年		
第四年	二年			鄭圍我陽翟景侯卒	烈侯卒	三晉伐我至桑丘		
第五年	三年	簡公卒惠公元年		烈侯元年	武侯元年	歸榆關於鄭		
第六年	四年					伐鄭		
第七年	五年			盜殺相俠累				
第八年	六年							
第九年	七年	伐綿諸						
第一〇年	八年			救魯				伐魯

第一一年	九年	惠七 魏敗我於注	文三二 伐鄭城酸棗	烈七	武七	悼九 伐韓取負黍	僖十	康一二
第一二年	一〇年							
第一三年	一一年	伐韓宜陽取六邑	與韓趙共伐楚敗之	秦伐我宜陽取六邑		三晉伐我敗我於楡關賂秦與之平		田和徙康公於海上食一邑
第一四年	一二年	與魏戰武城縣陝	戰秦武城齊伐我取襄陵					
第一五年	一三年	侵魏及陰晉	秦侵我陰晉					田和會魏楚衞於濁澤求爲諸侯
第一六年	一四年							
第一七年	一五年	伐蜀取南鄭惠公卒	文侯卒	烈侯卒	武侯卒			
第一八年	一六年	出公元年	武侯元年吳起奔楚趙公子朔作亂來奔與之襲趙	文侯元年	敬侯元年始都邯鄲魏襲我邯鄲不克	魏吳起來奔以爲相		田齊太公和元年始列爲諸侯
第一九年	一七年	庶長改弑出公迎立靈公子是爲獻子	乘秦亂奪其河西地城安邑	伐鄭取陽城伐宋執宋公				太公卒

第二〇年	一八年	獻公元年	齊伐我趙救我		救魏於廩丘			桓公元年伐魏敗績
第二一年	一九年	獻二城櫟陽徙都之	武四伐趙	文四	敬四魏敗我於兎臺築剛平以侵衛	悼一九	僖二〇	桓二
第二二年	二〇年		伐趙		圍衛齊魏伐我以救衛			伐趙
第二三年	二一年		趙楚伐我取棘蒲		以楚伐魏	悼王卒宗室大臣殺吳起		
第二四年	二二年		伐齊	伐齊鄭伐我	伐齊	肅王元年		三晉伐我至乘丘
第二五年	二三年		趙伐我取黃城		襲衛不克伐魏取黃城			齊康公卒於海上姜齊亡桓公卒
第二六年	二四年		狄敗我於澮伐齊	伐齊	伐齊救燕		齊伐我	威王元年伐燕趙救之三晉伐我至靈丘
第二七年	二五年			文侯卒	與中山戰於房子	蜀伐我取茲方作扞關以拒蜀		

第二八年	二六年王崩		與韓趙共徙晉靖公分其地	哀侯元年	伐中山中山獻四邑以和			
第二九年	烈王元年	初爲戶籍相伍		滅鄭徙都之	敬侯卒			
第三〇年	二年				成侯元年			
第三一年	三年	獻一二	武一四	哀四	成二	肅八	僖三十 敗齊於林狐 僖公卒	威六 燕敗我林狐 魏伐我至博陵
第三二年	四年				伐衞取鄉邑七十二		桓公元年	
第三三年	五年	與趙戰高安敗績	伐楚取魯陽武侯卒	嚴遂弒哀侯	敗秦師於高安	魏伐我		
第三四年	六年齊來朝		惠王元年 韓趙乘亂伐我戰濁澤韓趙不和兵解	莊侯元年 分鄭地長子與趙伐魏	伐齊取甄伐魏	肅王卒		朝周 趙伐我 衞伐我
第三五年	七年王崩		敗趙於懷敗韓於馬陵	魏敗我馬陵	魏敗我懷中山築長城防我			
第三六年	顯王元年		齊伐我取觀	城邢丘	侵齊至長城	宣王元年		伐魏取觀趙侵我長城

第三七年	二年							
第三八年	三年	韓魏伐我敗之於洛陰	與韓伐秦敗績城武都	與魏會宅陽遂同伐秦	與齊會阿下			
第三九年	四年		伐宋取儀臺					
第四〇年	五年	章蟜伐魏趙韓救魏敗之於石門斬首六萬周來賀	秦伐敗我	救魏敗績	救魏敗績			
第四一年	六年	獻二二 攻魏少梁趙救之	惠八 秦伐我	莊八	成一二 救魏	宣七	桓十	威一六
第四二年	七年	伐魏敗之於少梁虜其將獻公卒	敗韓魏師於澮秦敗我少梁	魏敗我於澮	魏敗我於澮取皮牢		桓公卒	
第四三年	八年	孝公元年韓趙伐我下令求賢衞鞅自魏至伐魏圍陝					文公元年	
第四四年	九年		伐齊		伐齊			魏趙伐我

第四五年	一〇年	用衛鞅議變法修耕戰	築長城以拒秦楚伐我	懿侯卒		伐魏決白馬之口		
第四六年	一一年	敗韓師於西山		昭侯元年秦敗我西山				相鄒忌
第四七年	一二年		與趙會於鄗	魏取我朱宋取我黃池	與魏會於鄗	迎女於秦		
第四八年	一三年	以衛鞅爲左庶長	韓宋魯衛來朝		與燕會阿與齊宋會平陸		與趙會於阿	與趙會平陸
第四九年	一四年	與魏會杜平	與秦會侵宋黃池宋復取之		伐魏取漆	相昭奚恤		
第五〇年	一五年	敗魏於元里取少梁	秦取我少梁伐趙齊楚伐我以救趙		魏圍我邯鄲齊楚救我	救趙		救趙圍襄陵
第五一年	一六年	孝九	惠一八齊敗我桂陵	昭六伐東周取陵觀邢丘	成二二	宣一七	文九	威二六敗魏於桂陵
第五二年	一七年	以衛鞅爲大良造	築長城塞固陽					
第五三年	一八年	城商塞取魏固陽	秦衛鞅圍我固陽降之	相申不害	與魏盟漳水上			

第五四年	一九年	徙都咸陽開阡陌聚小都鄉邑爲三十一縣置令丞	與秦會於彤		成侯卒			
第五五年	二〇年				肅侯元年			
第五六年	二一年	初爲賦正度量衡	與趙會陰晉	昭侯朝秦	與魏會陰晉			
第五七年	二二年							
第五八年	二三年							
第五九年	二四年							
第六〇年	二五年				伐齊拔高唐			趙拔我高唐
第六一年	二六年致伯於秦	孝十九	惠二八趙攻我首垣	昭一六	肅七攻魏首垣	宣二七	文一九	威三六威王卒
第六二年	二七年	諸侯畢賀會諸侯朝王						宣王元年
第六三年	二八年		伐韓齊救之虜我太子申殺將軍龐涓	魏伐我齊救我				田忌孫臏伐魏以救韓敗魏於馬陵

第六四年	二九年	衛鞅會齊趙伐魏大敗之虜其將公子卬以商於十五邑封鞅爲列侯號商君	秦伐我獻河西地以和去安邑徙都大梁		伐魏	宣王卒		伐魏
第六五年	三〇年	與魏戰岸門				威王元年		
第六六年	三一年	大荔圍我合陽 孝公卒國人殺商鞅	商鞅來奔不納復歸秦秦人殺之					
第六七年	三二年	惠王元年楚韓趙蜀來朝		申不害卒				
第六八年	三三年	天子使賀初行錢	孟子來					與韓魏會平阿南
第六九年	三四年	拔韓宜陽		秦拔我宜陽不能守				
第七〇年	三五年		始稱王改元是爲後元年		燕使蘇秦說我合從	越伐我大敗之殺其王盡取故吳地	蘇秦以合從說從之納之於趙	始稱王

第七一年	三六年	惠五 以公孫衍爲大良造張儀爲客卿	惠後二 秦取我彫陰	昭二六 昭侯卒	肅一七 蘇秦歷說魏韓齊楚以合從並相六國爲從約長	威七	文二九 文公卒	宣一〇 楚圍我徐州
第七二年	三七年	魏納陰晉	伐趙	宣惠王元年	秦公孫衍間齊魏使伐我我拒之從約解		易王元年 齊伐我取十邑已而歸之	伐趙伐燕
第七三年	三八年	義渠內亂定之						
第七四年	三九年	魏盡入河西地於我	秦圍我焦曲沃納河西地請成					
第七五年	四〇年	伐魏渡河取汾陰皮氏降焦曲沃	與秦會於應			魏敗我陘山		
第七六年	四一年	相張儀 取魏蒲陽復歸之魏納上郡	納上郡十五縣於秦		秦敗我河西取離石	懷王元年		
第七七年	四二年	縣義渠臣其君	秦歸我焦曲沃					

第七八年	四三年				肅侯卒			
第七九年	四四年	初稱王改元	韓趙伐我敗之		武靈王元年			
第八〇年	四五年	後元年 張儀伐魏取陝	秦伐我取陝		城鄗			
第八一年	四六年	惠後二 與齊楚魏會齧桑	惠後一二 楚敗我襄陵	宣惠一〇 初稱王	武靈三	懷六 敗魏襄陵	易一〇 初稱王	宣二〇
第八二年	四七年	張儀免相相魏	秦伐我取曲沃平周		與韓會區鼠			
第八三年	四八年王崩						易王卒	封田嬰於薛號靖郭君
第八四年	慎靚王元年						王噲元年	
第八五年	二年	伐韓取鄢	惠王卒	秦伐我		城廣陵		
第八六年	三年	楚齊趙韓魏燕共伐我擊退之 義渠襲敗我於李帛	襄王元年 伐秦無功	伐秦無功	伐秦無功	伐秦無功	伐秦無功	伐秦無功 宋自立爲王

第八七年	四年	韓魏趙伐我樗里疾擊敗之斬首八萬張儀復相	伐秦敗　齊敗我觀澤	秦敗我修魚	秦敗我修魚齊敗我觀澤			殺蘇秦　敗魏趙觀澤
第八八年	五年	司馬錯伐蜀滅之　取趙西都中陽			秦伐我取二邑		以國讓其相子之	以孟子爲客卿
第八九年	六年王崩				秦伐敗我			
第九〇年	赧王元年	伐義渠取二十五城　伐魏　破韓師	秦伐我拔焦	秦敗我岸門太子入質於秦	立燕公子職不克		國人攻子之不克　齊伐我殺王噲子之	伐燕取之燕人叛　宣王卒
第九一年	二年	惠後一二　樗里疾擊趙拔藺陽	襄六　與秦會臨晉	宣惠二〇	武靈一三　秦拔我藺陽	懷一六　張儀來相誘我絕齊		湣王元年　田文嗣爲薛公
第九二年	三年	大破楚師於丹陽虜其將屈匄取楚漢中地　伐齊遂伐燕	與秦伐齊遂伐燕　楚圍我雍氏	宣惠王卒		伐秦敗於丹陽再伐敗於藍田　魏襲我至鄧		
第九三年	四年	伐楚惠王卒	伐衞拔二城	襄王元年		秦伐我取召陵	昭王元年	

第九四年	五年	武王元年出張儀魏章於魏						
第九五年	六年	以樗里疾甘茂爲左右丞相張儀死						
第九六年	七年	樗里疾免相相韓	與秦會應	與秦會臨晉				
第九七年	八年	甘茂伐韓拔宜陽 逐公孫衍 武王卒無子異母弟稷立	太子朝秦	秦伐我拔宜陽遂取武遂	初胡服略中山地至房子	救韓無功		
第九八年	九年	昭王元年母后聽政后弟魏冉爲將樗里疾復相		秦歸我武遂	略中山至寧葭 西略胡地至楡中			
第九九年	第一〇年	大臣蠶公子作亂魏冉誅之	城皮氏		攻中山取丹丘中山獻四邑請成			
第一〇〇年	一一年					秦歸我上庸		

第一〇一年	一二年	昭四	襄十六 秦取我蒲坂陽晉封陵	襄九 秦復取我武遂	武靈二三 攻中山	懷二六 齊韓魏伐我秦救我	昭九	滑一一
第一〇二年	一三年	魏王韓太子來朝	秦歸我蒲坂					
第一〇三年	一四年	蜀郡守煇反司馬錯誅定之　伐韓伐楚	從秦伐楚	秦伐我取穰 從秦伐楚	盡得中山地	秦與齊韓魏敗我於重丘殺我將唐眛		秦涇陽君來質 從秦伐楚
第一〇四年	一五年	樗里疾卒樓緩相緩旋免魏冉相　伐楚取襄城		楚圍我雍氏	攻林胡樓煩攘地北至燕代西至雲中九原置雲中雁門代郡	秦伐我殺我將景缺取我襄城伐韓	將軍秦開破東胡拓地千里置上谷漁陽右北平遼東遼西郡	楚太子來質
第一〇五年	一六年	誘執楚王取楚八城相齊田文			王傳位少子何自號主父	王入秦不歸國人共立太子		歸秦涇陽君田文入相秦
第一〇六年	一七年	田文免樓緩相齊韓魏伐我敗我於函谷割河東三城以講	與齊韓伐秦秦歸我封陵	與齊魏伐秦秦歸我武遂	惠文王元年以公子勝爲相封平原君	頃襄王元年秦取我十六城		與魏韓伐秦秦割河東一城與我　田文歸爲相

第一〇七年	一八年	楚懷王亡走趙趙不納						
第一〇八年	一九年	楚懷王客死歸其喪	襄王卒	襄王卒	主父滅中山遷其君於膚施	懷王卒於秦		
第一〇九年	二〇年	樓緩免魏冉再相	昭王元年秦擊我襄城	釐王元年	公子章作亂李兌誅之遂圍弒主父於沙丘		以樂毅爲亞卿	
第一一〇年	二一年	伐韓　敗魏	與秦戰於解不利	秦伐我取武始				
第一一一年	二二年	昭一四 白起始爲將敗韓魏師於伊闕斬首二十四萬	昭三 佐韓伐秦喪師於伊闕	釐三 與魏伐秦喪師於伊闕秦取我五城	惠文六	頃襄六	昭一九	湣二一
第一一二年	二三年	白起伐魏取垣伐楚取宛葉魏冉免燭壽相	秦取我垣			秦取我宛葉迎婦於秦		

第一一三年	二四年	燭壽免魏冉復相封於穰號穰侯		秦伐我取宛		秦伐我取鄧		
第一一四年	二五年東周君朝秦	魏納河東地四百里韓納武遂二百里	納地事秦	納地事秦				
第一一五年	二六年	白起司馬錯伐魏至軹	秦伐我取城大小六十一					
第一一六年	二七年	稱西帝立齊爲東帝尋復王號			秦拔我梗陽			秦來致帝號
第一一七年	二八年	伐魏	秦拔我新垣梗陽		伐齊　秦拔我新垣曲陽			趙伐我
第一一八年	二九年	伐魏　伐韓	納安邑於秦分宋地	秦敗我夏山	李兌納五國伐秦無功	分宋地		與楚魏滅宋三分其地
第一一九年	三〇年	與楚趙爲會						秦伐我取河東九縣
第一二〇年	三一年	從燕伐齊	從燕伐齊	從燕伐齊	從燕伐齊取淮北地	從燕伐齊取淮北地	樂毅合秦楚韓趙魏之師伐齊入臨菑降七十餘城	燕以諸侯之師伐我我敗績王奔莒見弒

第一二二一年	三二年	昭二四 魏冉免 伐魏至大梁	昭一三 秦拔我安城至大梁燕趙救我秦師還	釐一三	惠文一六 廉頗藺相如見用	頃襄一六	昭二九 封樂毅昌國君留徇齊地	襄王元年 田單保卽墨
第一二二二年	三三年				秦伐我拔兩城			
第一二二三年	三四年	魏冉復相			秦拔我石城			
第一二二四年	三五年	赦罪人遷之南陽 伐趙斬首二萬 發隴西兵攻楚黔中			秦伐我取代及光狼	秦攻我黔中割漢北及上庸地以講		
第一二二五年	三六年	會趙於澠池			與秦會澠池藺相如從	秦拔我鄢西陵		
第一二二六年	三七年	白起伐楚拔郢東至竟陵置南郡				秦拔我郢燒夷陵王亡走徙都於陳	惠王元年 以騎劫代樂毅將毅奔趙	田單以間去燕樂毅攻殺燕將騎劫迎王於莒
第一二二七年	三八年	封白起爲武安君 置黔中郡	昭王卒			秦拔我巫黔中		田單盡復燕所侵地

第一二八年	三九年		安釐王元年 秦拔我兩城封弟公子無忌爲信陵君		廉頗攻魏取幾	收東地兵十餘萬復取秦所拔我江旁十五邑爲郡以拒之		
第一二九年	四〇年	伐魏 韓救魏擊敗之	秦伐我圍大梁 割溫以和 趙伐我取房子安陽	暴鳶救魏敗於秦鳶走開封	廉頗伐魏取二城			
第一三〇年	四一年	魏冉伐魏拔四城斬首四萬	背秦與齊從親 秦伐我					
第一三一年	四二年	昭三四 救韓擊敗趙魏軍斬首十五萬	安釐四 伐韓秦救之擊走我將芒卯予秦南陽以和	釐二三 趙魏伐我秦救我	惠文二六 伐韓秦救之敗我於華陽取東胡歐代地	頃襄二六	惠六	襄一一
第一三二年	四三年	置南陽郡 楚太子來質	伐燕	桓惠王元年 伐燕		伐燕	秦楚韓魏伐我	
第一三三年	四四年	滅義渠 以范睢爲客卿			藺相如伐齊至平邑		武成王元年	

第一三四年	四五年	伐韓趙救韓敗我		秦圍我閼與不拔	秦伐韓趙奢救之敗秦師閼與			秦楚伐我剛壽
第一三五年	四六年							
第一三六年	四七年	伐魏	秦拔我懷					
第一三七年	四八年	伐魏	秦拔我邢丘					
第一三八年	四九年	相范睢封為應侯逐穰侯魏冉						
第一三九年	五〇年			齊田單以趙師拔我注人	孝成王元年相平原君秦伐我拔三城齊救我		齊田單以趙師拔我中陽	救趙遂以趙師伐韓燕
第一四〇年	五一年	城廣武　伐韓取五城斬首五[illegible]		秦攻我陘拔汾旁五城	相齊田單			王建元年
第一四一年	五二年	昭四四白起攻韓取南陽	安釐一四	桓惠一〇秦伐我取南陽絕太行道	孝成三	頃襄三六	武成一〇	王建二

第一四二年	五三年	白起攻韓拔野王等十城		秦伐我我以上黨予趙	韓予我上黨取之	考烈王元年相春申君黃歇　秦取我夏州		
第一四三年	五四年			秦拔我緱氏藺	廉頗拒秦軍於長平以爭上黨			
第一四四年	五五年	白起大破趙軍長平殺降卒四十五萬			使趙括代廉頗將秦破我軍殺括	救趙不及		救趙不及
第一四五年	五六年	范雎惎白起罷其兵使王陵攻趙圍邯鄲			秦圍我邯鄲不克			
第一四六年	五七年	王陵攻邯鄲不利王齕代之	晉鄙救趙留軍壁鄴		秦復圍我邯鄲乞救於楚魏			
第一四七年	五八年	殺白起　魏趙破我軍邯鄲齕奔還拔新中	信陵君矯殺晉鄙奪其軍救邯鄲大破秦軍		魏楚救我秦軍解邯鄲圍	黃歇救趙		

第一四八年	五九年 王獻邑於秦是歲卒周亡	韓魏楚救趙新中我兵罷歸		秦將軍樛伐我取陽城負黍	秦將軍樛伐我取二十餘縣			
第一四九年		昭五二 范睢免 王稽棄市						
第一五〇年		五三 韓王來朝 魏舉國聽命					王喜元年	
第一五一年		五四	安釐二四	桓惠二〇	孝成一三	考烈一〇 徙鉅陽	王喜二	王建一二
第一五二年		五五						
第一五三年		五六			平原君卒廉頗相		伐趙趙破我軍	
第一五四年		孝文王元年			廉頗圍燕		趙圍我	燕據我聊城魯仲連說下之
第一五五年		莊襄王元年 相呂不韋遷東周君於陽人 初置三川郡		秦蒙驁伐我成皋滎陽獻鞏		滅魯		

第一五六年	二 伐趙取二十七城			秦蒙驁伐我取榆次新城狼孟等城			
第一五七年	三 王齕攻上黨諸城悉拔之初置太原郡	秦蒙驁伐韓拔高都汲公子無忌率五國軍敗之於河外	秦拔我上黨	與燕易土		與趙易土	
第一五八年	始皇元年	公子無忌以毀廢		秦拔我晉陽			
第一五九年	二	趙伐我拔繁陽		李牧大破匈奴十餘萬騎			
第一六〇年	三 蒙驁伐韓取十三城又伐魏	秦伐我取暘有詭	秦拔我十三城	悼襄王元年以樂乘代廉頗將頗奔魏			
第一六一年	四	安釐三四 信陵君無忌卒	桓惠三〇	悼襄二 李牧伐燕拔武遂方城	孝烈二〇	王喜一二 趙伐我	王建二二
第一六二年	五 蒙驁伐魏取酸棗二十城初設東郡	景湣王元年與趙盟於魯柯謀伐秦		燕伐我敗之取其軍二萬與魏盟		劇辛伐趙敗死	

第一六三年	六 楚魏韓趙燕伐我取壽陵敗之於函谷	秦拔我朝歌 衞從濮陽徙野王			東徙壽春命曰郢		
第一六四年	七 蒙驁卒	秦拔我汲以鄴予趙		魏予我鄴			
第一六五年	八 嫪毐專政						
第一六六年	九 嫪毐作亂誅	秦拔我垣衍蒲陽	王安元年		李園殺黃歇		
第一六七年	一〇 呂不韋免			王入秦置酒	幽王元年		王入秦置酒
第一六八年	一一 王翦伐趙取九城			秦拔我閼與鄴取九城		趙伐我取貍陽	
第一六九年	一二 發四部兵助魏擊楚	從秦伐楚		王遷元年	秦魏伐我		
第一七〇年	一三 桓齮攻趙平陽斬首十萬			秦拔平陽殺我將扈輒更以李牧拒戰破之			

第一七一年	一四　韓使韓非來李斯譖殺之	景湣一〇	王安六　請臣於秦	王遷三　秦拔我宜安	幽五	王喜二二	王建三二
第一七二年	一五　大舉伐趙一軍抵鄴一軍自太原拔狼孟番吾			秦伐我李牧擊退之		太子丹質秦亡歸	
第一七三年	一六　韓獻南陽地		盡獻南陽地於秦				
第一七四年	一七　滅韓置穎川郡		秦滅我虜王安				
第一七五年	一八			秦間殺李牧			
第一七六年	一九　滅趙			秦滅我虜王遷公子嘉自立爲代王			
第一七七年	二〇　燕太子使荊軻刺王不中誅軻伐燕大敗之	王假元年			王負芻元年		

第一七八年	二一　王翦破燕燕斬太子丹以獻　李信蒙恬將二十萬伐楚				秦大敗我軍取十城	秦伐我拔薊王東保遼東斬太子以說	
第一七九年	二二　滅魏　伐楚	秦滅我虜王假					
第一八〇年	二三				秦破我軍殺我將項燕		
第一八一年	二四　滅楚				秦滅我虜王負芻		
第一八二年	二五　滅燕滅代					秦滅我虜王喜	
第一八三年	二六　滅齊　初併天下立號爲皇帝						秦滅我虜王建
第一八四年	二七						
第一八五年	二八						
第一八六年	二九						

第一八七年	三〇
第一八八年	三一
第一八九年	三二
第一九〇年	三三
第一九一年	三四
第一九二年	三五
第一九三年	三六
第一九四年	三七

飲冰室專集之四十七

地理及年代

案此係民國十一年在清華學校講演五千年史勢鳥瞰之一部分

歷史者因空際時際之關係而發生意義者也吾嘗言之矣曰『史蹟之爲物必與「當時」「此地」之兩觀念相結合然後有評價之可言』故於地理及年代託始焉

第一節 地理

中國領土以地勢言之可略分爲六部第一部十八行省第二部東三省及三特別區域第三部新疆第四部外蒙古第五部青海及川邊第六部西藏

此六部者其文化之開發有先後其歷史之關係有深淺即在今日其統治權行使之所及亦有鬆密大概言之則第一部爲中華民族（狹義的）歷古之根據地而其西南一隅至今猶有苗蠻族未盡同化第二部歷古爲東胡北胡與我族交事之區今則在廣義的中華民族完全支配之下第三部則歷古爲西羌北胡乃至東亞歐諸族錯處代興今亦完全在我主權之下而人種同化猶未盡第四部歷古爲北胡根據地至今猶爲東北胡雜種之一族（蒙古）居之所謂主權者羈縻而已然我族勢力之向此地發展者今方興未艾第五部西羌及北

胡居之，統治權之行使，較優於第四第六兩部，而住民中我族勢力之微弱亦僅與第四部相埒耳。第六部名義上雖為領土，事實上則住民與統治權皆屬西羌族，其各部蛻變狀況之分析，別於第二章詳之。

地理形勢，非本書所宜喋述，今惟抽出其與史蹟關係最鉅之數特點，略為推論。當推論之前，有一義應先商榷者，則歷史現象受地理之影響支配，果至若何程度耶。歷史為人類心力所構成，人類惟常能運其心力以征服自然界，是以有歷史。若謂地理能支配歷史，則五百年前之美洲，地形氣候，皆非有以大異於今日，而聲明文物，判若天淵，此何以稱焉。雖然人類征服自然之力本自有限界，且當文化愈低度時，則其力愈薄弱，故愈古代則地理規定歷史之程度愈强，且其所規定者，不徒在物的方面，而兼及心的方面，往往因地理影響形成民族特別性格，而此種性格遞代遺傳，旋為歷史上主要之原動力。近代以科學昌明之結果，其能嬗變地理而減殺其權威者，雖不少，然衡以總量，究屬微末，且前此影響之鑴入民族性中者，益非可以驟變，故治史者於地理之背景，終不能蔑視也。今請剌舉中國地理特點數端而說明其與史蹟之關係。

(1)中國黃河流域，原大而饒，宜畜牧耕稼，有交通之便，於產育初民文化為最適，故能於邃古時即組成一獨立之文化系。

(2)該流域為世界最大平原之一，千里平衍，無岡巒崎嶇起伏，無灣碕偭離旋折，氣候四時寒燠俱備，然規則甚正，無急劇之變化，故能形成一種平原的文化，其人以尊中庸愛平和為天性。

(3)以地形平衍，且規則正，故其人覺得自然界可親可愛，而不覺其可驚可怖，故其文化絕不含神祕性，與希伯來埃及異。居其地者，非有相當之勞作，不能生活，不容純耽悅微眇之理想，故其文化為現世的，與印度異。

(4)天惠比較的豐厚.不必費極大之勞力以求克服天然.但能順應之卽已得安適.故科學思想發達甚緩.又以第2項所言地形氣候皆平正少變化.故故乏穎異深刻的美術思想.又以愛樂天然順應天然之故.故倫理的人生哲學最發達.

(5)此一區域中.別無第二個文化系.而本部(卽第一部)地勢毗連不可分割.故隨民族勢力之發展.文化亦愈益擴大結成單一性的基礎.

(6)以第2項理由.故中庸性質特別發展.惟其好中庸.萬事不肯爲主我極端的偏執.有弘納衆流之量.故可以容受無數複雜之民族.使之迅速同化.亦惟因周遭之野蠻或未開的民族太多.我族深感有迅令同化之必要.而中庸性格實爲同化利器.故演化愈深.而此性格亦愈顯著.

(7)國境西界葱嶺.以與中亞及歐洲之文化隔絕.南界喜馬拉耶.以與印度文化隔絕.缺乏機緣以與他系文化相摩厲相資長.故其文化爲孤立的單調的保守的.

(8)以下文第10項之理由.其文化屢受北方蠻族之蹂躪.我族常須耗其精力以從事於抵抗及恢復.故愈益養成保守性.

(9)東南雖瀕海.然其地之島民.無文化足以裨我.又以地大物博之故.凡百閉關皆足自給.故民族從不作海外發展之想.益無以改其單調的保守的之特性.

(10)西北徼之中亞細亞西伯利亞諸區.夙爲羣蠻所產育出沒.其人生苦寒之域.習於勇悍.而常思覬覦內地之溫沃富殖.狡焉思逞.北境卽無重洋峻嶺以爲之限.而我土著之民.愛護其耕稼室廬.以平和爲職志.其勢

易爲所蹂躪。故三千年來北狄之患。幾無寧歲。其影響於文化及政治者至大。

(11)文化發源起自黃河流域。次及長江流域。此兩流域平原毗連。殆無復天然境界可以析劃。與歐陸形勢絕異。我民族既以此地爲樞核。則所謂「大一統」主義。自然發生。故幅員雖大於歐陸。而歐陸以分立爲原則。以統一爲例外。吾土正反是。

(12)以第10項之理由。吾族有集權禦侮之必要。此種必要。與第11項之理由相結合。遂產生中樞專制的政治。而此中樞時復爲外族所刼奪。則其助長專制也益甚。

(13)因下列各理由致地方自治不能發達。(甲)因地勢地味關係。始終以農立國。鄉村農民惟安習於家族的統制。(乙)都市常爲政治或軍事之中心地。專制干涉力極强。(丙)如第11項所說。無畫疆自保之憑藉。(丁)如第10項所說。悍蠻恣暴。地方事業。易被摧壞。

(14)地勢既不適於諸國分立。又艱於發育自治。其勢自然趨於中樞專制。而又以幅員太廣之故。統治力不能貫徹。故內亂屢起。或爲外族所乘。此種野蠻革命。既成爲歷史上常態。故文化恆屢進而屢躓。

(15)地勢雖不可分裂。然因山脈與河流皆自西而東。（專就第一部言）且氣候有寒溫熱帶之異。故南北常不免自爲風氣。而當政象有異動時。亦恆以南北對峙爲暫局。

(16)西南與東北兩邊徼。以位置窵僻及地形有特別構造。故雖加入我族文化系。而迄未成熟。「遠心力」常常發動。故朝鮮安南屢次編爲郡縣。屢次自立。至今竟排出中國歷史圈外。而遼東滇南往往蒙其影響。其不自絕於中國。乃間不容髮。

(17)第三四五六之四部地理上各有特色而形勢上各有其與中國不可離之關係故吾族常努力吸收之以自衞所以促其住民之同化者亦多術而此願望至今猶未能全達則吾儕及吾子孫所當有事也

(18)以全勢論之則此一片大地最不宜於國家主義之發育故吾族向不認國家爲人類最高團體而常以「脩身」爲出發點以「平天下」爲究竟義全部文化皆含此精神故其歷史或不在過去而在將來也

右所舉地理影響於歷史者崖略可覩矣——然此類地理之權威迄近代既日以銳減例如海運及國境上之鐵路既通則連山大漠不足爲對外交通之障國內船路郵電諸機關漸備則幅員雖廣不艱於統治周遭諸民族同化略盡則野蠻的侵掠蹂躪不復成問題工商業漸發展則重心趨於都市而自治之可能性愈大諸如此類今皆有以異於古所云特前此影響之留跡於心理者則其蛻變非旦夕間事也

第二節　年代

史何自起就廣義之史言之可謂有人類卽有史據地質學家所推定人類發生已在五十萬年或二十萬年前卽新石器時代迄今亦已五萬年吾儕旣確知新石器時代中國已有人則亦可謂五萬年前中國已有史雖然吾今所治爲狹義之史以先民活動之跡有正確日記錄可徵者爲限則中國有史時代蓋起於夏禹若再以嚴格的年代學繩之則完全信史起於周之共和元年卽西紀前八百四十一年

有史以前謂之神話時代（其實神話時代亦有史蹟歷史時代亦有神話此不過舉概劃分）神話時代其悠遠乃數十百倍於有史時代若著一部「人類活動通考」則有史時代所占之篇幅不過其最末數葉而已神

話時代狀態之研究其大部分當以讓諸地質學家非治史者所宜過問史家有時或以神話爲副料不過藉以推見初民心理或因其象徵所表示而窺其生活之片影例如因盤古剖卵而生的神話推想吾先民最古之宇宙觀因三皇五帝等神話推想三才五行說之起原因燧人神農等名稱推想火及耕稼之發明影響於當時人心者若何深切神話之輔助歷史其程度當至是而止

司馬遷曰『學者多稱五帝尙矣而尙書獨載堯以來百家言黃帝其言不雅馴搢紳先生難言之』此語足表其態度之謹嚴雖然遷之爲書仍託始於五帝本紀未能踐其斷制也夫豈必黃帝以前卽尙書所載堯舜事吾儕亦只能以半神話視之韓非曰『孔墨皆言堯舜而取舍不同皆自謂眞堯舜堯舜不可復生誰與定儒墨之誠乎』由是觀之恐尙書之『曰若稽古』亦半爲後人所追記未必能悉視爲信史也而遷乃於尙書所不載之黃帝顓頊帝嚳偏有爾許事實爲之鋪張揚厲降及皇甫謐羅泌之徒生遷後又數百年千年乃自詫爲知遷之所不知舉凡遷所吐棄爲「不雅馴」之言者而悉實之於是古代史益蕪穢不可治近世治史者動輒豔稱炎黃堯舜時代之聲明文物此說若眞則夏商千餘年間不能不認爲文化之中絕或停頓其原因何在實無由說明而或者更摭拾傳說穿鑿考證例如五帝三王是否同出一宗彼此相距年代幾何……等聚訟之言殆將充棟皆所謂『可憐無益費精神』蓋考證惟當於事實範圍內行之事實存在與否尙成問題則對於事實內容之討論太早計矣吾儕不敢謂黃帝堯舜絕無其人但至多認爲有史以前半開化部落之一酋長其盛德大業不過後人理想中一幻影古本竹書紀年託始夏禹當是史官舊文吾輩遵之可以寡過矣

夏以後因已有近眞之史蹟然年代殊難確算如俗說皆稱夏四百年殷六百年而竹書則云『夏年多殷』書

甫刑稱『王享國百年』舊說謂指周穆王在位之歲。竹書則云周武王至穆王凡百年。諸如此類。異說滋多。故司馬遷於三代但作世表而不鑿考其年。(注一)紀年則起於十二諸侯年表其第一年爲西周之共和元年。下距今民國十一年爲二千七百六十三年。此表殆極可信蓋共和後六十六年周幽王六年十月辛卯朔有日食。見於詩經。(注二)共和後百二十年。卽魯隱公元年春秋於是託始焉故我國史可謂有二千七百六十三年極正確之年代。繼續不斷以迄今日也。

(注一)史記三代世表序云『孔子因史文。次春秋紀元年。正時日月。蓋其詳哉。至於序尙書則略無年月。或頗有然多闕不可錄。故疑則傳疑。蓋其愼也。』此最足見良史謹嚴態度。

(注二)看研究法一四一葉。

舊史皆以帝王紀年。蓋舍此亦實無良法。然而破碎斷續。雖强記者猶不能徧。致使史蹟之時間的尺度。恆在朦朧意識之中。不便莫甚焉。故定出一畫一的紀年標準。實爲史者急切之要求。近年來討論此問題者。或議用孔子卒後。或議用帝堯甲寅。然皆不能言之成理。共和元年。現爲歷史上最初正確之年。則以之託始在理論上固無可疵議。然卽爲國人耳目所不習。且與世界史蹟比照。亦須多費一重換算。吾以爲史之爲物以記述全人類活動爲職志。國別史不過人類通史之一部分。故所用記號。總以人類最大多數已經通行者爲最便。基督紀元。在今日殆可稱爲世界公曆。吾儕不妨逕採用之以作史之時間的公尺。無庸有彼我分別之見存也。

歷史時代。當若何分畫耶。史蹟所以記人類之賡續活動。相强分時代。乃如抽刀斷水。欲得絕對的精確標準。爲事殆不可能。近今史家。卒將歐史區爲古中近之三世。此如治天體學者畫分若干星躔以資研究方便而已。中國史欲仿斯例，頗極困難。依嚴格的理論，則秦以前爲一時代，自秦統一迄民國成立爲一時代，兩者分野，最極嚴明。然似此區分，則每時代所包含時間太長，幾與不區分相等。若欲稍得平均，則易陷削趾適屨之敝。故吾以爲論次國史，或以不分時代爲較適宜，必不獲已，則姑命秦以前爲遠古，自秦迄淸爲近古，民國以後爲今代，而遠古近古中復爲小區畫，庶幾不至大戾。今列表如下。

遠古	前期	夏禹迄周東遷	公歷前一三六四(?)迄前七七一
	後期	春秋戰國	公歷前七七〇迄前二二二
近古	初期	秦漢	公歷前二二一迄二一九
	中期	三國兩晉六朝隋唐	公歷二二〇迄九〇六
	後期	五代宋元明	公歷九〇七迄一六四三
	末期	淸	公歷一六四四迄一九一一
今代	民國紀元以後		公歷一九一二以後

遠古近古今代之區別，最爲分明。其在政治上，則遠古爲分治的貴族的，近古爲集治的獨裁的，今代行將爲聯治的平民的。其在文化上，則遠古爲發育的，近古爲保守的，今代行將爲蛻新的。凡百現象，皆儼若有一鮮明之幟志以示別。更將遠近古各期細分之，則其特色可指者如左。

1遠古前期。 自大禹以來。「諸夏」的觀念（即中國人的觀念）已完全成立。故爲國史之始。然夏商雖稱王天下其實仍是部落分立。政治中樞勢力甚微。文化亦樸儉不甚可考見。自周創制封建。諸夏結合密度益增。政治漸有重心。文化亦彧彧可觀。

2遠古後期　周東遷後。政治重心漸失。各地方分化發展。諸夏以外之諸民族。亦漸形活動。然藉封建之勢。各地皆以諸夏所建國爲中心。以吸收同化境內諸異族。而此諸夏之國復次第合併。由數百而數十而六七以歸於一。故此期實爲中華民族混成時代。亦因分化之故。思想言論皆極自由。社會活態呈露。故文化極高度且極複雜。

3近古初期　民族既已摶捖爲一。故秦漢以後。完全成爲不可分之局。然版圖既廓。統治益難。故因封建時代經驗蛻變之成規。創立中央君主獨裁政體。人民亦經長期戰事之後。動極思靜。務咀嚼前期所產文化。以應用之於恬適的生活。故保守性習從此發生。文化漸入停頓時代。中間境外諸蠻族屢圖侵入。卒距之不得逞。故此期最足爲代表吾族眞面目之期。

4近古中期　兩漢之政治組織及其末年已發見流弊。且呈露惰性。於是有三國之分裂。在前期中境外及邊徼諸異族。本已蓄有潛勢。但被抑不得發。至是乘虛紛起。遂至有五胡及南北朝之難。歷數百年迄唐之興。乃始告一結局。此期內之政治現象。因外族雜治之結果。法律屢失效力。人民保障益危。中央之組織能力亦漸趨薄弱。故漢唐雖同稱盛世。然唐政實不逮漢遠甚。文化方面固有者極形衰落。惟因與印度開始交通。加入外來文化之新成分。在史中開一異彩。卽民族方面。亦因外族侵入之結果。次第同化。使吾族內容益加擴大。其得失正參半焉。

5 近古後期　唐代號稱統一。然中葉以後。蕃將跋扈。吾族統治能力既日減殺。經五代迄宋。人民以厭兵之故。益趨孱弱。而北徼新興之族。翻極鴟張。遼金元相繼蹂躪大河以北。久逸出吾族支配之外。蒙古入主。與前此五胡情勢懸殊。以絕對不受同化之族。而據有中國全境。吾族殆無所託命。明代雖云光復。然爲羶腥所染。政治組織益紊其軌。文化方面則印度學術輸入既久。完全消化。別構成中印合流之新哲學。亦因政治上活動餘地較狹。士夫之聰明才智。專用之於學藝。故文學美術等。皆別闢新方向。然而消極頹廢的思想。實隨處表現。

6 近古末期　前清以異族統一中國。逾二百年。在史上蓋無前例。然東胡民族。與北狄殊。其被同化也甚速。非久已漸失其種族的色彩。此期之政治。雖不能謂爲美善。然就組織力言之。則除漢代外。殆無其匹。西北徼諸地。在此期內悉隸中國版圖。歷年悍族侵暴之禍殆絕。人民頗得蘇息。明中葉以降。歐人航海覓地熱驟興。開華歐交通之端緒。逮清而轉變愈劇。於是中國人始漸知有「世界。」不能不營國際的生活。此期文化承前明空疏之反動。刻意復古。由明而宋。而六朝唐。而兩漢。而先秦。次第逆遡。精神日趨樸實。及其晚期則受歐學輸入之影響。馴至思想根本動搖。故此期可謂爲歷史上一大轉捩之過渡時代。遂醞釀以成今後之局。

附最初可紀之年代

此似亦五千年史勢鳥瞰之又一稿茲附第二節後

我國史果自何時始有正確之年代耶。據一般俗史所稱述。多託始於帝堯之甲辰。其遠者或遡諸黃帝。杜撰四五千年以上之史蹟。而一一比附其時日。純屬妖誣。殆不必辯。（注一）其比較的可認為有史料之價值者。則為汲冢之竹書紀年。據稱夏年四百七十一。商年四百九十六。西周年二百五十七。由是而下接東周焉。（注二）以西紀換算之則如下。

夏禹元年＝前一九九四年……距今三九一五年。

商成湯元年＝前一五二三年……距今三四四四年。

周武王元年＝前一〇二七年……距今二九四八年。

東周平王元年＝前七七〇年……距今二二九一年。

右述年代。蓋已與俗說相差二百一十一年。（俗史夏禹元年當紀前二二〇五）然此以周末人述夏殷事。能否完全徵信。已屬疑問。況其書久佚。作偽雜出。今所舉者乃展轉引自他籍。尤未敢遂信為原本。（注三）然則此說亦只能認為傳疑中之較有價值者而已。

（注一）俗史詳記古帝王年代。大抵皆據宋邵雍之皇極經世。如云黃帝元年距今四千六百二十五年。帝堯即位之歲為甲辰。距今四千二百七十八年之類。皆是也。雍書間採自晉皇甫謐之帝王世紀。（謐書今佚）然又多參差。殊不知其所據。彼蓋用術數家伎倆。閉目布算耳。自漢以來因爭論曆法而古年代之僞造竄亂不少劉歆著三統歷詳紀三代受命年數張衡闢之謂其『横斷年數損夏益周考之表紀差謬數百』（後漢書本傳）後世之侈談古年代者大抵皆汲劉歆之流而煽其毒者也

（注二）汲冢竹書來歷具詳於晉杜預左傳集解後序及晉書束皙傳王接傳中蓋晉太康二年（西二八〇）從河南汲縣一古冢中掘得此書故以汲冢名同時所得書尙十餘種尤有銅劍等物其紀年一書絕筆於魏哀王二十年即周赧王十六年（西紀前二九九）故學者考定此冢爲魏安釐王冢蓋其體例知是當時魏史官所記以之殉葬經五百八十一年後乃發現者也此書在史料上之價值殆與孔子之春秋埒而遠在司馬遷史記上其中事實與舊史殊異者甚多惜原書至宋已佚今所傳者僞本也淸朱右曾從各書中輯出爲汲冢紀年存眞二卷右所紀夏年見太平御覽八十二所紀商年見史記殷本紀集解及文選六代論注所紀西周年則見通鑑外紀三也

（注三）朱氏輯本自是晉唐宋人所見之本非今四庫中僞本所可比然是否各條皆汲冢之舊尙屬疑問蓋杜預左傳後序明云『紀年起自夏殷周』晉書束皙傳明云『記夏以來……至魏安釐王二十年』而今所引者乃有黃帝事束皙傳又明言『紀年夏年多殷』而今所引者殷年乃多於夏則其非盡原本已可概見考當時書初出土多殘缺經許多大學者如荀勗和嶠衞恆束皙黃庭堅王績續咸寉爲之迻寫編定其間當不免有肊改也要之此書終不失爲我國史學界第一瓌寶凡古史有異同者皆宜以彼爲正但須辨別勿誤引僞本耳

若採最謹嚴的態度當宗史記以西周之共和元年爲斷其年當西紀前八百四十一年下距孔子作春秋所託始之魯隱公元年恰百二十年史公當時所見古代譜牒之書蓋不少然皆不敢置信（注一）故於三代僅作世表其年表則起自十二諸侯而共和庚申實爲第一年其年數之下與春秋銜接者以汲冢竹書校之正脗合也且尤有一事最足注意蓋此年後六十六年——周幽王六年十月辛卯朔日食見諸詩經此爲科學上極强之證據更無可容其疑議（注二）故吾儕認史記十二諸侯年表所載紀年爲中國有正確年代之始自是卽銜續

不斷以迄今日。質而言之。則我國史蹟在時間上不生疑問者。最少已閱二千六百七十一年之久也。

（注一）史記三代世表序云『孔子……序尙書。則略無年月。或頗有。然多闕不可錄。故疑則傳疑。蓋其愼也。余讀諜記。黃帝以來皆有年數。……咸不同乖異。夫子之弗論次其年月。豈虛哉。』考漢書藝文志春秋家。有太古以來年紀二篇。歷譜家有古來帝王年譜五卷。可見當時並非無此類書。史公亦並非未見。其共和以上僅表世而不表年者。正示後史以謹愼之態度耳。

（注二）詩小雅『十月之交。朔日辛卯。日有食之。亦孔之醜。』此事經中外天文學家推算一致之結果。周幽王六年周正之十月朔日辛卯。卽西紀前七百七十六年八月二十九日。確是日食。此詩之流傳。無意中爲我年代學得一鐵證焉。自春秋以下。日食必書。雖於史蹟無關。亦有裨於年代也。

雖然。以上考證。專就年代言之耳。年代學之與史學。今已分科。中國有嚴格的正確年代。雖僅二千六百餘年。其有史則固當遠遡諸四千年以上矣。

飲冰室專集之四十八

志語言文字

按此『志語言文字』及『志宗教禮學』兩篇爲中國通史稿之一部分

禮記王制曰。廣谷大川異制。民生其間者異俗。又曰。五方之民。言語不通。嗜欲不同。許愼說文解字序謂周末諸侯力政。不統於王。言語異聲。文字異形。夫以今之中國。統一已二千年。而閩粵之與中原。猶須重譯。則當戰國列國並立時宜何如者。當唐虞三代部落遷徙時宜何如者。漢揚雄作方言。標列二義。曰古今語。曰別國不相往來之言。蓋並時既有國境之殊。一地中復有古今之異。此語言自然之情狀也。凡人類語言。初必簡單。愈進化則愈繁複。所爲由簡趨繁者。蓋言語凡以表示意識。意識之範圍日擴。則所以表示之者自能與之相應。此其一也。與他羣之人相接觸。恆互相采用其語言以自廣。此其二也。然新語日增。陳語亦隨而刊落。蓋緣羣衆意識變遷。舊意識時或蟄退。則表示之之語。不復爲用。或同一意識。新語表示之法。較巧捷明確。則舊語亦廢焉。故無論何國皆有殭語。(吾輩試細察一生數十年間所用語其爲昔所習聞而今漸廢者實已不少今所通用而前輩不解者尤多即此可察言語新陳代謝消息)惟顓門考古之士究之。然亦僅能發其凡。末由竟其緒也。而所謂國語者。則恆隨其國民性淳化擴展之運以俱進。日趨變而不離其根焉。我國國語之統一。植基於春秋戰國間。而恃文字結構運用之方法。以筦其鍵。(詳下說)然古代言文一致。自此則日闊遠矣。尙書典謨之文較易讀。誓誥之文最難讀。典謨多文言。誓誥多俗語也。若盤庚多士多方諸篇。皆當時諄告大衆。取易了解。而後世轉以詰屈聱牙爲病。篇中殭語多也。此古今語變遷之發凡也。若夫國別語。則春秋以前。其差異殆不可紀極。介葛盧朝魯。恃譯乃通。介在今膠州。與曲阜相距能幾。既若是矣。若楚若吳越。其差別更可推見。楚令尹子文鬬姓。其名曰穀於菟。譯言乳虎。楚子若敖蚡冒。吳王闔閭夫差。越王句踐。其名皆譯音也。據方言所標舉。以推論古代語言。可略分十系。一曰中原語系。方言所謂周鄭之間宋衞之間宋衞兗豫之間宋鄭周洛韓魏之間者皆是 二曰淮汝語系。方言所稱汝潁梁宋之間徐淮泗之間陳楚之間陳楚江淮之間者皆是 三曰關西語系。方言所謂自關而西秦晉之間者是 四曰河北語系。方言所謂趙魏之間趙魏之郊者是 五曰海岱語系。方言所謂齊魯之間齊魯海岱之間海岱大野之間東齊之間東齊青徐之間者皆是 六曰燕代語系。方言所謂燕代之間者是 七曰遼東語系。方言所謂燕北之郊燕北朝鮮之間朝鮮冽水之間者皆是 八曰江湘語系。方言所謂南楚江湘之間南楚江沔之間南楚之外沅湘之間者皆是 九曰揚越語系。方言所謂荆吳之間荆揚之間荆吳江湖之間吳越之間揚越之間揚甌之郊者皆是 十曰梁益語系。方言所謂梁益之間雍梁之西西南蜀漢之郊者皆是 揚雄生秦皇統一後二百年。而所親覩聞各系言語之殊。輯之猶彪然成帙。則古昔之龐雜。云胡可量。其所以漸趨統一者。則以春秋時列國會盟聘享。密如織梭。戰國游士談宗。歷都傳食。其間自有一種之公用語流行士大夫間。其範圍愈擴而愈大。而尤有一極要之樞鑰焉。則以我國文字不衍聲而衍形。語文既相輔而始能行。則無論屬何語系之民。既宗習此文。自成不容剖判之連結。我國古代雖種族猥多。國部叢峙。情狀一如歐洲。然歐洲遂有十數國之國語。演成十數國之國史。歷千餘年終不能合同而化。我國經春秋戰國以後。國語國史皆成爲顚撲不破之渾一體者。則文字之賜也。因此語文分岐文化艱于逮下其得失又當別論

文字之原。起於八卦。許氏說文解字爲現存最古之字書。其敍即首述庖犧作八卦。以垂憲象。蓋探其本也。今案坎離二卦。坎☵爲水。離☲爲火。確爲籀篆𣱱火二字所本。但一橫一縱耳。此象形字之所從出也。乾☰坤☷二卦。

以奇偶表陰陽之概念。以陰陽表天地之概念。此會意字所從出也。（漢碑坤字地字多作巛卽從坤卦來變橫爲縱其乾字天字不作三者以易與三字混耳摹印本則有作三者）此與巴比倫之楔形書異地同符。實中國最古之文字也。黃帝之史倉頡。見鳥獸蹏迒之跡。知文理之可相別異也。乃則之以作書。其初依類象形。故謂之文。其後形聲相益。卽謂之字。（獨體爲文合體爲字）周制八歲入小學。教以六書。一曰指事。視而可識。察而見意。二二是也。（今上下二字）二曰象形。畫成其物。隨體詰詘。日月是也。三曰形聲。以事爲名。取譬相成。江河是也。四曰會意。比類合誼。以見指撝。武信是也。（止戈爲武人言爲信）五曰轉注。建類一首。同意相受。考老是也。（說文考老也老考也以考注老以老注考謂之轉注）六曰假借。本無其字。依聲託事。令長是也。（秦漢大縣之長官名爲令小縣名爲長前此無縣故無從有令長之字乃假使令之令長久之長以名之也〇此據許氏說文序原文漢書藝文志引之則先象形次指事當也）形聲指事。所謂文也。諧聲會意。所謂字也。四者造字之本也。轉注假借。用字之法也。最初所造爲象形字。其所表之心理爲直覺。其所表之對象爲具體。日月山水魚鳥草木牛馬。凡自然界之物象。有形可指者。則寫表之。實與繪畫同源。特畫取形而書取象耳。埃及古文。純爲象形。人類靈明濬發之次第。大略同也。（羅馬字母出於腓尼西腓尼西字母亦由象形字遞變遞省而成歐人所著字書猶多能探其蛻變之形者）形不可象。則屬諸事。指事者。其所表之心理。兼直覺與比較。（視而可識直覺也察而見意比較也）其所表之對象爲具象。如上下二字之一畫。以象地平。指點地平之上。謂之丄。指點地平之下。謂之丅。（此二字由丄丅變爲二二再變爲丄丅三變爲上下）本末二字之木。｜以象幹。∪以象枝。∩以象根。指點根處謂之本。指點枝處謂之末。一畫二畫三畫四畫爲一二三四。二畫斜交爲㐅。正交爲十。皆經極簡單之審量作用。而印得其象者也。形聲者。象形之擴也。其所表之心理爲剖析綜合。其所表之對象兼具體具象與抽象。同是水也。南人呼其清者以工音。則命爲江。北人呼其濁者以可音。則命爲河。此剖析也。工音之清者。可音之濁者。皆系以水旁。而列於水類。此綜合也。其表有形之物體。如江河桃李鸞鳳等。此具體也。其表有形之動作。

如談說觀視遵迴採擇等。此具象也。其表無形之心理。如慈悲忿怒等。此抽象也。古今文字。形聲逾半。有形聲而字大備矣。會意者。指事之擴也。其所表之心理。爲連絡。爲推見。其所表之對象爲抽象。其最淺近者。如一大爲天。（一畫示在上以大表其德）人言爲信。（謂以人傳言也卽信使之信此信字本義也魏晉時猶名使者爲信信實信札皆假借義）十口相傳爲古。其精深者如一貫三爲王。（董仲舒曰古之造文者三畫而連其中謂之王三者天地人也而參通之者王也）相人偶爲仁。（見儀禮鄭注此言人以愛相羣之義）止戈爲武。直心爲悳。（古德字）其尤繁密者。如人在地上。以戈守之爲或。（卽國字說文或文下云邦從口從戈以守一會意一地也案古人文字多以口代人如合字同字之從口皆是近世學者言國家三要素曰土地曰人民曰主權或字之一指土地其口指人民其以戈守示主權不可侵也此造字最精之義加口爲國古詮專部內與野鄙對後世假借或字爲疑辭轉以國字奪或字之義耳）象水之平。以廌取直爲灋。（說文灋字下云刑也平之如水從水廌所以觸不直去之從廌去會意又廌字下云解廌獸也似牛一角古者聽訟令觸不直者案立法行法皆以平直爲主此造字精義也）此皆根於甚深微妙之抽象觀念。凡宗教哲學政治法律之理想多寓焉。此其最後起幾經進化而後能致者矣。（說文九千字中會意字及形聲兼會意字蓋數百精心研釋之可察見古代羣治狀態及思想淵源也）大抵象形指事。黃帝蒼頡。實造端發凡。形聲會意。則歷唐虞三代。世有增益。漢許愼作說文。泐定九千三百五十三字。近世字書所收。將四萬字。其什七八。皆先秦之舊。而所以構成者。不外此四法。若夫轉注假借。則非所以造字而所以廣字之用也。轉注者。一義多字。而用轉注法以會其通也。一義多字。而必須以轉注法會其通何也。例如始有多義。初爲裁衣之始。哉爲草木之始。首爲人體之始。基爲建築之始。別言則各示所始。通言則等含始義。必通其訓。乃無拘礙。此轉注之爲用一也。（參觀爾雅釋詁注疏）例如好有多義。秦謂之娥。宋衞之間謂之嬴。自關而東河濟之間謂之媌。或謂之姣。趙魏燕代之間謂之姝。自關而西秦故都謂之妍。（參觀方言）前此各羣閡隔。各自有其所創造習用之字。及既溝通混合以成大羣。而前此小羣所用。又不容偏廢。故廣收之而爲之會釋。欲用何字。仍聽自由。其於同時各地之殊文既然矣。異代之殊文則亦有然。夫必如是。然後可以收國文統一之效。此轉注之爲用二也。假借者。一字多義。而用假借法以濟其窮也。夫曷爲不每字各限於一義。每義各賦以一字而必以假借法濟其窮。天下事物之象無窮。人類之識想。抑愈濬發而愈繁複。且又常嬗變而不居也。而字體所以錯變構造者。終有限量。新得一義。而必賦以一新字以表之。其勢不得不窮也。且新造一字。必須爲衆人所辯識所承仍。乃能有效。然衆人目之所習。限於先民傳授有緒之字。新創不爲衆所許也。（唐武后所創百數十字。終不能久行）然則新物象新事理新識想。不將末由表示乎。夫語言恆先於文字者也。既有此新物象新事理新識想。則必有表示之之新語言。有其語而無其文。則取舊文之同音者。假以爲用。此假借所由起。而在我國文字系統之下。勢不得不爾也。假借者一種翻譯作用也。以衍形之文系而參之以衍音也。故惟其音不惟其義。每一字於此多被假借一次。則隨增其一義。久之而以新義奪舊義者且比比也。例如英法德美。假其音以名新通之西方四國。於英雄法律道德美惡之義無涉也。（英本義爲花瓣。才過萬人爲英。已屬假借。餘類推）而兩義並行。其力相埒。例如爲本母猴。假其音爲作爲之爲。不本花蕚。假其音爲否定辭之不。也本女陰。假其音爲語助辭之也。今則全爲假借新義所奪。其本義非稍博洽者。殆莫能識。而據本義以讀今文。則無一語而可通也。是故假借一法。能使吾國文有新陳代謝之機。能有涵納異域方言之作用。六書以之終焉。象形指事形聲會意。所以定文字之體。三代而後。莫能損益。轉注假借。所以神文字之用。雖吾儕猶日日能有事也。字書列字雖數萬。常用者不過數千。然則吾國人何由而能藉此區區之字。以曲盡宇宙萬類之情狀乎。蓋自有假借。則字形數量雖不增。而字義數量已增。此其一矣。雖然。猶未足也。通而濟之更有二法。一曰綴舊字爲新字。例如天一字也。子一字也。天子又一字也。天子之字。雖以天之子會意而得名。其名既成。則對於天字子字獨立而成爲第三字。百一字也。姓一字也。百姓又一字也。百姓之字雖以百種姓會意而得名。其名既成。則對於百字姓字獨立而成爲第三字。若此者吾命之曰複式會意字。大一字也。學一字也。大學又一字也。大學校之大學已爲第三字。復假之爲大學教義之書名。於是得第四字。共一字也。和一字也。共和一字也。史記紀年之共和已爲第三字。復假之爲民衆政制之國名。於是得第四字。若是者吾命之曰複式假借字。此兩種者。皆可以衍至無量。二曰蛻舊義爲新義。例如一性字也。孔子所謂性。孟子所謂性。荀子所謂性。告子所謂性。各殊其內容。一國字也。周禮邦國都鄙之國。春秋侯國戰國王國之國。兩漢郡國之國。今世國家主義之國。其本質相去絕遠。此非假借也。舉一字而賦加減於其屬性。或擴之使大。或析之使精。則舊字忽成新字矣。何也。文字所以表觀念。觀念新則其字自新也。如是者亦可以衍至無量。是故謂吾國字少。實未嘗少。以字不足爲憂者。過也。（近人親西方字書羅列百數十萬字頗病吾國之不若彼謂彼中人人能隨時造字而我不能故學不逮彼焉此誤見也我輩何嘗不日日造新字者）雖然。以衍形不衍音之故。故義雖變而形不變。音既麗形以存。則音雖變亦甚微且緩。而我國民所以能完成其統一性而長保持之者。實賴乎此。古代諸部落諸國並立。勢甚難以融化爲一也。而有此國文系統爲之中樞。生息於此統系之下者。勢不能脫離而別成他種國語。蓋離文則詁無所麗也。卽方言稍有參差。殊不至危及統一基礎。蓋國家中堅在士大夫。文既通於士大夫。則燕齊閩粵。自永爲一家。俚語未齊。不足爲閡也。而後世匈奴鮮卑突厥蒙古滿洲諸族。所以偶爾侵入。輒被同化者。則亦以此。我國文化所以能遠被朝鮮越南日本者。則亦以此。此眞中國之一大命脈也。吾故不遜詞費。稍詳述其特性如右。（吾亦主張造新字符以圖教育之廣被此於國文之統一決無妨而於國語之統一必有速效也）

我國文字構造法。含有不可變性。如上所陳。此言夫文字之全系統也。至每字形體。則時有遷改。儒先所說。略分爲古文籀文。（亦稱大篆）小篆隸書八分楷書行書草書等。分楷行草。興於漢後。自餘皆先秦書也。舊說或謂古文爲倉頡所作。籀文爲周宣王時太史籀所作。小篆則秦李斯作。隸書則秦程邈作。實則字數之遞增與字體之遞變皆人事時會之不得不然。而其嬗蛻必以漸。未有奮一作之智巧。能於一時驟創新體以易天下者也。夏以前書今不可見。宋人集帖有倉頡書夏禹岣嶁碑等皆不足信近儒恃以考訂者最古至商周銅器款識而止。宋歐陽薛尙功等始提倡之薛氏有鐘鼎款識爲近世研金文之祖至清乾嘉以降斯學特盛其集摹成書者內廷則有西清古鑑西清續鑑私家著述則阮元之積古齋鐘鼎彝器款識吳榮光之筠青館金文吳式芬之攈古錄金文吳大澂之愙齋集古錄端方之匋齋吉金錄其最著也最近乃於羑里故墟得商代貞卜文鍥於骨甲。史籀前之文字。益多見矣。骨甲文於清光緒末出土流傳人間者可二萬片片率四五字亦有多至百餘字者皆殷代占卜所用也龜甲約十之二三馬牛羊骨約十之七八集爲成書者有劉鶚之鐵雲藏龜羅振玉之殷虛書契及殷虛書契菁華而羅氏別爲考釋可讀者得五百餘字云以今所臆推。大抵夏商以前字甚不多。凡抽象字及語助字皆無之。其字皆樸儷繁重。往往駢叠二三物象。間示其動作以爲聯絡。或則並此無之。而其字乃多含畫意。蓋觀鳥獸蹏迒之跡。書畫本同源也。所摹商代金文六器其第一器右方爲子作父戊彝五字其左方一虎一山一刀殆其父曾持刀入山刺虎作器紀其勇第二器上爲元字下爲重屋形第三器上爲廟形中藏甲見二字下

商代金文一　父戊觶

第一圖之一

商代金文二　元斝

商代金文三　月形卣

第一圖之二三

商代金文四　父乙卣

商代金文五　父癸爵

商代金文六　子執戈彝

第一圖之四五六

平列子辛二字最下爲月戠生明之形蓋紀廟見之事及月日也第四器上爲重屋形下列父乙二字第五器上爲爵集木形下列父癸二字第六器爲子執戈形自周以降生事日繁識想日擴文字孳乳寖多而舊文亦不得不侵尋省改蓋合體之字既多非省無以就偏旁一也筆畫太繁難寫需時不便趨事二也抽象觀念日發展摹狀物形無取繁複自能達意三也故字數愈古愈少愈近愈多字形愈古愈繁愈近愈簡此其公例之大較也所摹商周銅器及骨甲文中車字凡十一文觀此可察文字次第省改之迹最初惟笵之於金槧之於竹木其後乃削竹爲簡以漆書之

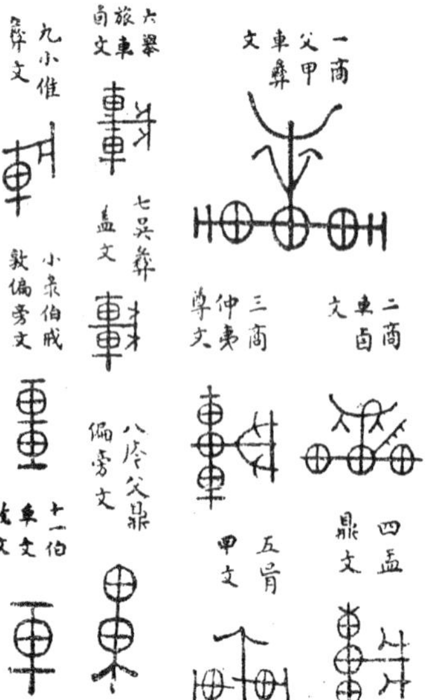

商周金文車字省改次第　第二圖

大者謂之方小者謂之策通謂之簡蓋起於殷周之際也其有記載著述迻寫則累簡而以革繩貫之故孔子讀易而韋編三絕也許愼稱著於竹帛謂之書此自當時言實則秦前惟竹帛蓋見用於漢以後也說詳兩漢志略籒文之名獨傳於後者意者周宣王時嘗命史籒正定文字且多所省改增造故世宗之今世所傳周代金文其字體勢

與石鼓無甚出入，此同文之效也。春秋戰國。數百年間。各國文化異地同時。各自啓發。其間增字。宜極夥賾。而僞體俗書。尤所難免。今漢碑異體字極多六朝碑俗字亦多北齊尤詭僻則戰國文字異形之故可知李斯本湛深學術。故始皇統一之業既就。卽從事審訂文字。編集史籀以來通行之字體裁近正者。或頗省改。泐爲秦文其有不合者奏罷之。所謂小篆也。說文序云六國文字異形始皇兼天下李斯乃奏同之罷其不與秦文合者此如漢末集諸儒於鴻都考正文字又如唐之刻五經文字九經字樣皆所以別裁僞體準諸雅正非於古文籀文六國文之外別有所謂秦文也李斯自作倉頡篇。中車府令趙高作爰歷篇。太史令胡毋敬作博學篇。是爲中國字書之祖。其後漢儒司馬相如史游李長揚雄班固賈魴輩。續有增纂。至東漢末許愼作說文解字。遂傳至今。說文中小篆與古籀異體者。則注於下。其不注者。率皆古籀之舊也。後人或以爲小篆與古籀截然殊科强欲於說文外求古籀誤也隸書蓋亦戰國以來逐漸萌變。秦之官私文牘採用之。以趨簡易。其書體更省於小篆。今所存漢碑如五鳳二年刻石趙王上壽刻石是吾殘碑祀三公山碑等殆卽秦隸之舊爾後更遞變爲分楷行草。而與篆隸並行迄今。此倉頡以來書體變遷之大凡也。

附運用文字之技術

前章已略述文字體態之變遷矣。至運用此文字以廣郵通彼我之效，則其次第發達之跡，亦略可考焉。易繫辭稱『上古結繩而治，後世聖人易之以書契。』契者刻也。文字先經刻畫之一階級，然後進於書寫，殆可斷言。（注一）所刻則施諸金石甲骨竹木，三者之用，莫能審其先後。殷代金文今存者尙數百種，甲骨之文，近年得自殷墟者蓋數萬片，而竹木無徵焉。雖然，不能據此武斷謂殷書不用竹木。蓋金文甲文中「冊」字屢見，而「冊」即竹書之專名也。其作字之器謂之「削」（注二）亦謂之「聿」（注三）其製蓋以金屬。此夏殷以來情狀之略可推定者也。

（注一）荀子勸學篇『鍥而不舍。』鍥即契之後起字。詩經『爰契我龜。』鍥文於龜甲上也。觀殷墟遺文，原物自明。

（注二）考工記『築人爲削。』鄭注云『今之書刀。』賈疏云『古者未有紙筆，則以削刻字。』

（注三）說文『聿所以書也。……秦謂之筆。』蓋筆之本字爲「聿」，其加竹者乃後起耳。聿字爲人手持一直管，管銳其端，即筆之形也。商器中作此形者甚多。亦有手持聿者肘懸聿者，然無從斷其爲書寫之具，抑鏤刻之具也。

及周則甲骨殆廢，而純用竹木。用竹者曰冊曰策曰簡，用木者曰方曰版。（注一）孔子所謂『文武之政，布在方策』是也。由鏤刻進爲書寫，其起原雖不能確指，但吾儕知初期書寫，殆研一種紅色石粉而蘸之，所謂丹書是也。又知春秋中葉，此術最少亦當已盛行於晉國。（注二）既已解寫，則必有如今之所謂筆者以應用。（注三）然筆之發明，或更前乎此。以古銅器之字體校之，或西周之初已有毛筆，亦未可知。俗說謂秦蒙恬始製筆，不足信

也。(注四)墨之起原亦難確指。然最少當秦始皇統一天下前之五十三年。(西紀前二九九)已用墨書。則信而有徵也。(注五

(注一)書金縢『史乃册祝曰』洛誥『王命作册逸祝册。』顧命『命作册度』此册字見於經最古者。

策爲册之假借。聘禮『百名以上書於策』既夕禮『書遣於策』左傳『名藏在諸侯之策』是也。

策亦謂之簡。詩小雅『畏此簡書』左傳『執簡以往』是也。

木簡謂之方。聘禮『不及百名書於方』既夕禮『書賵於方』周禮內史『以方出之』是也。

方亦謂之版。周禮小宰『聽閭里以版圖』司民『掌民之數自生齒以上皆書於版』論語『式負版者』是也。

(注二)大戴禮記踐阼篇述師尙父言謂『黃帝顓頊之道載在丹書』果爾則周以前當已有書丹之技。但戴記爲漢人所述。未敢遽信。左傳昭二十三年云『斐豹隸也。著於丹書』杜注云『以丹書其罪案』據此敢斷言西紀前五一九年。寫字之法久行矣。

(注三)魯語云『吾以死奮筆』晉語云『臣以秉筆事君』此筆字之見於春秋時代者其筆用何原料製造雖難確考然當是已爲書寫之用。非刻鏤之用。詩經云『貽我彤管』殆卽書丹所用筆也。

(注四)現在銅器。如毛公鼎盂鼎爲周成王時物。如頌鼎無專鼎爲周宣王時物。其字體已圓整。不類刀筆。

(注五)韓詩外傳卷七『周舍見趙簡子曰『臣願墨筆操牘從君之後。』足見春秋戰國間已有墨書。其尤足爲鐵證者。晉時汲冢所得穆天子傳荀勗序言『以墨書』此書寫定之時最遲亦當在魏安釐王二十年以前即西紀前五一九年前物也則知墨之用周末確已盛行矣。

說文云。『著之竹帛謂之書。』帛之用固宜在竹後。然亦非甚晚。以吾所考證者。似管仲時已有帛書。(注一)藉曰未信。則墨子時決當已有之。(注二)卽孔門弟子亦固嘗有書帛事也。(注三)周末漢初人用帛通信之故事。尚有數端足資吾資料。(注四)文藝中亦見之。(注五)雖然直至漢末。而帛之用猶不廣。漢人寫書大半用竹簡。

上書用奏牘通問用尺牘則皆木簡也最近從新疆境內掘得漢簡書甚多而用帛者僅二通且年代極晚焉（注六）蓋既解用丹墨能書諸竹者自亦能書諸帛帛便於竹其代興宜在情理中然而不能者以帛造之不易而所值不貲故非製紙術發明且普徧之後而簡策之用不廢也

（注一）晏子春秋卷七云『昔吾先君桓公予管仲狐與穀其縣十七著之於帛』此為書帛最古之掌故然此書半屬僞託不敢遽信也

（注二）墨子明鬼篇云『古者聖王必以鬼神為其務故書之竹帛遺後世……一尺之帛一篇之書語數鬼神之有也』據此則墨子時必有以帛寫古書之事矣

（注三）論語『子張書諸紳』

（注四）（一）史記田單列傳『約矢遺城中書』能約於矢者必非竹木之類矣（二）漢書高帝紀『書帛射城上』（三）漢書蘇武傳『天子射上林中得雁足有係帛書』此皆帛書最確之故實然皆非常用也

（注五）古詩『呼兒烹鯉魚中有尺素書』

（注六）距今約十五年前英人有斯坦因者訪古於我新疆得漢晉間斷簡三百餘事羅振玉彙而影印之題曰流沙墜簡附以考釋其書於縑帛者僅二通而已據羅氏所審定此二通實西漢末物也

造紙始自漢蔡倫其年為元興元年（西一〇五）其所用原料為樹膚麻頭敝布魚網此事明見於正史（注一）此實我國人最名譽之發明其術直至十三世紀乃經阿剌伯人之手傳入歐洲距蔡倫之後逾千年矣雖然當發明後一二百年間亦似未能大供社會之利用試檢後漢三國遺籍其關於紙之掌故甚稀也其盛行蓋在兩晉流沙遺物中紙片四十七其近似漢物者僅二餘皆出晉以後也（注二）

(注一)看後漢書蔡倫傳。

(注二)看羅振玉王國維合著流沙墜簡考釋卷三。

今且勿論他事。吾儕試懸想周末秦漢間之讀書社會。其狀況爲何如。漢書藝文志著錄諸書。以篇記者約十之八。以卷記者約十之二。記卷者殆純爲漢人所著。(注一)篇綴簡而成。卷摺縑而成。當時之卷是否能如唐以後之卷子本。今不可考。但其用既不普及。卽亦可置勿考。至於篇。則削竹或木爲狹而長之簡。簡長者二尺四寸。其最短者猶八寸。(注二)積若干簡爲一篇。貫以皮帶或絲繩。(注三)學者欲有所受。則削簡殺青載筆以寫其所聞。(注四)其藏書也。累篇而約以篋。數十篋而篇無幾也。(注五)其旅行也。挾書稍多。動五車矣。(注六)吾儕可以推想當時思想之傳達交換保存其艱困爲何若。吾儕頗疑因文字書寫艱拙之故。乃影響於語言。使日益趨於單音的。(?)吾儕又覺因此之故。古代之著作者。其文不得不求過度之簡絜。務用字少而含意豐。往往勞後人以猜謎式的解釋。吾儕更確信因傳鈔檢閱不便之故。多數人惟務記誦。偏獎記憶力之發達。而發明轉稀。又因文簡之故。正文以外。多恃口說相授受。坐此學問成爲祕傳的墨守的。而窒其發展。凡此皆漢後學術退化原因之一部。他日當更有所論述也。

(注一)藝文志記卷者數術方技二略之全部。自餘六藝諸子詩賦兵書四略皆記篇。惟六藝略中之漢儒傳注有記卷者。其是否有一定標準不可知。要之卷爲晚出。且不如篇之尊重。在漢時尙不甚通行。秦以後殆無有也。

(注二)六經之策皆長二尺四寸。孝經半之。論語八寸。其他諸子。亦率皆八寸。此古代諸策長短之大凡也。其詳見儀禮疏引鄭注論語序。論衡謝短篇所記略同。晉汲冢所得穆天子傳亦長二尺四寸。見荀勗序。

(注三)史記孔子世家。『孔子晚而喜易。讀之韋編三絕。』此篇籍之貫以皮帶者。穆天子傳。竹簡素絲綸。』見荀勗序。『考工記竹簡青絲綸。』見南齊書文惠太子傳。此篇籍之貫以絲繩者。

(注四)後漢書吳祐傳。『祐父恢殺青簡以寫經書。』漢書揚雄傳。

(注五)學記。『入學鼓篋。』戰國策。『乃夜發書陳篋數十。』

(注六)墨子貴義篇。『墨子南遊使衞關中載書甚多。』莊子天下篇『惠施多方。其書五車。』

飲冰室專集之四十九

志三代宗教禮學

三代以前以教爲學。春秋戰國以後。以學爲教。此我國精神思想界一大變遷也。我國宗教蓋最高一神教。而輔以祖先教。記曰萬物本乎天。人本乎祖。孔子曰明乎郊社之禮。禘嘗之義。治國其如示諸掌乎。惟萬物本乎天。故有郊社之禮。郊。祭天也。惟人本乎祖。故有禘嘗之義。禘者。祭其祖之所自出。以其祖配之也。詩書所記。言必稱天。或冠以形容之語。曰皇天。以表其博大。 書經其自時配皇天格於皇天詩經肆皇天弗尚燕及皇天等 曰上天。以表其崇高。 詩經明明上天照臨下土又上天之載等 曰昊天。以表其絜白。 書經欽若昊天詩經昊天有成命昊天其子之昊天疾威昊天曰明昊天不忒等 曰旻天。以表其森嚴。 書經旻天大降喪於殷詩經旻天疾威等 亦曰帝 書經帝乃震怒惟帝降格告勑于帝帝欽罰之等詩經在帝左右帝謂文王順帝之則帝度其心履帝武敏歆帝命率育帝命不違等 曰上帝 書經肆類于上帝以昭受上帝予畏上帝上帝監民用端命於上帝等詩經上帝既命克配上帝皇矣上帝臨下有赫上帝居歆上帝不寧上帝板板蕩蕩上帝等 曰皇上帝 書經惟皇上帝降衷于下民詩經有皇上帝 曰皇天上帝。 書經皇天上帝改厥元子 曰昊天上帝。 詩經昊天上帝則不我遺 曰皇帝。 書經皇帝哀矜庶戮之不辜皇帝清問下民 曰皇。 書經皇建其有極 曰后帝。 詩經皇皇后帝 天帝一也。而有二名者。以天示抽象觀念。以帝示具象觀念。帝者以人擬神之稱。歐語所謂人格神也。 孝經郊祀后稷以配天宗祀文王於明堂以配上帝是天帝之名可通可別也 後世哲學思想之言天也以理。古代宗教思想之言天也以象。言理故雖精深而去人遠。言象故雖簡質而去人近。今得刺舉詩書之言天道者。而觀其會通焉。其一。人之生命爲天所賦。壽夭長短。天實司之。 詩經天生蒸民其命匪諶書經甘誓天用勦絕其命又盤庚罔知天之斷命又予迓續乃命於天又召誥天其命哲命凶命歷年等 其二。天爲人類立一道德之軌則。其名曰彝。 詩經天生蒸民民之秉彝書經康誥天惟與我民彝大泯亂又洪範惟天陰騭下民相協厥居我不知其彝倫攸敘又惟是彝是訓于帝其訓言其恆常也。曰極。書經洪範皇建其有極用敷錫厥庶民惟時厥庶民於汝極錫汝保極言其中正也。曰則。詩經天生蒸民有物有則又詩不識不知順帝之則曰敘。曰秩。書經天敘有典天秩有禮皆言其條理也。其三。此道德軌則。天有命令。使人率循。其名曰命。詩書言天命者太多不及枚舉曰勅。書經多士告勅于帝其四。天常監察人類。視其曾否實行此軌則。詩經皇矣上帝臨下有赫監觀四方求民之莫又明明在下赫赫在上又穆穆在下明明在上灼於四方又昊天曰明及爾出往昊天曰旦及爾游衍書經呂刑上帝監民又高宗肜日惟天監下民典厥義所謂監察者。非空漠想像之辭。天能聞。書經康誥其尙顯聞于天又聞于上帝帝休又君奭迪見冒聞於上帝逸書天聽自我民聽能見。詩經監觀四方書天視自我民視逸能覸。詩經上帝居歆胡臭亶時能問。書經呂刑皇帝淸問下民能語。詩經帝謂文王無然畔援帝謂文王予懷明德能思量。詩經帝省其山帝度其心其五。人從天所命。則無災害。詩經上帝是依無災無害更進則天錫之福。詩經天保定爾俾爾戩穀罄無不宜受天百祿違天所命。則天乃怒。書經洪範鯀堙洪水帝乃震怒不畀洪範九嚋詩經逢天僤怒又敬天之怒無敢戲豫乃威。書經大誥天降威知我國有疵又呂刑皇帝哀矜不辜報虐以威詩經畏天之威於時保之又旻天疾威乃罰。書經康誥惟天其罰殛我牧誓今予惟恭行天之罰乃討。書經皋陶謨天討有罪威罰加於一人之身者。為憂患貧弱死亡等。書經洪範威用六極曰凶短折曰疾曰憂曰貧曰惡曰弱又甘誓天用勦絕其命又高宗肜日降年有永有不永非天夭民民中絕命加於羣衆者為饑饉疾癘兵亂等。書經微子天毒降災荒殷邦詩經浩浩昊天不駿其德降喪饑饉斬伐四國又天方薦瘥喪亂弘多又昊天不傭降此鞠凶昊天不惠降此大戾又昊天疾威敷於下土甚則滅絕其種姓。書經呂刑昊天報虐以威過絕苗民無世在下惟受罰者有所哀籲。天亦鑒其誠而許之。書經召誥夫知保抱攜持厥婦子以哀籲天天亦哀於四方民必情眞罪當。罰乃行焉。書經西伯戡黎乃罪多參在上乃能責命於天又呂刑苗民無辭於罰乃絕厥世又康誥惟天其罰殛我我其不怨又多士惟天不畀罔非有辭于罰其六。天命令賞罰之權使王代行。書經堯典惟時亮天功又皋陶謨天工人其代之又大誥予造天役又呂刑惟作天牧又多士丕靈承帝事凡人皆天之子也。而王則其元子。書經召誥皇天上帝改厥元子又王來紹上帝故王亦稱天子。按天子之名始見於書經洪範天子作父母以為天下王詩經亦云時邁其邦昊天其子之以其代天主民。故亦稱民主。書經多方天惟時求民主衆所歸往。故謂之王。見說文王為天代表。故對天負一切之責。書經皋陶謨天敘有典勅我五典五惇哉天秩有禮自我五禮有庸哉天命有德五服五章哉天討有罪五刑五用哉此言一切職務皆代天而行也又多士上帝引逸有夏弗適逸弗克庸命厥惟廢元命降致罰此言王對天有責任不踐責任則受天罰也此等義見書經者甚多常率人民以欽順天命。（書經多方今至于爾辟弗克以爾多方享天之命又召誥欲王以小民受天永命）其七。天之立王也。先求得其人。（書經多方天惟時求民主乃大降顯休命於成湯惟刑殄有夏乃惟爾商後王不蠲烝天惟降時喪天惟求爾多方開厥顧天惟爾多方罔堪顧之惟我周王克堪用德惟典神天天惟式教我用休簡畀殷命尹爾多方此先言當夏之末天求堪作民主者得成湯而命之及殷紂失德天始欲在殷人中擇其人繼殷求之而不得後乃得之於周王也）乃錫以靈寶。爲受命之符。（符命之說見于經者書洪範云鯀堙洪水帝乃震怒不畀洪範九疇禹乃嗣興天乃錫禹洪範九疇注家謂禹治水得洛書也緯書言帝王之興天必有所錫名爲受命之符雖間有出漢儒依託者要之古代宗教思想所寄也）而前王亦得薦後王於天。天以爲可。則受之。（孟子稱堯薦舜於天而天受之又稱舜薦禹於天禹薦益於天）其八。王者失道。天先譴告警懼之。不改而罰乃加。（書經多方天惟五年須暇之子孫注家謂假以數年待其知改也史記董仲舒傳國家將有失道之敗天先出災害以譴告之不知自省又出怪異以警懼之尚不知變而傷敗乃至）其罰則使新王執行之。（書經湯誓有夏多罪天命殛之又夏氏有罪予畏上帝不敢不正又多士天乃命爾先祖成湯革夏又我有周佑命將天明威致王罰勑殷命終於帝）其九。天意所寄。在於衆民。（書經皋陶謨天聰明自我民聰明天明畏自我民明畏逸書泰誓天視自我民視天聽自我民聽）民之所欲。天必從之。（二語見僞古文尚書但其義實出於古尚書西伯戡黎令我民罔不欲喪曰天曷不降威大命不摯又召誥天亦哀於四方民其眷命用懋）其十。人死則歸命於天。其有賢哲。則在帝左右。（書經召誥越殷多先哲王在天詩經文王陟降在帝左右）古代人對於天之觀念。大略如是。其與後世哲學思想異者。後世孔子老子之教。以理言天。所謂天者。乃包舉自然現象之總名。大化運行。漠無朕。其性質在有意識無意識之間。古代宗教。則以爲天具有意識。一如吾人。特其威力甚强。超出吾人之上而爲吾人主宰。耶穌教言上帝無所不知。無所不能。無所不在。爲造化主。而威力不可抗。其與詩書垂教之義。乃絕相類也。其極當注意者尤有一義。則詩書只言天。不言天地。（惟僞古文尚書湯誥篇有惟天地萬物父母一語與古代宗教義不相應即此可證其爲晚出僞作）言天地始於孔子之演易。以天地分表陰陽。此哲學家言。非宗教家言矣。（詳下說）古代此種宗教思想。其圓滿微妙。誠不逮後之哲學。而直捷鞭辟。普徧深入於人心。則爲力過之。能使人人對於具象之上帝。生寅畏虔恭之念。故其詩曰。小心翼翼。昭事上帝。又曰各敬爾儀。天命不又。羣治所以維繫於不敝。實恃此也。其與西方古教異者。佛耶諸教。皆言死後善惡之應報。我國言善報有陟降帝座之說。惡報則未之及。蓋我國古教有天堂無地獄也。所謂五福六極。近則報諸其身。遠則報諸其子孫。皆言現世不言來世。此中西教義最異之點也。綜上所述。則中國古代爲一神教昭然甚明。然羣俗嬗變。近世反墮退而鄰於多神教者。則亦有故。其一自哲學盛行後。對於古代宗教思想多有懷疑。古教本質樸。不能悉範圍後人智慧大闢之人心。故其力寖衰薄。其二我國數千年本以信仰自由爲職志。國內各種族崇祀之神。至統一後絕未嘗以政治之力干涉之。所謂凡祭有其舉之莫敢廢也。及與外國交通。外人移來者亦一仍其俗。西北諸種之教俗。其羼入吾民間者已不少。迨祆佛耶回諸派紛來。皆容納之。而常寖變其相。故教觀日以複雜也。其三古代天教雖爲一神。然尚有羣神隸此一神之下。在古代主從系統本極不明。後世漸失其眞。遂成黷亂。考書經稱類於上帝。禋于六宗。望于山川。徧于羣神。此唐虞時之祭典也。此後詩書兩經所言祭事。皆祭天祭祖。無祭羣神者。至周禮及禮記。而羣祀之名雜見焉。其大別爲天神地示人鬼物彪四種。郊之外有社。郊祭天而社祭地。以地配天。此取陰陽之義也。上帝之外有五帝。（周禮大宗伯以禋祀祀昊天上帝小宗伯兆五帝于四郊劉向云天神之大者曰昊天上帝其佐曰五帝東方蒼帝靈威仰南方赤帝赤熛怒西方白帝白招提北方黑帝汁光紀中央黃帝食樞紐此所謂五天帝也禮記月令復有五人帝即東木帝太昊南火帝炎帝西金帝少昊北水帝顓頊中央土帝黃帝漢儒以五人帝配五天帝焉）上帝由本體而有化身。此取五行之義也。其餘則有日、月、星辰、司中、司命、風師、雨師、五祀、（五祀之名見於禮記月令者曰戶竈門行中霤祭法則言王立七祀諸侯五大夫三庶人一七祀加司命及泰厲也）五嶽、山林、川澤、四方、（見周禮大宗伯）寒暑、水旱等。（見禮記祭法）此天神地示之屬。皆佑天命分掌百司者也。其人鬼除各自祭其先祖外。凡法施於民者。以死勤事者。以勞定國者。能禦大菑捍大患者。皆列祀典。（見禮記祭法）其著者有句芒、祝融、蓐收、玄冥、后土、（見禮記月令）先嗇、司嗇、（見禮記郊特牲）先聖、先師、（見禮記文王世子）樂祖、（見禮記大司樂）田祖、（見詩）等。大抵我國宗教道德之根本觀念。莫重報恩。所謂反本報始。不忘其初也。祭日月星辰。報其照臨。祭名山大川。報其興雲致雨。祭先嗇報其始養。祭先師報其始教。自餘百神祀典。罔匪由報。而各國各部落各鄉閭各有所報則神日滋矣。各時代先民之有功德者。賡續有所報。則神又日滋矣。報又徒施於所敬事者而已。記曰。古之君子。使之必報之。迎貓爲其食田鼠也。迎虎爲其食田豕也。祭坊與水庸事也。（見禮記祭法坊謂隄防水庸謂溝洫祭報其爲我執事也）此物魃所由亦與於祭典也。（此與埃及等國之拜物教精神絕異彼迷信諸物能爲人禍福我則但酬其勞而已）坐此之故。神之種類及名稱。可以人人自由擴增至於無量。以絕對一神教之國。而汎濫爲極端之多神。實變象之不可思議者也。但其與印度埃及希臘諸國古代之多神教有絕異者。彼等多神各自獨立。常代表部分觀念矛盾觀念。我國則崇天帝以定一尊。百神在天之下。各率其職。故推敬天之念以敬之。（禮記禮器鬼神以爲徒故事有守也注云謂職守不移又禮運云故禮行於郊而百神受職焉此皆以天統羣神之義）常代表全體觀念系統觀念。故雖多神而不害爲一神也。周禮有大祀小祀之分。大祀謂郊禘等。祭天而以祖配者。小祀日月山川之屬。餘則羣祀。此古代宗教之體要也。然其思想制度。亦緣時代而微有異同。而影響恆及於政俗。孔子曰。夏道遵命。（按命指抽象之天也）事鬼敬神而遠之。近人而忠焉。先祿而後威。先賞而後罰。親而不尊。其民之敝。惷而愚。喬而野。朴而不文。殷人尊神。（按神指具象之上帝及附屬各神祇也）率民以事神。先鬼而後禮。先罰而後賞。尊而不親。其民之敝。蕩而不靜。勝而無恥。周人尊禮尙施。（按施與報相待）事鬼敬神而遠之。近人而忠焉。其賞罰用爵列。親而不尊。其民之敝。利而巧。文而不慙。賊而蔽。（禮記表記）此言宗教政俗相爲因果之義。可謂博深切明也已。

其爲天教之輔。而完成我國羣治者。厥惟祖先教。兩者教義同導一原。孝經曰。孝莫大於嚴父。嚴父莫大於配天。昔者周公郊祀后稷以配天。宗祀文王於明堂以配上帝。祀天帝而以其祖配。明教義之一貫也。（禮記郊特牲郊之祭也大報本反始也言天爲人之大祖）古者謂人死靈魂升天。常愛護監察其子孫。雖不能直降罪福。然其聖哲之王。則在帝左右。能爲子孫請命。（書經金縢惟爾玄孫某遘厲虐疾若爾三王是有丕子之責於天以且代某之身鄭玄注曰丕讀曰不愛子孫曰子言元孫遇疾汝若不救將有不愛子孫之過爲天所責欲使爲之請命也）其臣民之賢者。亦能從先王以閒承恩威之命於天。分掌子孫休咎。（書經盤庚茲予大享于先王爾祖其從與享之孫星衍疏引禮器大饗其王事與大饗卽禘祭以祖配天諸功臣皆從祀也又我先后綏乃祖乃父乃祖乃父乃斷棄汝不救乃死又乃祖乃父丕乃告我高后曰作丕刑于朕孫迪高后丕乃崇降不祥此言祖父能救子孫之死亦能請降禍於子孫也）此言死後魂靈。其意識語默動作。一如生人。與其言天帝同一觀念也。抑吾之祖先教。尤有與西方古教最異者。西方古教。（指埃及希臘巴比倫等國）神之與人。純爲異系。不能相卽。我國不然。謂凡有功德於民者。乃至聰明正直者。沒皆爲神。神人之間。非有不可踰之階級。人人皆可以自進於神。此種天人合德之觀念。實古代思想淵微圓融高尚之一表徵。而亦祖先教之所由能成立也。而其設教之大義。尤在反本報恩。萬物本乎天。天天帝之恩。含生所通也。人本乎祖。父祖之恩。子姓所獨也。通以報通。獨以報獨。則敎義完而羣治立矣。祖先教與宗法政制輔行。記曰。人道親親。親親故尊祖。尊祖故敬宗。敬宗故收族。（禮記大傳）此古代率羣敷治之根本義也。宗法蓋起於上古。至周而益嚴密。禮。諸侯不敢祖天子。士大夫不敢祖諸侯。（禮記檀弓）於是別爲宗法以統之。別子爲祖。繼別爲宗。繼禰者爲小宗。有百世不遷之宗。有五世則遷之宗。（禮記大傳）蓋開國之君。舉國莫敢以爲祖。君之世子。卽爲繼體之君。舉國莫敢以爲宗。故立別子（世子母弟之最長者）使爲衆所共祖。繼承別子者（別子之長嫡子）曰大宗。爲衆所共宗。百世不遷焉。其餘支庶之子皆曰禰。（禰父也）繼承此支庶子者。（此支庶子之長嫡子）曰小宗。世五則遷焉。五世以後。同於齊民矣。此宗法之大概也。宗法與姓氏族之制相連。傳曰。（以下所引皆隱八年左氏傳之文）天子建德。因生以賜姓。胙之土而命之氏。此言天子所賜姓氏也。姓惟天子得賜之。（姓如姚姒子姬等）氏有國氏。有羣氏。國氏亦惟天子得賜之。（國氏如魯衞齊宋等國名同時亦爲氏名）本各國大宗所世繼也。又曰。諸侯以字爲氏。（今本氏作諡誤此據史記集解引鄭玄駁五經異義）因以爲族。此言侯國羣氏之出於公族者也。諸侯之子稱公子。公子之子稱公孫。公孫之子以王父字爲氏。左傳本文杜預注公子。支子之爲禰者也。公孫。繼禰者也。以王父字爲氏。因以爲族。卽別立之小宗也。又曰。官有世功。則有官族。邑亦如之。此言羣氏之出於庶族者也。凡羣臣以功世其官者。或以功得封邑者。或異姓或公族之小宗經五世而遷同於齊民者皆得以官爲氏。以邑爲氏。凡氏皆謂之族。故姓有定而氏族無定。姓有限而氏族無限。世本氏姓篇云。言姓則在上。言氏則在下。其體例以姓爲綱。各國之國民綴於其所屬姓之後。列於上層。其羣氏又分綴各國之後。列於下層。後世之所謂姓。皆古代之氏耳而一切氏族。皆以宗統之。小宗復統於大宗。故曰。從宗合族屬。禮記大傳又曰。族別任宗。大戴禮文王官人篇又曰。宗以族得民。周禮大宰古代以此種嚴密繁重有系統之組織。造成宗法羣集。運用貴族政治。以與封建制相維於不敝。故曰。克明峻德。以親九族。九族既睦。平章百姓。百姓昭明。協和萬邦。書經堯典又曰。天下之本在國。國之本在家。孟子蓋古代組織國家之單位。非箇人而家族也。家之積爲族。家隸於族。族之積爲宗。族隸於宗。宗族之積爲國。宗族隸於國。國之積爲天下。國隸於天下。故天子與諸侯分土而治。諸侯與大夫分土而治。然猶能傳之久而不陵替者。有宗法以爲之樞幹也。而制度之所以能立。其源又出於宗敎。率報本反始之敎義。以人上屬於祖。而人與祖同上屬於天。天敎與祖敎一貫也。故孔子曰。昔者明王事父孝。故事天明。又曰。昔者明王以孝治天下。不敢遺小國之臣。而況於公族伯子男乎。故得萬國之懽心以事其先王。治國者不敢侮鰥寡。而況於士民乎。故得百姓之懽心以事其先君。俱孝經夫敬祖必不敢慢其祖之所愛。斯宗族親矣。敬天必不敢慢天之所愛。斯民衆和矣。宗法制度之下。小宗對於大宗。不敢自有其宗。小宗可絕。大宗不可絕。故大宗無後。小宗當以其宗子爲之後箇人對於宗族。不敢自有其身。敎民以先公後私之義。此祖先敎所以能搏捖羣治使勿敝也。氏族雖別。同出於姓。姓雖別。同出於天。故曰。謂爲母之子也可。謂爲天之子也可。尊者取尊稱焉。卑者取卑稱焉。莊三年穀梁傳故天子稱元后。凡諸侯大夫之有土者皆曰羣后。天子稱天之元子。則凡人類皆天之羣庶子也。故曰。四海之內。皆兄弟也。論語又曰。以天下爲一家。中國爲一人。禮記禮運此等最閎遠最普徧最高尚之世界主義博愛主義。三千年前西方各國各教所未見及者。我國蓋視爲布帛菽粟焉。此天敎祖敎之極效也。歐洲近數百年來。以政敎分離爲一大問題。彼其合之而不能安也。我國古代政敎合一而能安者何也。西方之敎。本無與於政。我國古代則政之所有事。皆敎之所有事也。

宗法圖表

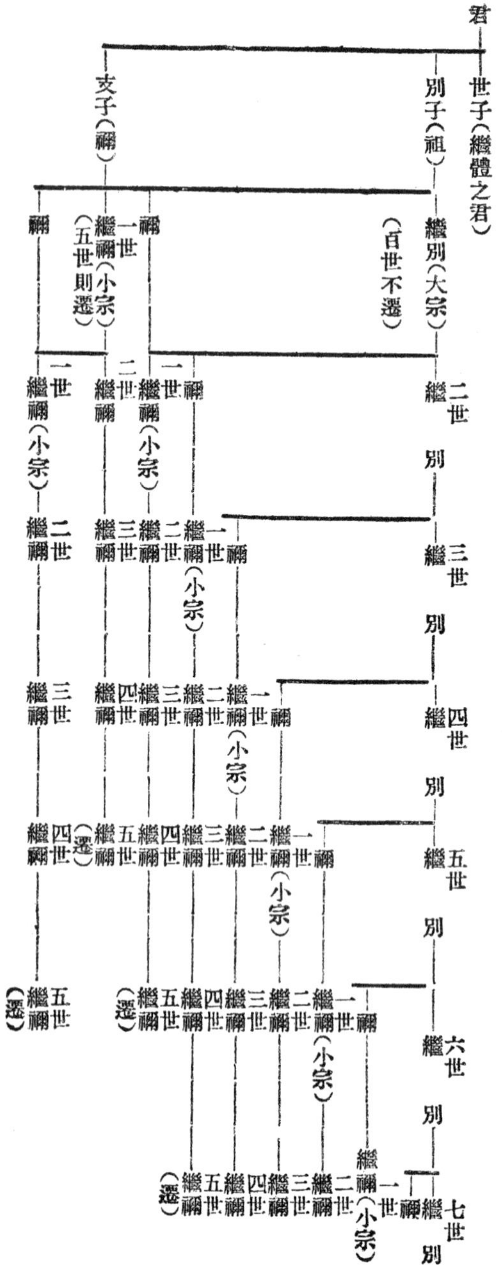

惟以教爲政。故以禮爲法。法治主義。在我國殊爲後起。古代惟禮治而已。所謂天之秉彝、天之皇極、天秩、天敍、天紀、天則者。壹皆於禮焉寓之。禮也者。人類一切行爲之軌範也。有人所以成人之禮。若冠禮是。有人與人相接之禮。若士相見禮是。有人對於家族宗族之禮。若昏禮喪禮是。有宗族與宗族間相接之禮。若鄉射鄉飲酒諸禮是。有國與國相接之禮。若朝聘燕享諸禮是。有人與神與天相接之禮。則祭禮是。故曰。禮所以承天之道以治人之情也。（禮記禮運）諸禮之中。惟祭尤重。（禮記祭統凡治人之道莫急於禮禮有五經莫急於祭）蓋禮之所以能範圍羣倫。實植本於宗教思想。故祭禮又爲諸禮總持焉。祭禮之中。其最大典曰郊曰廟。郊祭天。而廟祭祖也。祭天之禮。惟天子行之。此與諸侯不敢祖天子。大夫不敢祖諸侯同義。天雖爲人類所同祖。其主祭必以天之元子也。（周制諸侯不得祭天子魯有文王廟由成王嘉周公之功特賜之也）（支子不祭祭必告於宗子蓋支庶之於小宗小宗之於大宗皆莫敢僭爲祭主諸侯以下所以不敢祭天者義同一貫）然天子祭天。四海之內各以職來助祭。（見孝經）是天子實率天下之人同祭也。祭祖之制。天子七廟。諸侯五。大夫三。適士二。官師一。庶士庶人無廟。祭於寢。（見禮記祭法）王而天子之祭。有禘有祫有蒸有嘗。諸侯有祫蒸嘗。大夫以下。時祭而已。凡禮皆天子諸侯大夫士庶各有等差。採極嚴重之階級制。此其大較也。祭儀極繁重。愈繁重所以愈表其虔恭也。其宗教觀念最著明者曰齋。記曰。君子非有大事也。非有恭敬也。則不齋。不齋則於物無防也。耆欲無止也。及其將齋也。防其邪物。訖其耆欲。耳不聽樂。不敢散其志也。君子之齋也。專致其精明之德也。故散齋七日以定之。致齋三日以齊之。精明之至。然後可以交於神明也。（禮記祭統）是故齋也者。停蟄其軀殼界之生活。以游存於魂靈界者也。當齋之時。其所守之戒。與夫所以養息其神明者。視佛教之修持。幾過之矣。及其祭也。洞洞乎。屬屬乎。如弗勝。如將失之。（禮記祭義）視耶教之誦禱。幾過之矣。故曰。諭其志意。以其恍惚與神明交。（禮記祭義）此實魂靈界甚深微妙之義。所以導人類使日嚮上者也。故曰。夫祭者非物自外至者也。自中出生於心也。唯賢者能盡祭之義。禮記祭統又曰。唯聖人爲能饗帝。孝子爲能饗親。禮記祭統此祭禮所以爲諸禮之樞也。各國古代宗教。多拜偶像。惟我國無之。拜偶像者。以人類麤末意識之所及。刻畫鬼神之情狀。遂以己所製之物品爲神靈所託。此初民儳野之觀念也。我國則自古以來。皆以爲神靈界有一種不可思議之精氣。禮記祭義其氣發揚于上爲昭明焄蒿悽愴此百物之精也神之著也惟能冥心以契之。不能體物以求之。禮記中庸鬼神之爲德其盛矣乎視之而不見聽之而不聞體物而不可遺洋洋乎如在其上如在其左右故徧考經記。無彫範人物形狀以肖擬神靈之事。天爲至崇貴之祭。並壇不設。掃地燔柴而已。蓋以爲必空諸迹象。乃能接此最高之神明也。其特奇異者。爲方明之祭。王者朝會諸侯時所行。極重大之祭典也。方明祭典見於儀禮覲禮如下文所述案竹書紀年云大甲十年大饗於太廟初祀方明漢書律歷志引伊訓篇云伊尹祀于先王誕資有牧方明則方明祭典殷已有之矣儀禮覲禮說其形制曰。方明者木也。方四尺。設六色。東方青。南方赤。西方白。北方黑。上玄。下黃。設六玉。上圭。下璧。南方璋。西方琥。北方璜。東方圭。鄭玄注云。方明者上下四方神明之象也。又云。六色象其神。設玉者刻其木而著之。此刻物象神之僅見於經者。其制以方四尺之木。六出之。著六色。而篏以六玉。設而祭焉。其形狀頗肖西教所禮之十字架。斯亦奇也。其所以設此象者。蓋以表六位同體之觀念。實一種微妙之抽象。或以爲唐虞之六宗。周之明堂。卽此祭之異名。蓋近之矣。書經堯典禋于六宗爲舜受禪後舉行之大祭其次在上帝之後山川羣神之前其重可知六宗果爲何神注說紛歧其最古者爲西漢初歐陽大小夏侯三家說謂六宗者上不及天下不及地旁不及四方居中央恍惚如有神助陰陽變化實一而名六此實一種玄妙之抽象觀念儀禮方明源出於此蓋無可疑明堂說亦人人殊然據逸周書明堂篇禮記明堂位篇皆言明堂爲天子朝諸侯之地與覲禮所言制度略同或以祀方明之堂而得名也祭祖則有主。先儒說云。祭有主者。孝子以主繫心也。許慎五經異義其制用木方一尺。穿中央以達四方。見白虎通義蓋于面背左右各開孔達中央也唐及金元廟主制俱準是式此與方明之制。取義略同。蓋以是爲神所憑依。亦使祭者之精誠。有所寄注也。神所憑依。而不以肖神之形貌者。以神之形貌不可得肖。肖之必非其眞。反使祭者之精神滋淆繆也。夫古不墓祭。不像祭。而祭惟設主。此足證其對於靈界別有所冥會。而於軀靈相接之故。有頗高尚之信仰焉矣。其與此觀念稍矛盾者。則立尸之禮也。古者祭祖必有尸。（祭天無尸。惟國語晉語有晉祀夏郊董伯爲尸之語）尸以生人代表其所祭之神。坐而受祭。且與祭者獻酬酢嘏。人攝神職。制最詭特。爲各國所未聞。而與昭明焄蒿之觀念亦不甚能相容。此殆邃古遺制。至商周而未能盡革耶。要之古代宗教。確含有一種博大高明之理想。於以爲一切道德之源泉。爲一切制度之根核。而其與西方諸國所謂宗教最相異者。則舉宗教思想。壹皆歛切於人事。專言現世。不言來生。故西方諸古國。教司僧侶。恆別成一階級。與齊民殊業。後遂寖成教會。於今爲烈。我國古代則政與教同源。君父與師同職。故雖以神道設教。而所衍羣俗自異於彼也。

古代既以宗教繫羣治。故特重祭器。記曰。凡家造。祭器爲先。又曰。君子雖貧。不粥祭器。又曰。祭器不踰竟。（俱禮記曲禮）天子諸侯大夫士皆有祭器。器以銅爲之。皆有銘。（禮記祭統。銘者論譔其先祖之有德善功烈勳勞慶賞聲名。而酌之祭器。以祀其先祖者也）天子諸侯之於其臣有大功者。恆賚以祭器。（左傳所謂班之宗彝）列國相攻伐。以奪得人國之祭器爲大榮。（如齊宣王伐燕。燕遷其重器。燕樂毅破齊亦然）亦有以之充饋賂者。（魯取郜大鼎于宋。納于太廟。齊人賂晉以紀甗等）亡國之臣。猶抱祭器不使失墜。（如殷亡時微子抱祭器出奔）惟其重之若是。故其製極鄭重。銘詞淵雅。彫刻精良。考三代文明。以爲瑰寶焉。別於藝術章詳論之。

宗教信仰深。故卜筮特見重。箕子告武王。汝則有大疑。謀及乃心。謀及卿士。謀及庶人。謀及卜筮。（書經洪範）實則古代事無大小。多聽於卜筮也。卜以龜。亦以獸骨。卜法。削治骨甲使平。乃鑿之鑽之。或既鑽更鑿之。所謂契也。（詩經爰契我龜）（契即荀子鍥而不捨之鍥）既契。乃灼於契處以致坼。灼於裏則坼見於表。先爲直坼。而後出岐坼。所謂兆也。占兆以觀其吉凶焉。筮者。置蓍莖五十。用其四十九分而爲二。揲而爲四。掛一爲奇。歸餘於扐。（見易繫辭）其法今不傳。其義亦難明也。此外尤有用粟者。詩經握粟出卜用茅者。楚辭索瓊芳以莛篿兮命靈氛爲余占之要之古代上自王侯。下至民庶。莫不尊信卜筮。此徵諸經傳而歷歷可稽者也。因此衍爲易義。而哲學之祕扃啓焉。周禮太卜掌三易之法。曰連山。曰歸藏。曰周易。連山歸藏久佚不可見。周易則舊說相傳謂伏羲作八卦。文王重之爲六十四。系以爻辭。周公作彖辭。孔子爲象辭文言繫辭說卦序卦雜卦等。即今本是也。竊意最初卜筮之用本甚簡陋。用之既勤。遂生觸悟。觀近日出土之殷商貞卜文字當時殆無所謂卦爻者卦爻自文王重易創之也其卜也。以坼兆之長短或橫直。命爲陰陽。契灼六次。累觀其兆。而得卦焉。惟筮亦然。以蓍之奇偶命爲陰陽。分揲六次。累觀其扐。而得卦焉。六十四卦三百八十四爻。參伍錯綜。爻各有象。象各有義。遂以盡萬物之情。窮天人之變。蓋文王作易。所以廣卜筮之用。及孔子演易成。而易之用已非復卜筮所能盡矣。此古代宗教。與周末哲學遞嬗之一大樞鑰也。

我國雖非如西方古國之分僧俗階級。然宗教儀典。固有專司。司此者既世守其官。積虔信之心。冥求天道以推合人事。則學問之府。寖歸之矣。殷有巫咸巫賢。此以官爲氏也稱爲名臣。蓋殷最尊神。率民以事神。巫氏宜爲右職。故異才出焉。周則凡教職皆統于大宗伯。而太師大祝大卜大史小史內史外史等相爲聯事。侯國不能備官。多以史攝諸職。則博物君子與善談名理者。恆出乎其間。其見於經傳者。若殷之老彭。殷之守藏史在周爲柱下史見論語及世本向摯。殷太史見呂覽先識篇周之史佚。亦作史逸亦稱尹逸見逸周書世俘解禮記曾子問左傳僖十五年國語周語漢書藝文志墨家有史佚十二篇周任。周史官見論語及左傳隱六年史扁。見文選注辛甲。周太史見左傳襄四年辛有。辛甲之後見左傳昭十五年左史戎夫。見逸周書史記解內史過。見左傳莊三十二年國語周語史角。見呂覽當染篇言其後在魯墨子學焉內史叔興。見左傳僖十六年二十八年國語周語老聃。見史記老子傳萇弘。見左傳昭十八年國語周語內史叔服。見左傳文元年史大弢。見莊子則陽篇太史儋。見史記周本紀秦本紀老子傳魯之中須。見左傳昭十七年卜楚丘。見左傳閔二年師摯。見論語左丘明。魯史官著左傳國語世本者晉之太史屠黍。見呂覽先識篇卜偃。見左傳閔元年辛廖。見左傳閔二年董狐。見左傳宣二年又昭十五年云辛有之二子董晉典籍於是有董史則董氏實辛有之後也梁卜招父。見左傳僖十七年籍偃籍黶。司典籍者見左傳成十六年史趙。見左傳襄三十年史蘇。見左傳僖十五年師曠。見逸周書太子晉解左傳襄十四年國語晉語蔡墨。亦稱蔡史墨亦稱史墨史黯史黶見左傳昭二十九年衛之史魚。見論語亦作史鰌見左傳襄二十九年師襄。見史記孔子世家史鼂。見左傳昭七年齊之大史氏南史氏。見左傳襄二十五年祝佗父同上鄭之史伯。見國語鄭語裨竈里析。俱見左傳昭十八年梓愼。見左傳昭七年十七年虢之史嚚。見左傳莊三十二年國語晉語楚之史老。見國語楚語工尹襄。見左傳成十六年左史倚相。見左傳昭十二年詹尹。見楚辭秦之卜徒父。見左傳僖十五年內史廖。見史記秦本紀類皆專司敎宗學藝典籍。以世其官。能占驗天象。先知休咎。熟於掌故。善推論古今國族盛衰興亡之故。時主及賢士大夫。恆諮訪以決事。師資以廣學焉。故春秋以前。學問爲貴族所專有。而學問之府。尤在司宗敎之世官。蓋時勢然矣。自孔子以後。而學界現象一大變。

附　原擬中國通史目錄

一　政治之部

朝代篇
民族篇
地理篇
階級篇
政制組織篇上　中央
政制組織篇下　地方
政權運用篇
法律篇
財政篇
軍政篇
藩屬篇
國際篇
清議及政黨篇

二　文化之部
語言文字篇
宗教篇
學術思想篇上中下
文學篇上中下　文　詩　詞　曲本　小說
美術篇上中下　繪畫　書法　雕刻　髹冶　陶瓷　建築
音樂劇曲篇
圖籍篇
教育篇

三　社會及生計之部
家族篇
階級篇
鄉村都會篇
禮俗篇
城郭宮室篇

田制篇
農事篇
物產篇
虞衡篇
工業篇
商業篇
貨幣篇
通運篇

附 原擬中國文化史目錄

朝代篇 神話及史闕時代 宗周及春秋 戰國及秦 兩漢三國南北朝 隋唐及五代 宋遼金元 明 清 民國 歷代政況與文化之關係觀

種族篇上 漢族之成分 南蠻諸族

種族篇下 北狄諸族 東胡諸族 西羌諸族

地理篇 中原 秦隴 幽幷 江淮 楊越 梁益 遼海 漠北 西域 衞藏

政制篇上 部落時代 周之封建 秦之郡縣 漢之郡國及州牧 三國南北朝之郡縣及諸鎮 唐之郡縣及藩鎮 唐之藩屬統治法 宋之郡縣及諸使 元之行省及封建 明清之行省及封建 清之藩屬統治法 民國之國憲及省憲

政制篇下 政樞機關之制度及事實上沿革 政務分部之沿革 監察機關之沿革 清末及民國之議會 司法機關

政治運用篇 神權 貴族 世卿 君主獨裁 母后及外戚 宦官 武人干政 輿論勢力 政黨

法律篇 古代法律蠡測 自戰國迄今法典編纂之沿革 漢律 唐律 明清律例及會典 近二十年制律事業

軍政篇 兵制沿革 兵器沿革 戰術沿革 歷代大戰比較觀 清末及民國軍事概說 海軍

財政篇 力役及物質 租稅 專賣 公債 支出分配 財政機關

教育篇 官學及科舉 私人講學 唐家以來之書院 現代之學校及學術團體

交通篇 古代路政 自漢迄清季驛遞沿革 現代鐵路 歷代河渠 海運之今昔 現代郵電

國際關係篇 歷代之國際及理藩 明以前之歐亞關係 唐以後之中日關係 明中葉以來之中荷中葡關係 清初以來之中俄關係 清中葉以來之中英中法關係 清末以來之中英關係 現行之國際條約

飲食篇 獵牧耕三時代 肉食 粒食 副食 烹飪 麻醉品 米鹽茶酒煙之特別處理

服飾篇　蠶絲　卉服　皮服　裝飾　歷代章服變遷概觀

宅居篇　有史以前之三種宅居　上古宮室蠡測　中古宮室蠡測　西域交通與建築之影響　室內陳設　城壘井渠

考工篇　石銅鐵器三時代　漆工　陶工　冶鑄　織染　車　舟　文房用品　機械　現代式之工業

通商篇　古代商業概想　戰國秦漢間商業　漢迄唐之對外商業　唐代商業　宋遼金元明間商業　恰克圖條約以後之對外商業　南京條約以後之對外商業　近代國內商業概觀

貨幣篇　金屬貨幣以前之交易媒介品　歷代圜法沿革　金　銀　紙幣　最近改革幣制之經過　銀行

農事及田制篇　農產物之今昔觀　農作技術之今昔觀　荒政　屯墾　井田均田之興業　佃作制度雜觀

語言文字篇　單音語系　歷史的嬗變　古今方言概觀　六書之孳乳　文字形體之蛻變　秦漢以後新造字　聲與韻　字母　漢族以外之文字　近代之新字母運動

宗教禮俗篇　古代之迷信　陰陽家言及讖緯家言　道家之興起及傳播　佛教信仰之史的觀察　摩尼教猶太教之輸入　回教之輸入　基督教之輸入及傳播　歷代祀典及淫祀　喪禮及葬禮　時令與禮俗

學術思想篇上　古代學術思想之紹述機關　思想淵原　儒家經典之成立　戰國時諸子之勃興　西漢時儒墨道名法陰陽六家之廢興及蛻變　兩漢經學　南北朝隋唐經學　佛典之翻譯　佛學之宗派　儒佛道之諍辯與會通　宋元理學之勃興　程朱與陸王　清代之漢學與宋學　晚清以來學術思想之趨勢

學術思想篇下　史學　考古學　醫學　曆算學　其他之自然科學

文學篇　散文　詩騷及樂府　詞　曲本　小說　駢文及八股

美術篇　繪畫　書法　雕塑　建築　刺繡

音樂篇　樂律　古代音樂蠡測　漢後四夷樂之輸入　唐之雅樂　淸樂　燕樂　唐宋間燕樂　四十八調之變化　元明間之南北曲　樂器　樂舞　戲劇

載籍篇　古代書籍之傳寫裝潢　石經　書籍印刷術之發明及進步　活字板　漢以來歷代官家藏書　明以來私家藏書　類書之編纂　叢書之輯印　目錄學　製圖　搨帖